Les DRH
face au choc démographique

Éditions d'Organisation
1, rue Thénard
75240 Paris Cedex 05

Consultez notre site
www.editions-organisation.com

© Éditions d'Organisation, 2005.
ISBN : 2-7081-3320-9

Éléonore Marbot

Les DRH face au choc démographique

20, 40, 60…
Comment les faire travailler ensemble

Éditions
d'Organisation

Collection de l'Institut MANPOWER
L'Institut MANPOWER de Recherches Prospectives en Ressources Humaines

Acteur et observateur central du monde de l'emploi, Manpower a créé en 1994 un Institut de recherches prospectives en ressources humaines afin de mutualiser son expertise dans le domaine.

L'objectif de l'Institut Manpower est double : explorer d'une part les évolutions à moyen terme en matière de GRH ; apporter d'autre part aux entreprises et aux dirigeants des outils d'aide à la décision leur permettant de se préparer dès aujourd'hui aux implications de ces mutations à venir.

La collection de livres édités aux Éditions d'Organisation s'inscrit dans cette double perspective et complète les autres actions de l'Institut Manpower : publication de cahiers de recherche thématiques, réalisation de guides sur les enjeux de la GRH, remise du Prix de l'ouvrage en ressources humaines...

Cette collection est dirigée par Jean-Pierre LEMONNIER, Denis PENNEL (MANPOWER) et Jean-Pierre RICHARD (PLUS CONSULTANT), avec la collaboration de Jacques PERRIN, directeur de l'Enseignement Supérieur et du Développement des Pôles de Compétences Technologiques CCINGA et Georges TRÉPO, professeur au Groupe HEC, ex-président de l'association Francophone de GRH (AGRH), « Program Chair de la division Management Consulting, Academy of Management, USA ».

TITRES PARUS

Jean-Paul ANTONA, *La rupture du contrat de travail : Guide juridique et pratique,* 1998.

Victor ERNOULT, *Recruter sans se tromper,* 2002, 2ᵉ édition 2004.

Guillaume FRANCK et Rafaël RAMIREZ, *Les meilleures pratiques des multinationales : Structures – Contrôle – Management – Culture,* 2003.

Hubert LANDIER et Daniel LABBÉ – *Le management du risque social,* 2005.

Bernard MERCK et coll., *Équipes RH acteurs de la str@tégie – L'e-RH : mode ou révolution,* 2002.

Thierry C. PAUCHANT et coll., *La quête du sens,* 1997.

Jean-Marie PERETTI, *Les clés de l'équité dans l'entreprise,* 2004.

Guy-Patrice QUÉTANT et Michel PIERCHON, *L'embauche : Guide juridique et pratique,* 1998.

Stéphanie SAVEL, Jean-Pierre GAUTHIER et Michel BUSSIERES, *Déléguer – Voyage au cœur de la délégation,* 2000.

Maurice THÉVENET, *Le plaisir de travailler – Favoriser l'implication des personnes,* 2000, 2ᵉ édition 2004.

Maurice THÉVENET, *Quand les petits chefs deviendront grands,* 2004.

Georges TRÉPO, Nathalie ESTRELLAT, Ewan OIRY, *L'appréciation du personnel,* 2002.

Jean-Louis VIARGUES, *Le guide du manager d'équipe – Les clés pour gérer vos ressources humaines,* 3ᵉ édition 2004.

Philippe VILLEMUS, *Motivez vos équipes,* 2ᵉ édition 2004.

REMERCIEMENTS

À André Marbot, sensible, perspicace et dynamique
représentant de la séniorité.

Merci aux Professeurs Georges Trépo pour sa confiance, Maurice Thévenet pour son art du management, Jean-Marie Peretti pour son mentoring et Jacques Igalens pour sa patience.

Que soient également remerciés Maryse Laigle pour sa généreuse présence et sa relecture attentive et Jean-Pierre Richard à l'origine de ce projet avec Georges Trépo.

Cet ouvrage est dédié à ceux qui m'ont montré le chemin, et notamment à tous ces juniors et seniors qui ont participé à mon apprentissage. Si je ne peux malheureusement pas tous les nommer, qu'ils sachent que chaque entretien qu'ils m'ont offert dans le cadre professionnel, d'une recherche ou d'une amitié, reste gravé dans ma mémoire : merci pour ce partage d'expériences personnelles, de douleurs, de joies et surtout de vie !

Je voudrais exprimer ma gratitude aux auditeurs du Cnam, juniors, adultes et seniors qui, par le partage de leur expérience et leur regard critique, transforment chaque cours en bonheur. Enfin, cet ouvrage n'aurait pu voir le jour sans l'extraordinaire vitalité et générosité de toute l'équipe de la chaire Administration et Gestion du Personnel du Cnam : merci à Anne-Françoise Bender, Béatrice Dauberville, Maurice Thévenet et François Silva.

Pour finir, merci à ceux qui m'ont donné des directions de recherche pour cet ouvrage et qui ont généreusement partagé leurs questionnements : Raymond-Alain Thiétart, Jean-Damien Po, Serge Volkoff et ses collègues du Creapt, Annie Jolivet, Xavier Gaullier et Anne-Marie Guillemard. Leurs travaux de gestion, ergonomiques, sociologiques, économiques et leurs conclusions riches en solutions innovantes ont fortement contribué à l'élaboration de cet ouvrage.

Sommaire

INTRODUCTION

En 2050, les personnes âgées de plus de 60 ans seront plus nombreuses que celles de moins de 15 ans. Le vieillissement de la population est un phénomène sans précédent dans l'histoire de l'humanité. Comparées au début des trente glorieuses, les personnes de plus de 60 ans sont trois fois plus nombreuses. En 2050, elles constitueront 1/5 de la population totale, soit 2 milliards de personnes. Aujourd'hui, l'âge médian[1] de la population mondiale est de 26 ans, le pays le plus jeune étant le Yémen, avec un âge médian de 15 ans et le plus âgé, le Japon, avec un âge médian de 41 ans. D'ici 2050 l'âge médian mondial devrait se situer à 36 ans. L'Espagne devrait avoir la population la plus âgée avec un âge médian de 55 ans. Le groupe qui progresse le plus rapidement dans le monde est celui des personnes les plus âgées, 80 ans et plus[2].

L'évolution démographique que connaissent actuellement les pays développés conduit au vieillissement non seulement de la population dans son ensemble mais également de la main-d'œuvre. Les modes de production de ces pays et leurs régulations sociales se sont développés dans un contexte particulier : une démographique jeune et une économie en croissance et de plein emploi.

---

1. C'est-à-dire que 50 % de la population a plus de 26 ans et 50 % moins de 26 ans.
2. AFP du 28.02.02, « Étude de la division de la population de la direction des affaires économiques et sociales de l'ONU », Conférence du 8 au 12 avril 2002.

Alors que l'espérance de vie augmente de plus d'un an par décennie dans les pays développés, l'âge effectif moyen de la retraite a baissé encore plus rapidement. Le taux d'activité des plus de cinquante ans n'a cessé de diminuer[1]. Parallèlement, l'âge d'entrée dans la vie professionnelle ne cesse d'augmenter. La vie au travail se raccourcit.

En France, comme dans l'Europe des 15, la composition de la population en âge de travailler va se modifier au cours des dix prochaines années[2] :

TABLEAU 1 – LE VIEILLISSEMENT DE LA FRANCE :
DE MOINS EN MOINS DE JEUNES ET DE PLUS EN PLUS DE VIEUX

	Population en milliers au 1er janvier	Part des 0-19 ans %	Part des 20-59 ans %	Part des 60 ans et plus %	Part des 20-64 ans %	Part des plus de 65 ans %
1950	41 647	30,1	53,7	16,2	58,5	11,4
1990	56 577	27,8	53,2	19,0	58,3	13,9
2000	58 744	25, 6	53,8	20,6	58,4	16,0
2010	61 061	23, 8	53,1	23,1	59,2	17,0
2050	64 032	20,1	44,8	34,4	50,7	29,2

Face à ces tendances démographiques et économiques qui paraissent déséquilibrer, voire ébranler les fondamentaux des systèmes économiques des pays développés, le Conseil européen de Stockholm de mars 2001 a fixé un objectif exigeant : un taux d'emploi des 55-64 ans devant atteindre 50 % d'ici 2010. Le Conseil européen de Barcelone de mars 2002 a recommandé un relèvement progressif d'environ cinq ans de l'âge moyen de sortie de l'activité au même horizon.

La situation de la France en matière d'emploi des jeunes et des seniors est particulièrement inquiétante. Les juniors et les seniors

---

1. À l'exception de quelques pays comme le Japon, les États-Unis ou la Suède.
2. C. Brutel, « Projections de population à l'horizon 2050, Un vieillissement inéluctable », Division Enquêtes et études démographiques, INSEE, mars 2001.

sont sous-représentés sur le marché du travail. Les uns prolongent leurs études, les autres ont profité des dispositifs de départ précoce.

TABLEAU 2 – TAUX D'ACTIVITÉ SELON LE SEXE ET L'ÂGE

	Mars 1975	Janvier 1990	1er trimestre 2002	1er trimestre 2003
Ensemble	56,7	54,8	54,7	55,0
De 15 à 29 ans	60,7	54,8	47,6	47,1
30 à 49 ans	77,2	85,1	87,7	88,6
50 ans et plus	35,6	27,6	31,1	31,7
Femmes de 15 à 29 ans	51,9	48,4	43,0	43,0
Hommes de 15 à 29 ans	69,3	57,7	52,0	51,1
Femmes de 50 ans et plus	23,7	20,8	25,4	26,4
Hommes de 50 ans et plus	50,9	35,9	37,9	38,1

Source : Enquêtes sur l'emploi et recensements INSEE, 2003.

Ces chiffres traduisent la façon dont les juniors et les seniors ont été gérés dans les entreprises françaises depuis trente ans. C'est-à-dire une gestion par l'exclusion et par l'oubli. Cette situation est le résultat d'un certain consensus entre les différents acteurs et notamment les pouvoirs publics, les entreprises, les syndicats et les salariés. Notre société a créé des profils d'âges extrêmes, similaires au regard de l'emploi : une exclusion du marché du travail.

Les seules politiques ressources humaines destinées aux seniors concernaient leur départ. Ces départs avancés, quelles que soient leurs formes, n'étaient pas dénués de sens. Les cessations antici-pées d'activité avaient pour finalité de :

● lutter contre la progression du taux de chômage, en prônant la solidarité générationnelle, le départ des plus âgés étant censé encourager l'embauche des plus jeunes ;

● permettre la restructuration des entreprises à moindre coût humain et financier.

© Éditions d'Organisation

Pour les entreprises, la politique d'éviction des salariés vieillissants possédait de multiples avantages. Dans le contexte économique passé, les entreprises fondent leurs stratégies sur une baisse des coûts de la main-d'œuvre. Cet objectif a conduit les entreprises à évincer les travailleurs âgés, générateurs de cinq coûts spécifiques : productivité, adaptabilité, motivation, protection et frais généraux.

Mais ces départs ont eu un coût pour la collectivité qui finançait ces départs avancés et ont aujourd'hui un coût pour les entreprises. Sur la même période, l'entrée sur le marché a été retardée pour les jeunes grâce à l'allongement de la durée des études. Un jeune étudiant n'est pas un chômeur, en tout cas pas pendant le temps de ses études ! Parallèlement l'éviction des seniors devait permettre de diminuer le chômage des jeunes. C'est ce qui fut généreusement dénommé, le consensus intergénérationnel ! Les plus âgés sortaient avec la bonne conscience de laisser leur place aux plus jeunes. Si l'idée est belle, la réalité est tout autre. Le taux d'emploi des plus jeunes est davantage conditionné par le taux de croissance que par l'éviction des seniors.

En 2004, le contexte démographique impose un revirement. Après le temps de l'éviction, le temps de l'intégration et de la rétention des âges extrêmes s'annonce. Ce changement stratégique impactera le taux d'emploi des juniors, et ce, d'autant plus fortement que la pénurie de main-d'œuvre apparaîtra.

Le vieillissement démographique de la population française a déjà commencé à influencer :

- l'équilibre des régimes de protection sociale ;
- le potentiel de croissance ;
- la cohésion sociale.

Or, si les taux d'activité et d'emploi étaient relevés à tous les âges, ces équilibres ne seraient pas menacés si fortement. Le vieillissement démographique n'est pas une menace, en lui-même. En revanche, sa non-gestion est un danger social et économique.

La question de l'emploi des seniors ne peut être traitée sans prendre en considération l'emploi des juniors. À cette fin, il faut rappeler que 30 ans de consensus social prônant les politiques d'éviction des quinquagénaires et sexagénaires ont créé des politiques de gestion qui se sont ancrées dans les mentalités, tant du point de vue des salariés que de celui des entreprises :

- Du point de vue des salariés, ce consensus a normalisé la cinquantaine comme l'âge de la cessation d'activité et de la vieillesse. Pour les salariés, la préretraite est aujourd'hui un droit acquis. La représentation sociale des préretraités est aujourd'hui acceptée. Cette génération encore active rêve toujours de départ anticipé.

- Le consensus social, en France, c'était aussi l'évidence pour l'entreprise qu'aucune formation, promotion, mutation n'est possible après la cinquantaine, qu'aucune réinsertion n'est possible quand on est licencié à cet âge. Les entreprises doivent donc redéfinir leurs politiques de gestion des âges. Si elles ne le font pas aujourd'hui, elles y seront contraintes demain. En effet, l'Observatoire démographique européen a estimé qu'au sein de la population 20-59 ans, pour des entreprises où l'avancement serait fondé sur l'ancienneté et avec des pyramides hiérarchiques inchangées, les promotions au cours des prochaines années seraient différées de deux à quatre ans. Les entreprises ne peuvent pas se permettre un tel gâchis, surtout lorsque l'on sait que, demain, les quinquagénaires permettront à la population active de rester croissante.

Le consensus social qui s'est créé sur les juniors est tout autant ancré dans les mentalités. Pour la société, le jeune qui n'a pas fait d'études est stigmatisé et ses capacités de travail sont mises en doute. L'image de la réussite divulguée par les enseignants, les parents et les entreprises, le pousse donc à prolonger ses études. Le junior a repris cette image à son compte : pour réussir mieux vaut être en faculté qu'au travail ! L'entreprise a normalisé l'entrée sur le marché du travail par des contrats précaires et ce même pour les surdiplômés. Le jeune a transformé cette condition d'entrée dans l'organisation en atout : le contrat psychologique qu'il passe avec l'entreprise est extrêmement exigeant et si l'entreprise ne lui apporte pas satisfaction, il n'hésitera pas à la quitter.

Aujourd'hui, l'allongement de la vie professionnelle apparaît indispensable. Les entreprises savent qu'elles doivent modifier leurs règles du jeu et qu'une attention particulière doit être portée aux juniors et aux seniors. Leur préoccupation principale est donc d'attirer et de fidéliser des juniors, de conserver des seniors à un haut niveau de performance sans pouvoir forcément leur offrir de perspective d'évolution, et de prévenir une obsolescence de leurs compétences et une démotivation.

Le vieillissement de la population aura de nombreuses conséquences sur les politiques de gestion des ressources humaines. Sous l'influence d'un contexte de déstabilisation du travail, d'une redéfinition nouvelle des temps sociaux (et particulièrement du temps de travail) et d'une nouvelle structure des âges, l'entreprise doit repenser sa gestion des carrières, des promotions, des recrutements pour maximiser ses nouvelles ressources en minimisant les contraintes externes. L'organisation doit donc s'interroger dès maintenant sur la façon de motiver, dynamiser ces personnels jeunes et âgés.

Selon une étude de la Cegos[1], moins de 3 entreprises sur 10 ont évalué l'impact économique des départs à partir de 2006. Seules 50 % d'entre elles se sont préoccupées du transfert des compétences et moins d'un tiers d'entre elles sait qui va remplacer ces départs. La grande majorité n'envisage pas de recruter de nouveaux salariés pour remplacer les départs, mais favoriser la promotion interne (72 %). Seules 28 % d'entre elles recruteront.

Cette enquête révèle la passivité des pratiques d'entreprise face au vieillissement. Elle met en exergue la force du lien qui existe entre junior et senior. Face à la crise, ces deux catégories d'âge sont extrêmement vulnérables. Les jeunes sont les premières victimes de la crise puisque les entreprises face à la récession gèlent les embauches. Mais la poursuite de la récession se traduit par des licenciements, qui touchent en priorité les plus âgés : paix sociale oblige. Les salariés jeunes et âgés constituent donc un réservoir de main-d'œuvre en période de croissance et un « dévidoir » en période de récession.

Pour les raisons économiques et démographiques évoquées plus haut, cette situation doit changer. Encore faut-il que nos représentations

---

1. Enquête de la Cegos, réalisée en février 2004, auprès de 300 DRH et cadres d'entreprise.

sur les qualités de ces populations évoluent. L'âge ne doit plus être un facteur d'identité. Dans ce but, il faut connaître nos représentations de la jeunesse et de la vieillesse et les valeurs que nous leur associons. Comprendre comment les classes d'âges se construisent et comment elles évoluent, permet de saisir le rapport que l'entreprise entretient avec les âges extrêmes. La mise en lumière de nos représentations des âges et du vieillissement facilitera la réintégration des juniors et seniors dans l'entreprise.

L'objectif de cet ouvrage est triple :

* comprendre les significations et représentations des âges et du vieillissement ;
* analyser les ressorts de la gestion des âges dans l'entreprise postindustrielle ;
* proposer des pratiques de gestion des ressources humaines qui réintègrent équitablement et efficacement tous les âges au travail.

À cette fin, cet ouvrage se décomposera de la manière suivante :

Partie I : Évolution sociétale et vieillissement, une dynamique à reconsidérer.

Cette partie a pour objectif de comprendre le baby-boom et ses conséquences (sur la gestion des âges de début et de fin de carrière) en le resituant dans notre histoire, notre contexte économique et sociétal. Les thèmes traités dans les trois premiers chapitres sont les suivants :

* le chapitre I décrit les chocs démographiques (le baby-boom et le « baby-gap ») et ses principales conséquences. Cette révolution silencieuse est décrite et expliquée à travers quatre prismes : démographique, sociologique, économique et organisationnel ;
* le chapitre II propose de définir le vieillissement et ses effets à travers trois spectres : sociétal, biologique et développemental. Ces différentes lectures permettront de faire voler en éclats bien des idées reçues ;
* le chapitre III analyse les concepts théoriques qui sous-tendent ceux de « séniorité et de jeunisme » : l'âge. Que signifie cette donnée ? En quoi les normes d'âge d'une société reflètent sa culture et ses valeurs ? Et aujourd'hui quelles sont les normes

d'âge en vigueur ? Notre société ne tend-elle pas vers un communautarisme des âges ?

Partie II : De l'exclusion des âges extrêmes par l'entreprise à leur réintégration.

La finalité de cette partie est de repenser la place des âges dans l'entreprise et de proposer des pistes d'actions pour réintégrer tous les âges au travail en maintenant l'équité intergénérationnelle.

- le chapitre IV aborde l'évolution des âges de la vie au travail et les représentations qui sont associées, dans l'entreprise aux juniors et aux seniors. Ce chapitre propose de revisiter les présupposés sur les juniors et les seniors au travail ;
- le chapitre V recense les politiques et pratiques ressources humaines qui permettent d'allonger la vie professionnelle à ses extrémités ;
- le chapitre VI illustrera ces politiques par des exemples d'ores et déjà mis en place par certaines entreprises.

Partie I

ÉVOLUTION SOCIÉTALE ET VIEILLISSEMENT, UNE DYNAMIQUE À RECONSIDÉRER

Chapitre I

Le baby-boom ou la révolution silencieuse

Le baby-boom (de 1946 à 1965) et le baby-gap (de 1974 à 1994) changent la démographie de la France. Cette nouvelle donne modifie en profondeur la première ressource d'un pays : sa population. Or, depuis 1945, notre nation a construit son système de production économique, de régulation du marché du travail, de protection sociale, dans un contexte démographique jeune. Le vieillissement démographique provoque une remise en cause des piliers sur lesquels s'est fondé notre développement depuis 50 ans. Une véritable révolution silencieuse est en marche. Le terme choisi n'est pas exagéré. Cette révolution impacte quatre domaines. La révolution démographique se traduit par le renversement de la pyramide des âges. La révolution sociologique bouscule la place des générations et des âges dans la société. Le baby-boom associé au baby-gap entraîne une véritable révolution économique en modifiant certains des fondamentaux de la croissance. Enfin, la révolution démographique ne pourra qu'entraîner une révolution organisationnelle.

1. La révolution démographique

Avant d'expliquer les raisons de cette révolution démographique, décrivons-la.

Le renversement de la pyramide des âges

Il suffit de comparer deux pyramides des âges de la France à 40 ans d'écart pour comprendre qu'une des caractéristiques du facteur travail a été bouleversée : son âge. La main-d'œuvre potentiellement utilisable a augmenté et s'est déplacée vers le haut de la pyramide.

FIGURE 1 – PYRAMIDES DES ÂGES EN 1966

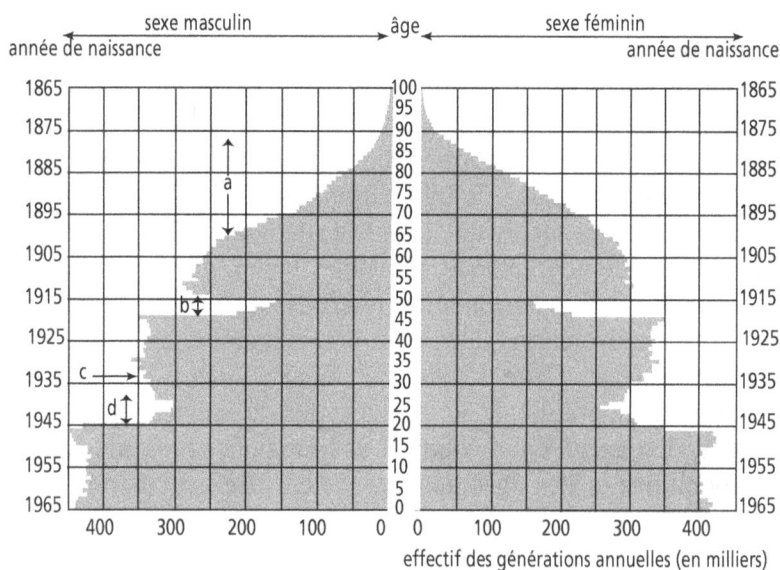

a) pertes militaires de la guerre 1914-1918
b) déficit des naissances dû à la guerre 1914-1918 (classes creuses)
c) passage des classes creuses à l'âge de fécondité
d) déficit des naissances dû à la guerre 1939-1945

Source : Encyclopédie Universalis, *1968, source INSEE.*

Alors qu'en 1966, la pyramide des âges française avait l'allure d'une poire écrasée, elle ressemble aujourd'hui à une toupie.

FIGURE 2 – PYRAMIDE DES ÂGES EN 2003

POPULATION DE LA FRANCE
ÉVALUATION PROVISOIRE AU 1ᴱᴿ JANVIER 2003

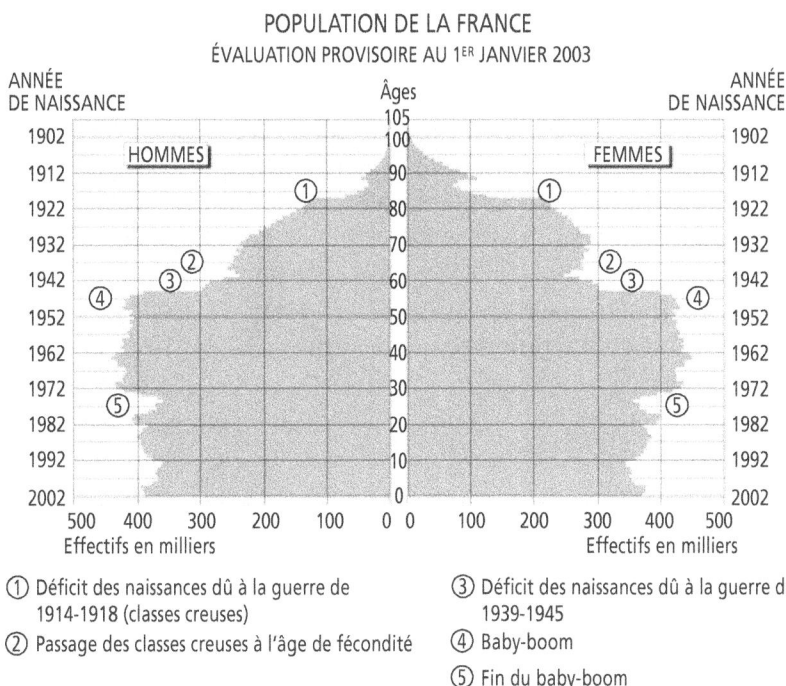

① Déficit des naissances dû à la guerre de 1914-1918 (classes creuses)
② Passage des classes creuses à l'âge de fécondité
③ Déficit des naissances dû à la guerre de 1939-1945
④ Baby-boom
⑤ Fin du baby-boom

Source : INSEE, 2003.

La pyramide est sensiblement moins gonflée à sa base (moins de jeunes) et possède une bosse en son centre (les baby-boomers).

Les trois raisons du vieillissement démographique

Les origines du vieillissement démographique sont triples : un baby-boom, une augmentation de l'espérance de vie, et un baby-gap ou une baisse de la fécondité. Le baby-boom, à lui seul, n'aurait pas suffi à faire vieillir notre population. Si l'âge moyen de mortalité était resté constant et si le taux de natalité avait continué à égaler celui de l'époque du baby-boom, l'arrivée à la cinquantaine des premiers baby-boomers serait restée un microévénement. Le vieillissement de la population n'est effectif que parce que ces trois déterminants sont étroitement corrélés. Revenons sur les causes du baby-boom, de l'augmentation de l'espérance de vie et de la baisse de la fécondité.

Un micro événement : le baby-boom

Analyser les origines du baby-boom est essentiel pour comprendre le papy-boom[1]. Le baby-boom, littéralement explosion du nombre de bébés, correspond à une augmentation brusque de la natalité. En France, et plus généralement dans les pays d'Europe, il s'est produit après guerre, entre 1945 et 1965. Ainsi, entre décembre 1945 et mars 1946, le taux de fécondité passe de 2,4 à 3,1. Ce taux sans précédent restera aussi élevé jusqu'en 1950, puis il sera toujours au-dessus de 2,6 jusqu'en 1965. Ce qui correspond environ à huit cent soixante mille naissances par an dans les quatre premières années du papy-boom puis en moyenne huit cent mille. Le taux de natalité sera de 20 pour mille jusqu'en 1964.

Les causes de cette très forte hausse de la natalité sont nombreuses :

- l'effet de l'après-guerre. Les hommes et les femmes, qui avaient vécu la guerre voulaient-ils se rattraper d'années de privation ? Le démarrage de la tendance à la hausse de la fécondité est peut-être plus précoce : elle commencerait dans les années trente. Sans entrer dans le débat, nous en conclurons que si la fin de la guerre a eu un effet dynamique sur la natalité, ce n'est pas la seule raison ;
- l'effet des trente glorieuses : l'augmentation continue du niveau de vie ;
- l'effet des progrès médicaux et notamment baisse de la mortalité infantile ;
- l'effet cumulé de la fin de la guerre et des trente glorieuses : période euphorique et de création.

Comprendre le contexte de la génération des baby-boomers facilitera la découverte des juniors et seniors d'aujourd'hui.

---

1. L'expression papy-boom ne sera plus utilisée dans la suite de cet ouvrage, car nous refusons les connotations idéologiques qui lui sont associées comme nous l'expliquerons dans le chapitre suivant.

Baisse de la mortalité et augmentation de l'espérance de vie : une révolution historique

L'augmentation de l'espérance de vie s'explique par la baisse de la mortalité infantile et la baisse de la mortalité aux âges avancés. Si l'analyse peut ici être beaucoup plus brève, c'est que l'après Seconde Guerre mondiale se situe, dans ce domaine, dans le prolongement des tendances séculaires. Les deux manifestations de ce mouvement sont, d'une part, la baisse continue des taux de mortalité, comme le montre le tableau suivant.

TABLEAU 3 – NOMBRE ANNUEL MOYEN DE DÉCÈS
ET TAUX DE MORTALITÉ EN FRANCE

Période	Nombre annuel moyen de décès	Taux de mortalité (pour 1 000)
1946-1950	541 000	13,2
1951-1955	538 600	12,6
1956-1960	521 700	11,6
1961-1965	532 600	11
1966-1970	548 200	11
1971-1975	555 100	10,7
1976-1980	545 800	10,2
1981-1984	550 400	10,1
2003	560 000	9,1

Source : Ined, 1985 et Ined, 2003.

D'autre part, la hausse de l'espérance de vie à la naissance est très sensible jusqu'au début des années soixante, plus hésitante au-delà. Évidemment c'est, avant tout, la baisse spectaculaire de la mortalité infantile qui explique cette augmentation de l'espérance de vie. À partir d'un niveau, il est vrai, très élevé en 1946, de 77,8 ‰, le taux de mortalité infantile tombe à 8 ‰ en 1984 et 4,2 ‰ aujourd'hui.

L'espérance de vie augmente de trois mois par an. Le XXIe siècle occidental sera vieux : un enfant sur deux nés en l'an 2000 deviendra centenaire alors qu'en 1900, l'espérance de vie ne dépassait pas 50 ans.

TABLEAU 4 – L'AUGMENTATION
DE L'ESPÉRANCE DE VIE À LA NAISSANCE

Espérance de vie	Des hommes		Des femmes		Des hommes et des femmes	
Périodes	1960-1965	1995-2000	1960-1965	1995-2000	1960-1965	1995-2000
France	67,6	74,2	74,5	82,0	71,0	78,1

Source : OCDE, 2002.

Et l'avenir en matière de mortalité ? Selon l'INSEE[1], les tendances à la baisse des quotients de mortalité se poursuivraient au rythme observé au cours des trente dernières années. Pour les hommes, l'espérance de vie à la naissance passerait de 75 ans en 2000 à 84 ans en 2050 ; pour les femmes, elle s'élèverait de 83 ans à 91 ans.

Baisse de la fécondité : une évolution tendancielle

TABLEAU 5 – LA BAISSE DE LA NATALITÉ

Année	1950	1960	1970	1980	1990	2000
Taux de natalité	20,5	17,9	16,7	14,9	13,4	13,2

Source : OCDE, 2002.

Le taux de natalité chute à partir de 1965. Entre 1965 et 1975, le taux de fécondité passe de 2,6 à 1,8 enfant par femme. Cette baisse de la fécondité a plusieurs explications :

- l'élévation du coût d'un enfant. Par exemple, le coût d'opportunité pour le foyer que représente la femme qui doit s'arrêter de travailler pour l'éducation de l'enfant est élevé. Cette explication semble plausible quand on analyse la corrélation entre l'augmentation du taux de travail des femmes dans les années soixante et la baisse de la fécondité ;

---

1. E. Nauze-Fichet, F. Lerais, S. Lhermitte, « Les projections de la population active : 2003-2050 », INSEE Résultats, Société, n° 13, 2003.

- la naissance du « sentiment de l'enfant[1] » : les familles effectuent un choix entre les « qualités » et les « quantités » des enfants. Pour préserver la « qualité » dont le coût d'éducation est en perpétuelle augmentation, la quantité diminuerait ;
- l'augmentation du nombre de divorces : en 1970, il y a eu 400 000 mariages et 40 000 divorces, alors qu'en 1997, le nombre de mariages était de 285 000 et les divorces de 119 200 ;
- la baisse du taux de nuptialité, qui intervient à partir de 1973.

TABLEAU 6 – NOMBRE DE MARIAGES,
TAUX DE NUPTIALITÉ ET NOMBRE DE DIVORCES

Année	Mariages	Taux de nuptialité	Divorces
1950	331 000	7,9	
1990	287 000	5,1	108 380
1995	255 000	4,4	119 189
1998	271 000	4,6	116 515
2000	298 000	5,1	114 005
2003	273 000	4,6	

Source : Ined, 2003.

Cette évolution peut s'expliquer par :

- la moindre contrainte religieuse ;
- le recul de l'âge de la maternité : l'âge moyen de la maternité était de 26,8 ans en 1980, de 29,4 ans en 2000 et il est supposé augmenter jusqu'à 30 ans d'ici 2050[2] ;
- l'effet protection sociale : les régimes de protection sociale (retraite, santé...) diminuent les risques individuels d'insécurité financière. Se sentir protégé face aux risques de la vie peut diminuer le désir d'une famille nombreuse, pour subvenir à ses vieux jours ;
- l'effet « libération de la femme » ;

---

1. Thèse développée par Philippe Ariès.
2. Source INSEE.

- l'effet avènement de la société de loisir et du temps libre ;
- l'émergence de l'individualisme.

La révolution démographique influence la manière dont les classes d'âges se structurent. De nouveaux groupes d'âges apparaissent et la répartition en nombre de ces groupes d'âges se modifie. La société dans sa totalité se transforme.

2. La révolution sociologique : de nouveaux noms pour de nouveaux âges ?

La société s'accorde à découper les générations en donnant un sens à chaque catégorie d'âge. Depuis quelque temps, différents noms sont donnés à différents âges. La vie est découpée en quatre ou cinq âges : les enfants, les adolescents, les juniors, les adultes ou majors, les seniors et (ou) le troisième et le quatrième âges.

Il y a trente ans, juniors et seniors n'existaient pas. Les termes ont été intégrés dans le vocabulaire courant au début des années quatre-vingts. Incongruité des concepts ! Cela signifiait-il que les moins de 30 ans et les plus de 50 ans n'existaient pas ? Bien sûr que non, mais les classes d'âges étaient découpées différemment. Ces mots traduisent une nouvelle réalité.

Pour saisir les innombrables détails de la photo des juniors et seniors qui va suivre, il faut oublier la représentation que nous avions de nos grands-parents, mais aussi celle de nos parents ou amis à 50 ans. Pourquoi ? La réponse tient en quelques mots : le paradoxe du senior. Si le senior peut être une réalité identifiable et identifiée, cette réalité est en perpétuelle évolution. Ceux, qui nés en 1954 atteignent la cinquantaine aujourd'hui, ne seront pas les mêmes que ceux qui l'atteindront dans dix ans. Ce qui suit est donc très éphémère et n'a de valeur que parce que le cliché est considéré comme un instantané. Les limites de cet instantané sont aussi valables pour les juniors. La description de ces nouvelles classes d'âges, en termes de comportements et de valeurs permettra dans les chapitres suivants d'en expliquer les origines.

Le junior ou l'expérimentateur de situations nouvelles

Jusqu'à 18 ans, l'individu était catégorisé comme adolescent et, au-delà, comme adulte et mature. L'étendue de cette classe d'âge s'étant allongée, grâce aux changements physiologiques de l'adolescence de plus en plus précoce et à l'allongement de la durée des études, il est devenu impossible de trouver un dénominateur commun entre le jeune de 25 ans éternel étudiant et le non moins jeune actif en emploi dès 16 ans. La période de « juniorité » peut s'étendre de 11 à 25 ans[1]. Le chapitre III s'attache à découper cette période en différentes classes d'âges et à affiner la description qui va suivre.

Intuitivement, tout observateur non aguerri éprouve le sentiment d'évolution de la jeunesse. Si l'adage, « les jeunes d'aujourd'hui ne sont plus ce qu'ils étaient », est intemporel, il peut être utile d'appréhender les différences entre les juniors de l'an 2000 et les juniors de la génération précédente.

Une génération mosaïque

Ce terme, employé par Excousseau[2], décrit des juniors, qui « inventent des formes d'expressions mutantes, mettent au point les techniques adaptées à leurs médias et aux flux d'informations d'images et de sons. Ils mettent en action des aires cérébrales qui jusqu'alors étaient peu sollicitées par nos réflexes et habitudes culturelles. Ils recyclent, récupèrent et compilent de multiples sources et inventent des sensibilités très différentes de celles de leurs aînés. »

Des valeurs qui collent à la réalité

Leur maître mot est « survivre ». Les jeunes veulent qu'on développe leur autonomie, qu'on leur accorde le rôle de citoyens responsables et qu'on leur offre des appuis à un développement personnel.

© Éditions d'Organisation

---

1. J.-Y. Le Bigot, C. Lott-Verner, I. Porton-Deterne, *Vive les 11-25 ans*, Eyrolles, 2004, p. 9.
2. J-L. Excousseau, *La mosaïque des générations*, Éditions d'Organisation, 2000.

Le travail n'est pas en soi valorisant. Le travail perd sa place de valeur centrale dans la société. Les jeunes estiment que ce n'est pas le travail qui développe l'homme mais son intérêt et le plaisir qu'il y trouve. Le travail doit fournir immédiatement plaisir et récompense. Le jeune travaille pour lui non pas pour les autres. Il veut bien faire des efforts mais pas de sacrifices. Selon Sérieyx[1], les jeunes sont extrêmement sensibles à la notion de sincérité, seule vérité à leurs yeux. La famille est considérée comme un soutien financier et comme ouverte d'esprit. La tribu, les amis, constituent un deuxième point d'ancrage.

Les juniors n'idéalisent pas l'entreprise

Ceux qui ont plus de 16 ans ont expérimenté la précarité par l'intermédiaire de celle de leurs parents ou l'ont vécue par celle de leur emploi. Des formes d'entrée dans la vie active deviennent de plus en plus atypiques : intérim, CDD et (ou) emploi aidé. La stabilisation ne se fait qu'à partir de la trentaine. Est-ce la raison pour laquelle 41 % des jeunes veulent entrer dans la fonction publique ?

Les juniors semblent considérer l'entreprise comme un produit consommable. Si ce produit apporte satisfaction, ils sont prêts à en payer le prix. S'il est quelconque, ils le rejettent. Ils recherchent plus la liberté que l'entreprise offre que sa réputation. Car, selon eux, chaque entreprise est entachée de son petit scandale. Les jeunes acceptent la flexibilité et veulent bien s'y soumettre à condition que l'entreprise accepte leurs attentes.

Leur représentation ambiguë de l'entreprise provient du contexte de leur adolescence : explosion de la bulle Internet, scandales financiers, multiples fusions et multiplication des plans sociaux. Cette image a pu être créée également par le vécu de leurs parents. Parallèlement, les jeunes ne côtoient plus l'entreprise. Les activités de production se sont installées dans les zones industrielles, les parents ne parlent plus de leur métier, et un certain nombre d'enseignants ont une opinion négative de l'entreprise. Leur distance à l'égard de l'entreprise n'en est que renforcée.

---

1. H. Sérieyx, *Jeunes et entreprise : noces ambiguës, Eyrolles, 2002.*

Si la génération des 30 ans sait qu'elle changera quatre à cinq fois d'entreprises, celle des 20 ans estime qu'elle en changera 10 fois. Si la génération des 30 ans croit encore à la réussite professionnelle, celle des 20 ans donne la priorité au plaisir et au changement.

Des galopins irrévérencieux ?

Les médias essayent d'alimenter cette image irrationnelle : les jeunes ne respectent rien, ils ne veulent pas travailler. L'État leur consacre beaucoup d'argent. L'image des jeunes est dévalorisée dans les médias. Cette image n'est pas spécifique aux jeunes d'aujourd'hui. Socrate écrivait déjà : « Notre jeunesse est mal élevée car elle se moque de l'autorité. Les enfants d'aujourd'hui répondent à leurs parents et bavardent au lieu de travailler. »

Des consommateurs effrénés

« Quand ils parviennent à l'âge de la majorité officiel (18 ans) tous les jeunes Français ont déjà derrière eux l'expérience de 15 années de consommation, alors que seulement la moitié d'entre eux (plutôt les filles) ont travaillé (pendant quelques mois au total) pour percevoir une allocation financière en contrepartie d'une prestation[1]. » Les jeunes sont beaucoup mieux « formés à dépenser de l'argent qu'à en gagner ». Ils effectuent chaque année avec leur propre argent 33,1 milliards d'euros d'achats directs et épargnent à hauteur de 7,2 milliards d'euros.

Le senior ou l'expérimentateur de situations nouvelles

Dans la société industrielle, jusqu'à soixante-cinq ans, l'individu était catégorisé comme salarié, et au-delà, comme retraité et vieux. L'étendue de cette classe d'âge s'étant allongée (grâce à l'allongement de la durée de vie et à la baisse de la mortalité), il est devenu impossible de trouver un dénominateur commun entre le fringant quinquagénaire et la non moins fringante centenaire, Jeanne Calmant. La société a besoin de « typologiser », de catégoriser, voire de hiérarchiser. Elle a donc découpé la vieillesse (qu'elle fait

© Éditions d'Organisation

---

1. J.-Y. Le Bigot, C. Lott-Verner, I. Porton-Deterne, *Vive les 11-25 ans*, Eyrolles, 2004.

commencer à 50 ans, mais c'est une autre question que nous aborderons dans le chapitre III) en plusieurs âges :

- Deux âges : le troisième âge et le quatrième âge ;
- Trois âges : les seniors actifs, les retraités et les retraités dépendants.

Beaucoup d'autres termes et d'autres classements peuvent être utilisés. Contentons-nous d'essayer de cerner le senior d'aujourd'hui. Intuitivement nous sentons bien qu'il n'a rien à voir avec celui d'hier. Chacun de nous a vécu l'expérience d'un passage à la soixantaine d'une personne de son entourage et de la petite voix intérieure et bien souvent inconsciente qui dit qu'elle paraît beaucoup plus jeune que pouvait l'être une autre connaissance au même âge, mais quinze ans plus tôt.

Notre objectif étant de comprendre les seniors au travail, nous essayerons de tracer un portrait de cette génération de baby-boomers en n'évoquant que trop peu, les plus de 70 ans. Ce n'est pas du sectarisme à leur égard, mais pour l'instant, en France et à la différence d'autre pays, il est très difficile culturellement de travailler après cet âge.

L'âge réel de cessation d'activité a fortement diminué au cours des trente dernières années, le taux d'emploi des seniors a également chuté. Ils ont été de plus en plus nombreux à profiter des dispositifs de sortie précoce d'activité (préretraite, invalidité...). La situation des seniors actifs sera l'objet de la dernière partie de ce chapitre. Les conditions de vie des seniors, qui sont sortis du marché du travail et qui sont retraités, ont radicalement changé. Deux évolutions s'opèrent, les seniors deviennent des retraités actifs et des pivots familiaux.

Les seniors, retraités actifs

40 % des personnes de plus de 60 ans sont membres d'une association, à laquelle un sur quatre consacre plus de 20 heures par mois en 1998. Remarquons, d'ores et déjà que sur le marché du bénévolat à la différence du marché du travail, le senior est considéré comme expérimenté et disponible ! Un autre chiffre ? Un bénévole sur quatre en France a plus de 55 ans[1].

---

1. R. Rochefort, *Vive le papy-boom,* Éditions Odile Jacob, 2000.

En 1978, le centre national du volontariat est créé et joue le rôle de coordinateur du bénévolat. Les seniors qui désirent mettre à disposition leurs compétences professionnelles au service de leurs cadets ont créé des associations exemplaires. Citons-en quelques-unes, en nous excusant auprès des autres :

- certains cadres et techniciens seniors tentent de soutenir l'activité économique. Ainsi, par exemple, en 1979 a été créée « l'entente des générations pour l'emploi et l'entreprise ». Son objectif est d'apporter un soutien ponctuel aux PME-PMI sans toutefois concurrencer la création d'emploi ;
- Agir ABCD : Association générale des intervenants retraités – action de bénévoles pour la coopération et le développement ;
- EGEE : Entente des générations pour l'économie et l'entraide (aide à la création d'entreprises ou conseil aux entreprises en difficulté) ;
- ECTI : Échanges et consultations techniques internationaux.

Cette dernière limite ses missions en France car certains y voyaient une concurrence déloyale. Mais ces retraités actifs prennent-ils vraiment le travail des plus jeunes sachant que, faute de moyens ou de rentabilité, ces services ne seraient pas achetés s'ils étaient payants ? Rejeter ces associations parce qu'elles seraient des rivales des consultants ne repose sur aucun fondement.

D'autres créent des sites pour aider les plus jeunes à faire leurs devoirs ou répondre à leurs questions, Cyberpapy, par exemple. Si les seniors sont dans des associations (en plus grande majorité que la moyenne nationale) est-ce parce qu'ils ont vécu l'utopie communautaire et solidaire dans leur jeunesse ?

Nous ne citerons pas tous ceux qui mettent à profit leur temps d'« inactivité organisationnelle » pour réaliser leurs passions ou leurs rêves les plus chers, mais renvoyons ceux qui veulent en savoir plus sur les enquêtes du Credoc. Retenons simplement qu'il était peu courant, il y a encore vingt ans, que le senior voyage autant et qu'il vive si vite.

Les seniors, nouveaux centres de la famille

C'est la première fois dans l'histoire de notre civilisation que quatre générations vivent sur la même planète. Paradoxalement,

© Éditions d'Organisation

c'est certainement aussi la première fois qu'elles ne vivent plus ensemble !

Le senior est donc le pivot précurseur d'une famille de quatre générations :

- Des grands-parents présents. En 1980, 17 % des femmes de 60 ans faisaient partie d'une famille de quatre générations ; en 2010, elles seront 38 %. C'est-à-dire qu'elles jouent à la fois le rôle d'enfant, de parent et de grand-parent[1]. Le premier petit-enfant naît lorsque le senior atteint, en moyenne, 50 ans. 70 % des seniors sont grands-parents. Ils ont donc le temps, en disponibilité et en durée, de devenir « un nouveau partenaire de l'éducation de l'enfant[2] » ;
- Des parents assistants. Une personne de plus de 68 ans sur deux donne de l'argent directement ou indirectement (c'est-à-dire sous forme de service) à ses descendants. Les personnes de plus de 60 ans donnent 6 % de leurs revenus à leurs enfants ou petits enfants[3] ;
- Des enfants garde-parents. En tant que « vieux » enfants, ils apportent également un soutien à leurs parents. Plus d'un tiers des plus de 50 ans déclarent aider leurs parents. Ils consacrent 1,5 milliard d'euros à leurs parents et 15 milliards d'euros à leurs enfants[4].

Pour les plus démunis, leur situation de retraités joue comme une sécurité et permet ce transfert vis-à-vis des descendants et ascendants qui peuvent être dans une situation précaire. Le système de solidarité publique permet à la solidarité familiale de jouer. Cette solidarité a deux conséquences majeures. D'une part, elle lisse les conséquences de la crise, d'autre part, elle consolide le lien inter-générationnel.

1. S. Pennec (1994), « Les familles à quatre générations », *Gérontologie et société, n° 71*.
2. C. Attias-Donfut, M. Segalen, *Grands parents : la famille à travers les générations*, Éditions Odile Jacob, 1998.
3. J. Bichot, « La ronde des Générations », *Information Sociale, n° 35-36, 1994*.
4. Rochefort, *op. cit.*

© Éditions d'Organisation

FIGURE 3 – SOLIDARITÉ ENTRE LES GÉNÉRATIONS

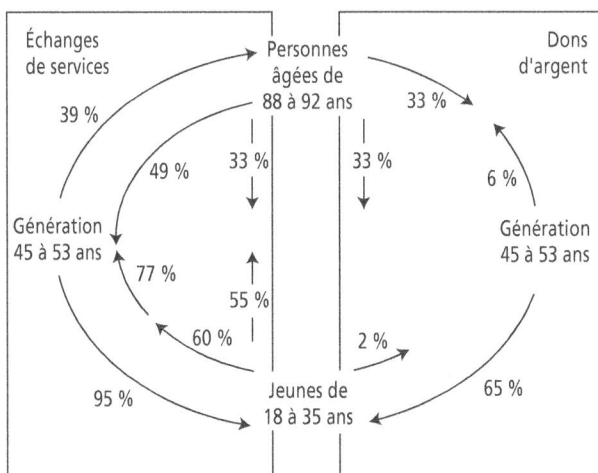

Source : Attias-Donfut, 1997.

En quoi cette cohabitation d'un tel nombre de générations est-elle révolutionnaire ? D'abord, ce phénomène est nouveau. Et, par conséquent, les rapports qui vont se construire entre ces générations restent à inventer. Ensuite, la durée de cette cohabitation continuera d'augmenter. Les quinquagénaires et les sexagénaires auront donc tout le temps pour construire de nouvelles relations, diffuser leurs nouvelles valeurs auprès des juniors.

Le paradoxe du « fringant vieux »

Nous sommes encore nombreux à attribuer aux personnes vieillissantes des valeurs classiques et traditionnelles. Ces personnes évoluent plus vite que nos idées. N'oublions pas que ces baby-boomers sont nés à une époque (entre 1945 et 1965) où la France était en pleine évolution. Elles ont été éduquées dans un monde en perpétuel changement, même si les bouleversements d'alors étaient moins rapides que ceux d'aujourd'hui. Or, le contexte de l'enfance influence les comportements de l'adulte.

Rochefort, grâce aux études du Credoc essaye de définir leurs valeurs : « Dans son mode de pensée en ce qui concerne les mœurs et la morale, le baby-boomer est d'abord un libéral parfois à tendance libertaire. Dans sa fidélité à son passé, à son idéal de jeunesse, il reste attaché aux valeurs de solidarité, à la défense de l'opprimé à la dénonciation du système[1]. »

Ils sont pragmatiques et gèrent parfaitement la contradiction : un tiers des seniors aurait effectivement fait mai 1968. Ceci explique le traditionalisme des valeurs qu'ils désirent transmettre à leur enfant : honnêteté, respect, travail, famille, éducation, solidarité et réussite.

Un exemple, le moins positif mais le plus révélateur de la révolution des mentalités des seniors par rapport à celles de leurs parents ou grands-parents ? Le nombre de contaminations au V.I.H. est équivalent chez les hommes de plus de 50 ans, que chez leurs cadets... Sans commentaire.

Un citoyen actif

Un tiers des maires en France sont des retraités. Et dans un grand nombre de communes, des conseils des anciens se créent suivant l'exemple de ce qui a été fait dans le village de Saint-Coulitz en Bretagne. Le 24 novembre 2000, la confédération française des retraités (CFR) a été créée. Elle comporte 2 millions d'adhérents. Les seniors deviendront-ils « lobbyistes » ? Aux États-Unis, l'AARP (Association nationale des personnes retraitées) compte 33 millions de membres. Cette association est considérée, outre-Atlantique comme un des lobbies les plus importants. Son rôle est de défendre les droits des retraités, mais ils labellisent également des produits de consommation et service. Culture américaine ou culture de ces nouveaux seniors ? En contrepartie de cette labellisation, l'association touche une commission sur les ventes.

Les seniors créeront-ils des partis politiques comme dans certains pays ? Un fait est certain, les seniors ont plus de goût pour la politique que leurs cadets. 6 % des 50-59 ans adhèrent à un parti politique contre 3,5 % pour la population totale[2]. Signalons que le danger de la création de lobbies ou de partis politiques de seniors est de tomber dans le corporatisme d'une classe d'âge et de créer une guerre des générations.

---

1. *op. cit.*
2. Selon Rochefort (2000, p. 55) qui s'appuie sur des études du Credoc.

Les seniors retraités sont donc beaucoup plus actifs que leurs aînés. L'apparition du mot senior pour les qualifier permet de traduire ce dynamisme et leur rôle crucial dans la croissance économique.

Juniors et seniors : un conflit générationnel ?

Les différences de valeurs et de comportements entre juniors et seniors sont nombreuses, certaines méritent d'être recensées ;

* les jeunes appartiennent à la génération de l'information, les seniors à celle du savoir ;
* les juniors cherchent à s'adapter à la réalité. Ils sont pragmatiques. Les seniors font partie de la génération de l'utopie. Les seniors voulaient changer le monde, les juniors veulent s'en accommoder ;
* les juniors ont des ambitions concrètes et individuelles alors que les seniors ont des ambitions idéalistes et collectives.

Cependant, des points communs lient juniors et seniors. Ces deux groupes d'âges voient leur période de « juniorité et séniorité » s'allonger. Ils vivent de nombreux changements physiques et psychiques. Les uns essayent de devenir adultes, les autres de rentrer en meilleure forme possible dans le quatrième âge. Ces deux périodes sont aussi floues l'une que l'autre. Leur rôle dans la société est en pleine évolution. Seniors et juniors se trouvent confrontés à la même modernité de leurs situations et aux mêmes manquent de repères.

La révolution sociologique, c'est la perte de balises sur « l'adultité ». (Ce terme utilisé par Le Bigot[1] renvoie au flou de la définition de l'âge adulte dans notre société. Dans cet ouvrage, il fait référence à la notion d'adulte en terme psychosocial, c'est-à-dire dans sa globalité familiale, civique, psychique, relationnelle, professionnelle.) C'est donc la perte de repères sur son propre développement. Et pourtant, le junior et le senior n'ont jamais été aussi présents au sein de notre société. Ces deux classes d'âges et ces générations n'ont jamais été aussi nombreuses.

© Éditions d'Organisation

---

1. J.-Y. Le Bigot, C. Lott-Verner, I. Porton-Deterne, *Vive les 11-25 ans*, Eyrolles, 2004, p. 9.

3. La révolution économique

Un certain nombre d'économistes ou d'historiens expliquent, en partie du moins, la première révolution industrielle, par une révolution démographique. La part de l'évolution démographique dans la croissance peut être expliquée de la façon suivante :

- un effet économique : lorsque la population se multiplie (par un effet conjugué de la baisse de la mortalité et de la hausse de la natalité), le marché du travail dispose d'une main-d'œuvre abondante et bon marché. Ces travailleurs deviennent des consommateurs et permettent d'entretenir un cercle vertueux de croissance (exemples des trente glorieuses en France) ;
- un effet politique : le boom démographique crée un réservoir d'individus, qui partent coloniser le monde (première et deuxième révolutions industrielles) ;
- un effet social : de nouvelles classes sociales et productives apparaissent, par exemple la classe ouvrière. Nous serions tentés d'y ajouter les seniors pour expliquer la croissance future.

Le lien entre les révolutions industrielles et démographiques est à double sens, car bien d'autres facteurs entrent en compte, comme la possibilité d'accumuler du capital. Ce capital manquerait aujourd'hui pour un décollage économique des pays en voie de développement, malgré leur baby-boom. Laissant de côté l'éternel dilemme de l'œuf ou de la poule, nous retiendrons que révolution industrielle et révolution démographique sont extrêmement liées. Dans certains cas, comme en Angleterre, la révolution industrielle s'est produite sans révolution démographique. La France, au contraire, a connu une révolution démographique, puis industrielle. Quoi qu'il en soit, la démographie est une des caractéristiques du facteur travail. La croissance potentielle est donc déterminée par l'évolution de la population active. Or, les caractéristiques de la population active dépendent des caractéristiques de la population totale d'une société. Les théories dominantes lient négativement vieillissement démographique et croissance économique. Pourtant, nos pays vieillissent et ne se sont pas encore effondrés, comme certains l'avaient prédit. Heureusement, ces théories économiques désuètes, qui modèlent la perception du vieillissement, commencent à être remises en cause.

« Croître ou vieillir, il faut choisir ! » (Sauvy)

Recenser les théories économiques classiques, bien qu'elles aient cherché à expliquer les liens entre démographie et croissance dans des contextes différents du nôtre, permettra de comprendre la façon dont elles ont influencé notre perception du vieillissement.

La thèse malthusienne a façonné notre regard sur le vieillissement

Malthus dans *Essay on population* (1798) propose une théorie des mécanismes démo-économiques que l'on résumera de la façon suivante : la population croît de façon géométrique alors que les ressources alimentaires augmentent de façon arithmétique. La pression démographique épuise donc les ressources. Par conséquent, il faut réduire le nombre des naissances. Seule la contrainte morale personnelle et la sagesse peuvent permettre de contenir une démographie excessive. C'est ce qu'il a dénommé la loi des rendements décroissants, qui a été contredite dans les faits. La version contemporaine de la thèse malthusienne est que la croissance potentielle est indépendante de la révolution démographique. Mais, l'inconscient collectif semble avoir retenu de Malthus que la sélection naturelle devait éliminer les pauvres. De « pauvre » à « vieux », il n'y a qu'un pas dans certains esprits. Les vieux ne sont pas productifs : ils n'ont donc aucune utilité, ils ne devraient pas être assistés.

La thèse stagnationniste

Elle diffuse une image négative du vieillissement. Née dans les années trente, cette théorie développée par Hansen remet en cause la théorie malthusienne. « La croissance de la population dans la deuxième partie du XIXe siècle est à la base de 40 % de création du capital en Europe occidentale et 80 % aux États-Unis. » Une stagnation de la population serait synonyme d'une décroissance de l'investissement. Ainsi le dynamisme démographique est nécessaire à la croissance des marchés et des investissements (publics et privés). La France illustre bien ce cas. L'anémie de la démographie semble avoir atrophié la croissance pendant un certain temps, comme le montre la figure suivante.

FIGURE 4 – CROISSANCE ÉCONOMIQUE
ET CROISSANCE DÉMOGRAPHIQUE

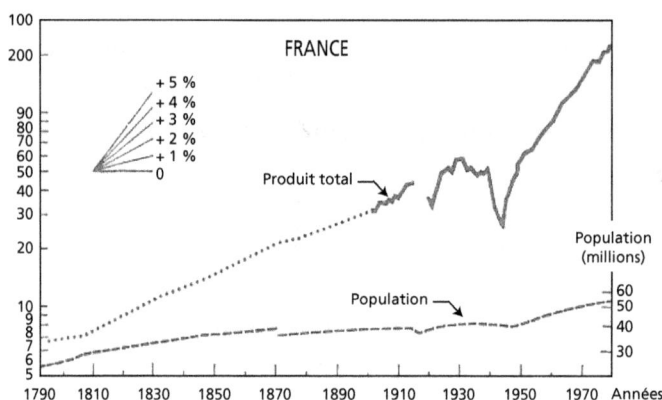

Source : J.-C. Chenay.

Cette théorie ne renvoie toujours pas une image positive du vieillissement. Le dynamisme de la croissance dépend du dynamisme de la population, c'est-à-dire implicitement de sa jeunesse.

La thèse de la population optimale

Chaque type de croissance exigerait une démographie différente. Il existerait donc un optimum démographique. « Chaque fois que l'optimum démographique est dépassé il y a crise et des centaines de milliers de pauvres sont emportés. Après quoi, un net excédent de naissance, par rapport au décès se rétablit. Le plancher de la population se maintient finalement à un niveau relativement stable[1]. » Ainsi, chaque pays aurait un seuil propre de population qui lui permettrait de mettre en valeur son potentiel matériel et humain. Ce seuil concerne aussi bien le nombre de personnes que leur âge.

---

1. Braudel, 1986.

Étrangement, l'optimum démographique (la meilleure répartition possible des différentes classes d'âge) n'est jamais considéré comme vieillissant ! Les classes d'âges les plus nombreuses doivent être jeunes et surtout se renouveler pour préserver le dynamisme d'un pays. Nombre de nos phrases et réflexions sur le sujet proviennent de cette thèse : le vieillissement est dangereux pour l'économie ; notre population vieillit et notre économie aussi ; il y a trop de vieux par rapport aux jeunes. Un inconvénient majeur est lié à ces propos et à cette thèse : pourquoi l'optimum ne serait pas atteint avec une population vieillissante ?

La thèse nataliste ou le début de la propagande jeuniste

Au contraire des thèses malthusiennes, les natalistes expliquent que les richesses sont en expansion constante. Les progrès techniques permettent d'augmenter les richesses. La population jeune stimule la production. La croissance démographique permet d'effectuer des économies d'échelles. Une population jeune à fort pouvoir d'achat stimule mieux la production industrielle qu'une population plus âgée qui consomme beaucoup de soins médicaux et de biens traditionnels. Certains (par exemple, Sauvy, cf. chapitre II) estiment que la croissance économique est portée par la jeunesse d'un pays. Une nation court à sa perte si elle vit « un papy-boom ou un baby-krach ». Ces affirmations reposent sur des hypothèses fortes : les personnes âgées n'ont plus confiance en l'avenir et ne veulent plus s'équiper, donc elles ne stimulent pas l'investissement, la créativité, la capacité d'innovation, l'esprit d'entreprise et la consommation. Elles ne veulent pas préparer l'avenir.

Sauvy a contribué à diffuser les valeurs du jeunisme par son discours antivieux, même si sa principale revendication concernait le fait que les pouvoirs publics prennent en main une politique nataliste.

Si la population vieillit et que le renouvellement des populations n'est plus assuré, que se passera-t-il ? Faut-il croire le slogan de Sauvy : croître ou vieillir, il faut choisir ? Paillat (de l'Ined[1]) dans *Le Monde* du 2 novembre 1980 renchérit : « Si le taux de fécondité continue de dégringoler comme il l'a fait jusque-là, la France en 2050 ce sera : 38 millions d'habitants seulement, dont 28 % de

---

1. Institut national des études démographiques.

plus de 65 ans. Personne ne le dit, personne ne veut le savoir. Aucun lendemain n'est possible pour la France à ce rythme, en 2100 elle est tout simplement rayée de la carte du monde. »

Cette perspective négative doit être remise en cause en changeant radicalement de point de vue sur le lien entre vieillissement et croissance. D'abord parce que les évolutions sociologiques récentes montrent que le comportement du senior d'aujourd'hui diffère fortement de celui d'hier. Ensuite parce que les conséquences du vieillissement sont surtout psychologiques.

Des modèles de croissance économique à réinventer

Les théories économiques du passé – aujourd'hui dépassées ! – ont modelé notre perception du vieillissement, jadis considéré comme nuisible à la croissance. Certes, la croissance économique d'un pays est portée, entre autres, par le dynamisme de sa population, mais ce dynamisme n'est pas forcément lié à la jeunesse. La notion de dynamisme n'est pas antinomique à la notion de vieillissement.

Cette affirmation du lien négatif entre croissance et vieillissement a pu être vraie à une certaine époque, dans certains contextes. Mais ce lien repose sur des hypothèses qui méritent de faire l'objet d'un examen plus attentif à la lumière des évolutions sociologiques récentes : le comportement économique du senior d'aujourd'hui diffère sensiblement de celui d'hier, et les dépenses de consommation de cette catégorie de la population ne cessent de s'accroître[1] ; en outre, pour juger du dynamisme d'une économie, le niveau de formation et le degré d'implication de la population active constituent des indicateurs au moins aussi pertinents que l'âge moyen. Il semble enfin qu'une partie du problème réside dans la perception qu'ont les acteurs économiques des impacts du vieillissement démographique. En effet, si la croissance repose en partie sur la

---

1. Rochefort (2000, p. 49) : « En 1989, le moment de la vie où les dépenses des ménages atteignaient leur maximum se situait entre 42 et 46 ans (240 000 F en francs constants de 1995). Au-delà de cet âge, cela décroissait régulièrement. En 1995, le maximum est atteint entre 47 et 51 ans. » Cette même étude montre que les dépenses des ménages de moins de 45 ans tendent à diminuer relativement alors qu'elles progressent pour les plus âgés. Ceux-ci ont un niveau de vie supérieur de 30 % à leurs cadets.

confiance des agents économiques, l'enjeu économique du vieillissement doit également être pensé sur le plan des représentations. Pour avoir confiance dans les vertus du vieillissement de la population, encore faut-il remettre quelques pendules à l'heure.

Les salariés vieillissants peuvent être performants

L'expérience, la mémoire des affaires traitées, des procédés de fabrication, la plus forte implication dans la vie de l'entreprise font peut-être du vieillissement un atout pour l'entreprise. Certains pays, comme ceux d'Europe du nord, les États-Unis, le Japon, le croient.

FIGURE 5 – TAUX D'EMPLOI DES PERSONNES ÂGÉES

Taux d'emploi des personnes âgées entre 55 et 64 ans (en %)
(chiffres de 2002, sauf États-Unis et Japon : 2001)

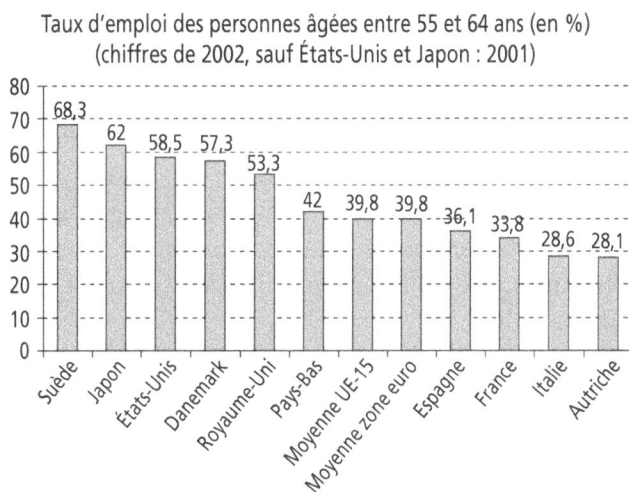

Source : Eurostat, 2003.

La confiance dans le vieillissement passe donc par un retour sur les valeurs dominantes du « jeunisme ». Il s'agit de faire évoluer les représentations du vieillissement de sorte que celles-ci cessent de peser négativement sur la croissance économique. Au travail, le senior constitue un véritable potentiel ! Le dynamisme au travail d'une population ne dépend pas forcément de son âge, mais surtout de son niveau de formation et d'implication. Parallèlement, l'environnement a complètement évolué depuis que Sauvy a développé ses thèses. Si les travaux physiques pénibles n'ont pas disparu, ils

© Éditions d'Organisation

diminuent, dans les pays développés au profit d'activités qui peuvent parfaitement être effectuées par des personnes vieillissantes. Faut-il rappeler que nous sommes passés d'une société industrielle à une société de service ?

On peut admettre qu'une proportion élevée de personnes âgées puisse avoir des répercussions sur l'économie lorsqu'elle est de type *labor intensive*[1] et que la force physique de la main-d'œuvre est un aspect décisif de sa productivité. Mais aujourd'hui nos économies sont de plus en plus capitalistiques et l'homme cède sa place à la machine dans la plupart des activités pénibles. De ce fait, l'argument sur lequel reposait le lien négatif entre croissance et vieillissement est brisé. Le vieillissement n'est plus synonyme de diminution de la productivité dans le contexte postindustriel.

Les seniors, des consommateurs hors pair

« En 1989, le moment de la vie où les dépenses des ménages atteignaient leur maximum se situait entre 42 et 46 ans (240 000 F en francs constants de 1995). Au-delà de cet âge, cela décroissait régulièrement. En 1995, le maximum est atteint entre 47 et 51 ans[2]. » Par ailleurs, les dépenses des ménages de moins de 45 ans tendent relativement à diminuer alors qu'elles progressent pour les plus âgés. Ils ont un niveau de vie supérieur de 30 % par rapport à leurs cadets.

Si le senior « a fait 68 », s'il a vécu la révolution sexuelle et idéologique, il est également devenu un consommateur effréné. Cette génération représente 45 % du pouvoir d'achat total de la population française en 1999 et 55 % en 2015[3]. L'attention portée à la consommation des seniors, (en une journée comptons le nombre de publicités qui leur font un clin d'œil), n'est pas irrationnelle. Loin de là ! Ils détiennent plus de 75 % des actifs financiers et plus d'un tiers du patrimoine immobilier[4].

1. Littéralement ce terme signifie « travail intensif ». Il renvoie en réalité à un modèle d'économie industrielle dans lequel la force physique de la main-d'œuvre est un aspect décisif de sa productivité puisque l'activité du secteur secondaire est prédominante.
2. Rochefort, *op. cit.*
3. Étude Secodip, 2001.
4. S. Guérin, *Le grand retour des Seniors,* Eyrolles, 2002.

© Éditions d'Organisation

Les plus de 50 ans consacrent, en moyenne, 18 % de plus que les autres de leur budget à l'alimentation. 50 % des automobiles neuves sont achetées par les plus de 50 ans. Il y aura selon l'INSEE une explosion des dépenses de loisirs et de produits culturels chez les baby-boomers contrairement à la génération précédente, chez qui ces dépenses diminuaient. En ce qui concerne les voyages : les seniors partent deux fois plus que leurs cadets !

Croire dans la dynamique du vieillissement démographique

La croissance économique repose en partie sur la confiance des agents économiques. Les acteurs économiques ont une perception négative du vieillissement. Il faudrait donc que ceux-ci aient confiance dans le vieillissement. Or cette confiance, conditionnée par nos représentations déformées par le passé, est inexistante.

Faut-il une preuve que le facteur psychologique est un facteur déterminant de la croissance ? Les théories économiques libérales démontrent que le taux de chômage des seniors dépend du taux de chômage global. Or la baisse du chômage en France au cours de la période 1997-2001 n'a pas engendré d'inflexion sensible du taux d'activité des 55-59 ans, alors que dans la période précédente, la hausse du taux de chômage s'est fortement répercutée sur les seniors. Il y a donc une plus grande inertie à la baisse du chômage des seniors. Cette asymétrie de comportement est due au facteur psychologique et aux représentations qui pèsent sur les salariés expérimentés. Il suffirait peut-être pour entretenir la croissance ou la créer qu'il y ait une adéquation entre les facteurs de production, la qualité et la quantité des actifs, la concurrence et les consommateurs[1].

Certes, lorsque, grâce aux données démographiques, la population active de la France est projetée, on s'aperçoit que celle-ci diminue fortement jusqu'en 2050.

© Éditions d'Organisation

---

1. Cf. pour creuser le sujet M. Porter, *L'avantage concurrentiel des nations,* Dunod, 1990.

FIGURE 6 – POPULATION ACTIVE PROJETÉE

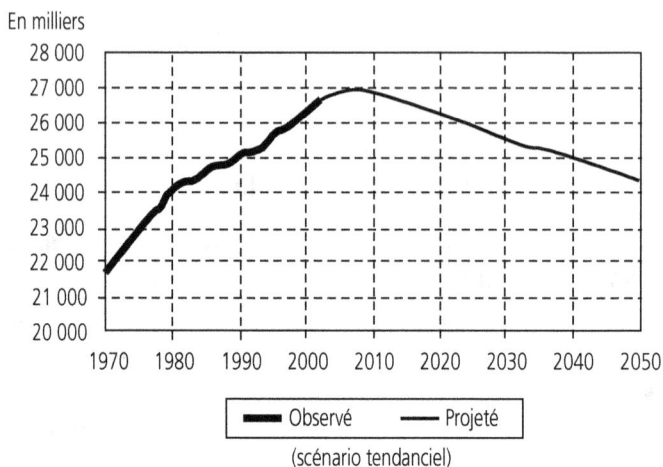

Sources et calculs : Insee-Dares cités par E. Nauze-Fichet, F. Lerais, S. Lhermitte, 2003.

Mais il suffirait de relever les taux d'emploi aux âges extrêmes pour que celle-ci reste croissante.

Des modèles de régulation du marché du travail à réinventer

En 1945, lors de la création de l'assurance vieillesse, l'espérance de vie d'un homme à sa naissance était de 59,5 ans. Aujourd'hui, elle est de 75,2 ans pour un homme et de 82,9 ans pour une femme. Le temps de la retraite est donc logiquement beaucoup plus long que par le passé, parce que l'âge de la retraite n'a pas été augmenté. Il a même été abaissé ! Ainsi, arrivé à 60 ans, un homme peut espérer vivre encore une vingtaine d'années, et une femme vingt-cinq ans. Le rapport, cotisants/retraités (public et privé), passera à 1,2 en 2040 contre 2,3 aujourd'hui. Ce déséquilibre démographique durable entre cotisants et retraités n'est pas tenable financièrement sauf à revisiter notre système de protection sociale.

Certes, le vieillissement bouscule les fondamentaux économiques qui ont été mis en place au sortir de la guerre, alors que la population était jeune. Mais au lieu de vouloir se battre contre le moulin à vent que représente le vieillissement, ne faut-il pas revoir nos modes de régulations économiques ?

- Réinventer la protection sociale. Par exemple, notre système de retraite repose sur le principe de la répartition : à sa création,

10 actifs contribuaient au financement d'un retraité, et le rapport n'a cessé de se dégrader, comme le montre le tableau suivant :

TABLEAU 7 – RAPPORT ACTIF/INACTIF DE 60 ANS ET PLUS

Observés			Projetés		
1968	1992	2002	2007	2020	2050
3	2,3	2,2	2,0	1,5	1,1

Source : E. Nauze-Fichet, F. Lerais, S. Lhermitte, 2003.

Le principe reposait sur une certitude : la population jeune serait toujours plus nombreuse que la population plus âgée. Mais ce n'est plus une exclusivité, le poids des différentes classes d'âges dans la population se modifie.

FIGURE 7 – POPULATION ÂGÉE DE 65 ANS OU PLUS, EN POURCENTAGE DE 15 À 64 ANS

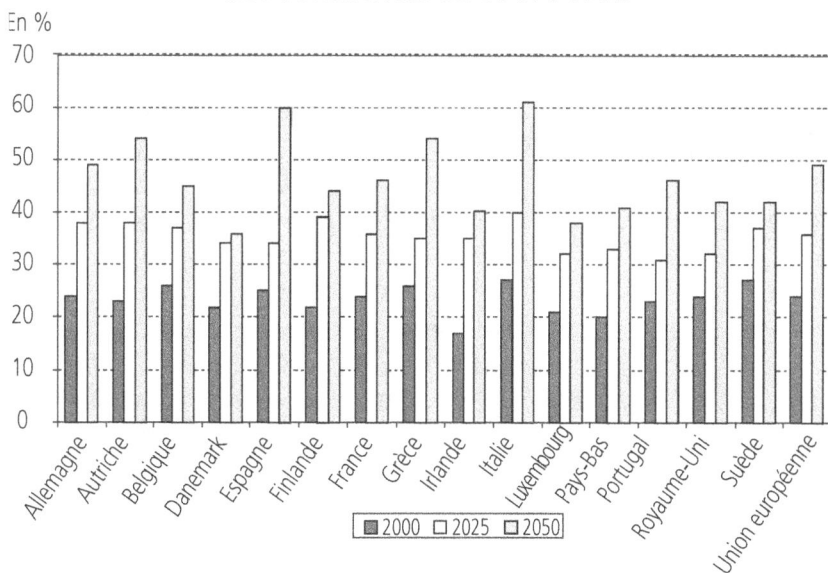

Source : Eurostat, projections démographiques, 2003.

Ce graphique donne l'évolution prévisible du nombre de personnes âgées de 65 ans ou plus par rapport à celui des personnes âgées de 15 à 64 ans. Ce ratio est appelé ratio de dépendance. Si les taux d'activité n'augmentent pas, ce ratio ne peut manquer de se dégrader puisque l'espérance de vie s'allonge et que la part des personnes très âgées dans l'ensemble des plus de 65 ans devrait passer de 23 % en 2000 à 37 % en 2050. Tous les pays européens sont donc confrontés à une forte pression financière en raison du paiement des retraites aussi bien publiques que privées. Mais si le taux d'activité de toutes les classes d'âges est augmenté, le problème devient beaucoup moins flagrant. Si les réformes des régimes de retraite sont nécessaires au regard de cet état de fait, il n'en demeure pas moins que c'est d'abord le nombre d'actifs qui peut être le premier remède pour atteindre l'équilibre. En d'autres termes, si la réforme Fillon était une nécessité, une politique de l'emploi dynamique pour le relèvement des taux d'emploi à tous les âges est aussi une nécessité.

Les pays nordiques ont d'ailleurs abordé le problème d'une manière radicalement différente de la nôtre. Pour que les régimes de protection sociale se rééquilibrent, ils ont d'abord misé sur une politique active pour l'emploi. Les modifications du financement des régimes de retraite n'étaient qu'une des conditions nécessaires mais pas suffisantes pour traiter du problème de l'évolution démographique dans sa globalité.

Que le lecteur se rassure, notre volonté n'est pas de minimiser les déséquilibres. Une étude[1] projette l'incidence de la démographie sur les dépenses de protection sociale[2], dont les dépenses de retraite, dans six pays européens (Allemagne, Espagne, France, Italie, Royaume-Uni, Suède). Elle montre que la progression de la part des charges de retraite publiques et privées dans le produit intérieur brut serait de 3 à 5 points. La France connaîtrait une évolution de ses charges de retraite de 12 % du produit intérieur brut en 2000 à 17 % en 2050.

---

1. E. Algava, M. Plane, « Vieillissement et protection sociale : une projection comparée pour six pays de l'Union européenne », *Études et résultats*, Drees, n° 134, septembre 2001.
2. Considérant deux hypothèses alternatives d'évolution des taux d'activité de 2000 à 2050 (au même rythme qu'entre 1970 et 2000 dans le premier scénario « A », à un rythme accéléré sous l'effet d'une progression plus forte de l'activité féminine dans le second scénario « B »).

Si la révolution démographique n'entraîne pas une révolution des fondamentaux et des structures économiques, alors effectivement le vieillissement peut devenir synonyme de déclin. Mais l'adaptation de ces structures peut être entreprise comme le montrent certains pays. Une de ces structures est l'organisation.

4. La révolution organisationnelle

Les politiques d'éviction des jeunes et des salariés vieillissants ne correspondent plus au vieillissement de la population. Et pourtant ces pratiques apparues dans les années soixante-dix sont devenues culturelles.

L'activité des seniors et des juniors en net recul

Bien que les seniors et les juniors ne présentent pas du tout les mêmes caractéristiques, leur évolution sur le marché du travail a un point commun : leur exclusion. En revanche, les moyens pour les exclure n'ont pas été les mêmes.

L'activité des seniors : des années soixante-dix à la réforme des retraites

Depuis le début des années soixante-dix, les pouvoirs publics ont favorisé la cessation anticipée d'activité pour trois raisons :

- lutter contre la hausse du chômage ;
- permettre les restructurations à moindre coût humain et financier ;
- favoriser la solidarité générationnelle.

Si le lecteur s'en souvient dans les dix premières années, c'est-à-dire jusqu'aux années 1980-1985, ces mesures n'étaient pas acceptées socialement. Les salariés expérimentés sortants, même dans de bonnes conditions financières, éprouvaient un sentiment de honte. Ils se sentaient exclus sans raison, privés de leur droit au travail, privés de leur citoyenneté et considérés comme des « vieux ». À cette époque, la place du travail était centrale et structurait la vie jusqu'à la notion de citoyenneté et d'âge adulte. Il a fallu attendre le milieu des années quatre-vingts pour que la retraite devienne un but en soi, socialement acceptée et synonyme d'âge d'or.

En 1982, l'âge officiel de la retraite passe de 65 à 60 ans. Premier pas vers un changement des normes culturelles ? C'est l'officialisation d'un droit à la retraite avancée et de l'image idéalisée de la retraite. La retraite devient le dernier quart de vie. Elle doit être active, mais en dehors des organisations ! Dans le contexte de crise qui n'en finit pas et même s'accélère, les salariés expérimentés voient finalement plus de sécurité dans une préretraite dorée que sur un marché en pleine restructuration. Et surtout, partir pour laisser sa place à un jeune donne le sentiment d'œuvrer en faveur de la nouvelle génération. Les mentalités sont prêtes à créer le consensus intergénérationnel, qui règne dans notre société depuis plus de 25 ans : exclure les seniors de l'organisation.

La proportion d'hommes actifs de 55 à 59 ans est passée de 83 à 68 % en trente ans. Au-delà de 60 ans, le taux chute brutalement : il est environ de 17 % depuis les années 1990, contre 35 % en 1982, date de l'instauration du droit à la retraite à 60 ans[1].

Un consensus sous-tendu par des dispositifs incitant à sortir du marché du travail

Les entreprises, les salariés, les syndicats et les pouvoirs publics ont mis en place un certain nombre de dispositifs pour faire partir sereinement les plus âgés. Ces dispositifs furent nombreux : préretraite progressive, préretraite totale (FNE), allocation de remplacement pour l'emploi, cessation anticipée d'activité de certains travailleurs salariés. Indépendamment des préretraites financées par l'état ou l'ASSEDIC, l'entreprise pouvait mettre en place à son initiative un dispositif de préretraite appelé « préretraite maison » ou « congé de fin de carrière ».

---

1. Chiffres INSEE.

Les différents dispositifs de départ

- L'ARPE (allocation de remplacement pour l'emploi). Créée en 1995, elle était en 2000 le dispositif principal de sortie : 61 %. Les salariés de plus de 58 ans et ayant 160 trimestres au titre de l'assurance-vieillesse, pouvaient sortir d'un commun accord avec l'entreprise. Les salariés et les syndicats appréciaient son caractère volontaire et son effet sur l'emploi. Les entreprises pouvaient rajeunir leur pyramide des âges tout en contrôlant la disparition des compétences. La condition des 160 trimestres, identique à celle concernant la retraite à partir de 60 ans, apparaissait équitable. La disparition de l'ARPE a contribué à la diminution des entrées en préretraite dès 2002.

- L'AS-FNE (allocation spéciale du fonds national de l'emploi) est une préretraite totale. Elle est utilisée par les entreprises qui doivent faire face à des difficultés économiques et envisagent de licencier du personnel. La mise en place se fait par convention avec l'État. L'allocation est donc versée aux salariés de plus de 57 ans licenciés pour motif économique dans le cadre d'une convention du FNE. L'entreprise et le salarié contribuent au financement de la préretraite. Depuis 1995, ce dispositif est de moins en moins utilisé car la participation financière des employeurs a été relevée.

- Les PRP (préretraites progressives) existent depuis 1993, mais ne sont plus autorisées par la loi sur les retraites à partir du 1er janvier 2005 (dite loi Fillon). Un salarié âgé d'au moins 55 ans peut poursuivre son activité dans l'entreprise tout en diminuant son temps de travail. Il perçoit de la part de l'État une allocation. Les formules étaient négociées entre l'État et l'entreprise, notamment en termes de contributions financières de la part de l'entreprise (même s'il existait un taux minimum réglementaire), sur la diminution du nombre de licenciements pour motifs économiques et la possibilité d'effectuer des recrutements compensateurs.

- La CATS, la cessation anticipée d'activité de certains travailleurs salariés est entrée en vigueur au printemps 2000. Elle concerne les salariés ayant eu des conditions de travail difficiles et relève d'une

41

triple négociation : au niveau de la branche professionnelle, de l'entreprise et avec l'État. Elle complète le dispositif de cessation d'activité de salariés âgés (CASA) mis en place par un accord inter-professionnel de 1999 pour des salariés d'au moins 57 ans. À partir de 1999, le recours aux préretraites diminue. Les négociations avec l'État sont plus serrées. Le coût pour l'entreprise s'accroît. Cette baisse serait un fait positif si elle ne s'accompagnait pas, depuis 1998, d'un haut niveau d'entrée en chômage indemnisé des sala-riés de plus de 55 ans. D'autres dispositifs existent : la cessation d'activité des travailleurs de l'amiante (CAATA) et la cessation anti-cipée d'activité de certains travailleurs salariés, entraînée par la pénibilité du travail (CATS).

- Le licenciement. Il existe des dispositifs en faveur des chômeurs âgés. Ils peuvent bénéficier, sous certaines conditions de durée de cotisation à l'assurance-chômage, de prestations plus avanta-geuses que celles versées aux chômeurs plus jeunes. Ils peuvent, en particulier, bénéficier d'une période d'indemnisation prolongée (qui leur permet d'attendre l'âge de la retraite), et être dispensés de recherche d'emploi tout en continuant à percevoir leurs indem-nités. L'allocation chômeurs âgés (ACA) a été créée en 1996 par les partenaires sociaux au profit des chômeurs âgés justifiant de 40 annuités au titre de l'assurance-vieillesse et relevant du régime d'assurance-chômage. L'allocation spécifique d'attente (ASA) concerne les chômeurs de moins de 60 ans justifiant de 160 trimes-tres au titre de l'assurance-vieillesse et relevant de la solidarité nationale. Le risque d'être licencié pour motif personnel a augmenté très sensiblement à partir de 50 ans.

Les seniors au banc de l'entreprise

Ces dispositifs ont généré des taux de participation au marché du travail des plus âgées très faibles. Le taux d'activité des seniors et leur taux d'emploi n'ont cessé de diminuer.

FIGURE 8 – SITUATION PROFESSIONNELLE AVANT LE DÉPART EN RETRAITE

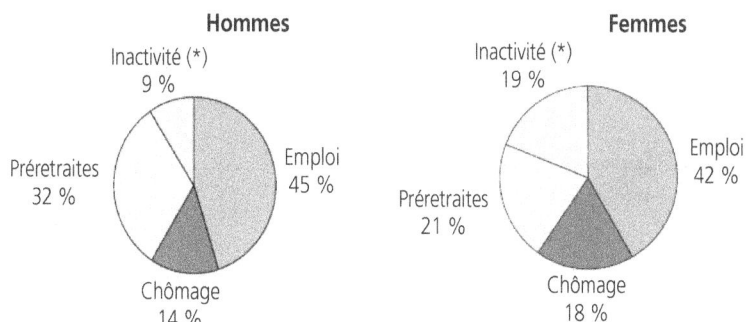

Hommes

Inactivité (*) 9 %
Préretraites 32 %
Emploi 45 %
Chômage 14 %

Femmes

Inactivité (*) 19 %
Préretraites 21 %
Emploi 42 %
Chômage 18 %

(*) dont invalides, femmes au foyer, etc.
Champ : générations nées entre 1922 et 1936 ayant occupé un emploi après 49 ans.
Source : enquête complémentaire à l'enquête Emploi 1996, INSEE, Économie et Statistique n° 335, 2000-5

Source : Cor, 2002.

Au total, en 2002, 520 000 travailleurs âgés étaient couverts soit par un programme de préretraite, soit par un programme de l'UNEDIC, ce qui représente plus du tiers des personnes âgées de 55 à 60 ans. Fin 2002 plus de 378 000 chômeurs âgés sont dispensés de recherche d'emploi.

TABLEAU 8 – LA RÉPARTITION DES SALARIÉS ÂGÉS
DANS CHACUN DES DISPOSITIFS DE SORTIE PRÉCOCE

	1992	1995	2000	2001	2002
	(En pourcentage de la population âgée de 55 à 60 ans)				
Programmes de préretraite					
Conventions ASFNE	10,9	10,6	4,0	2,8	2,3
ARPE	–	0,2	5,8	4,3	3,3
CATS	–	–	0,3	0,6	0,7
Programmes de préretraite pour les travailleurs de l'amiante CAATA	–	–	0,3	0,5	0,5
Cessation progressive d'activité	0,9	3,6	2,8	2,5	2,6
Congé de fin d'activité (CFA)	–	–	1,2	1,3	1,3
Sous-total	11,8	14,1	14,4	12,0	10,7
Programmes liés à l'indemnisation du chômage pour les travailleurs âgés					
Exemption de recherche d'emploi	0,0	0,0	15,1	14,1	–
Prolongation des droits	0,0	0,0	8,1	7,2	–
Sous-total	0,0	0,0	23,2	21,3	–
Total général	11,8	14,4	37,6	33,3	–

Source : OCDE, 2000.

Un grand nombre de ces dispositifs a été supprimé, ou leurs accès ont été restreints par la réforme des retraites (loi du 21 août 2003). Mais l'allongement de la durée de vie professionnelle ne pourra se faire sans un nouveau consensus social. Il devra porter sur une politique active et volontariste de l'emploi pour les seniors. Si ce consensus ne se crée pas et n'est pas acté, un risque émerge : entreprises, syndicats et salariés utiliseront à mauvais escient les dispositifs de sortie par invalidité ou financeront des préretraites maisons. D'ailleurs, l'augmentation des arrêts maladies, après la loi Fillon est significative. Traduit-elle un malaise des acteurs organisationnels face au manque de souplesse de la loi ? Chez les 55-59 ans, les arrêts maladies sont passés de 13,4 % entre les premiers semestres 2000 et 2002 à 15,9 % entre les premiers semestres 2000 et 2003[1].

----
1. Rapport du Cor remis au Premier ministre le 3 juin 2004.

Ainsi, la révolution organisationnelle, c'est le changement radical de gestion des seniors par l'entreprise qui va devoir s'opérer. Depuis trente ans, les entreprises ont mis en place une gestion par l'éviction et par l'oubli. Il faut qu'elles mettent en place une stratégie de rétention des seniors.

L'activité des juniors

Deux jeunes Français de moins de 25 ans sur trois poursuivent des études en 1995, contre 43 % en 1975. Depuis 1985, la durée de leurs études a progressé d'un trimestre par an. La présence des moins de 25 ans sur le marché du travail se fait donc rare. En deux décennies, le taux d'activité des 15-19 ans a été divisé par quatre passant de 27,1 % en 1975 à 6,6 % en 1995, tandis que celui des 20-24 ans passait de 74,6 % à 51,1 %. Cette présence parcimonieuse dans l'emploi est renforcée par leur fort taux de chômage. Parmi les jeunes de moins de 25 ans qui ne sont plus scolarisés, au moins un quart sont demandeurs d'emploi ou potentiellement actifs.

L'allongement de la durée des études

L'élévation du niveau et de la durée de formation résulte d'un choix collectif : faire reculer le chômage et accéder à une société de connaissance. Elle est également censée répondre aux besoins croissants de diplômés dans certains secteurs pour faire face aux progrès technologiques. 70 % d'une classe d'âge arrivent au baccalauréat. 20 à 25 % des jeunes sortent du système sans qualification reconnue. Les chiffres le révèlent, le niveau de diplôme ne cesse de progresser, comme le montre le tableau suivant[1].

© Éditions d'Organisation

---

1. Renouvellement, concurrence des formations : un diplôme pour quel métier, juillet 2004, N° 31.1., chapitre 4.

TABLEAU 9 – LE NIVEAU DE DIPLÔME DES PERSONNES EN EMPLOI

	Effectifs en emploi				Effectifs sans emploi 2002
	Évolution 1992-2002	1992	2002	Dont moins de 30 ans	
Aucun diplôme	– 28	32	21	13	45
BEPC seul	+ 1	8	7	7	8
CAP, BEP	+ 6	30	29	24	23
BAC prof., tech.	+ 47	6	8	10	7
BAC +2	+ 63	9	14	18	7
BAC +3 ou plus	+ 64	9	14	14	6
Total	+ 9	100	100	100	100

Lecture : entre 1992 et 2002, le nombre des personnes en emploi n'ayant aucun diplôme a baissé de 28 %. En 2002, 21 % des personnes se déclarant en emploi n'ont aucun diplôme (contre 32 % en 1992), elles sont 13 % parmi les moins de 30 ans en emploi et 35 % parmi les personnes sans emploi sorties des études et âgées entre 16 et 64 ans.

Champ : personnes ayant terminé leurs études et âgées entre 16 et 64 ans.

Source : Enquêtes emploi 1992 et 2002, Insee.

La recherche d'emploi pour les jeunes n'ayant pas obtenu le baccalauréat est donc rendue particulièrement difficile. Le taux de chômage des jeunes sans diplôme atteint plus de 40 %.

L'exclusion des jeunes sur le marché du travail

Cette exclusion trouve son origine dans l'allongement de la durée des études mais aussi dans le recul de l'âge d'entrée dans le premier emploi. En 1950, 77 % des jeunes Français de 20 ans travaillaient, en 1995 ils ne sont plus que 22 %. 37 % des 18/24 ans exercent une activité professionnelle régulière (contre 60 % aux États-Unis). Le diplôme est devenu un passeport pour l'emploi mais sans visa. Pour obtenir ce visa, il faudra toute l'ingéniosité du jeune et (ou) son réseau relationnel. Le taux de chômage des non-diplômés est deux fois plus élevé que celui de ceux qui disposent d'un niveau au moins égal à bac +2. Certes, aujourd'hui tout le monde est concerné : on compte 8,3 % de chômeurs chez ceux qui ont un diplôme supérieur à bac +2.

TABLEAU 10 – L'EMPLOI ET LE CHÔMAGE DES JEUNES AU REGARD DE LEURS DIPLÔMES

L'INSERTION PROFESSIONNELLE D'UNE GÉNÉRATION À L'AUTRE : QUELQUES INDICATEURS

Niveau de sortie du système éducatif	Premier emploi				Taux de chômage trois ans après la sortie du système éducatif (%)		N'ont jamais travaillé durant les 3 premières années de vie active (%)	
	Obtenu en moins de six mois (%)		En intérim (%)					
Génération	92	98	92	98	92	98	92	98
Non qualifiés	43	45	12	27	36	30	25	23
Seconde année de CAP ou BEP, classe de seconde ou première	56	60	15	31	24	20	13	10
CAP ou BEP tertiaire	65	63	6	16	20	17	7	8
CAP ou BEP industriel	70	77	15	28	13	8	4	4
Niveau bac, non diplômés	63	73	13	29	20	11	9	6
Bacheliers tertiaires	65	68	8	19	15	8	4	6
Bacheliers industriels	69	81	21	32	8	5	4	2
Bacheliers généraux, et bac+1 ou bac+2 non diplômés	59	69	11	18	17	10	10	7
DEUG	68	75	8	14	8	7	7	4
BTS ou DUT tertiaire	68	81	11	17	8	4	2	1
BTS ou DUT industriel	62	81	20	34	8	3	3	1
Deuxième cycle universitaire en Lettres, Sciences humaines, Gestion	67	72	4	10	9	8	6	5
en Maths ou Sciences et techniques	66	74	6	12	7	5	4	3
Troisième cycle universitaire en Lettres, Sciences humaines, Gestion	65	75	3	5	8	6	4	3
en Maths, Sciences et techniques	61	78	4	5	10	6	7	2
École de commerce	74	86	2	5	7	3	1	1
École d'ingénieurs	56	84	2	4	8	2	3	1
Ensemble	*61*	*70*	*11*	*21*	*17*	*11*	*9*	*7*
Pour la totalité de la Génération 98		72		20		10		6

Données portant sur l'ensemble des formations couvertes par l'enquête « Génération 98 » et non, comme la ligne précédente, uniquement sur celles communes aux enquêtes « Génération 92 » et « Génération 98 » (cf. encadré page 2).

Source : Céreq, 2001.

Source : Céreq, *2001*.

L'âge moyen d'entrée dans le premier emploi ne cesse d'augmenter.

FIGURE 9 – L'ÂGE DU PREMIER EMPLOI

Âge du premier emploi

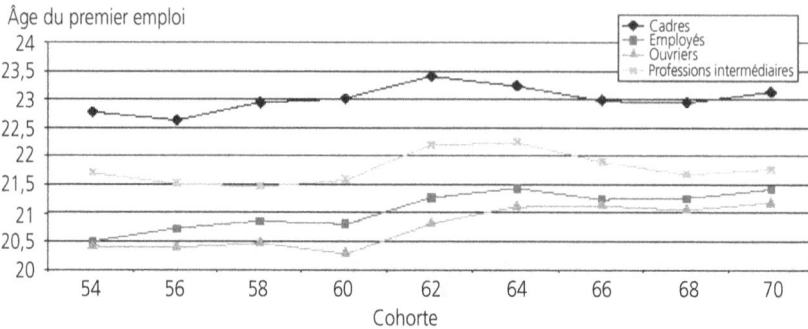

Lecture (graphique A) : les salariés de la cohorte née en 1964 et ayant eu un emploi dans
le secteur privé avant l'âge de 30 ans ont débuté leur carrière en moyenne à l'âge de 20 ans.
Cet âge moyen dépend de la catégorie socioprofessionnelle (graphique B) : les cadres
débutent par exemple en moyenne à un peu moins de 23 ans.
Champ : salariés du secteur privé ayant eu un premier emploi avant 30 ans.

Source : DADS (échantillon au 1/25ᵉ), Insee, économie et statistique, n° 369, 2003.

Des politiques publiques tournées vers les jeunes

Depuis 30 ans la collectivité nationale a fait un effort financier considérable à l'égard des jeunes. En 2002 le budget de l'Éducation
Nationale a représenté 23 % du budget de la nation. Les dépenses
publiques en faveur de l'emploi et de la formation des jeunes ont
triplé en 12 ans. La proportion des jeunes de 16 à 25 ans qui relè-
vent d'une intervention publique à un titre ou un autre s'élevait en
2000 à 75 %. Mais ces politiques sont plus des politiques de réparation et de compensation à court terme que d'insertion à long terme.

De nouvelles formes d'emploi pour les juniors

Des formes « particulières » d'emploi se sont répandues chez les
jeunes actifs. La part de ceux qui sont en stage ou en contrat aidé
(hors emploi-jeune[1]), en apprentissage, sous contrat à durée déter-

---

1. Pour ceux qui ont été exclus du système scolaire, des emplois jeunes ont été mis
   en place. Le 13 octobre 1997, une loi relative au développement d'activités pour
   l'emploi des jeunes baptisée alors « nouveaux services, nouveaux emplois »,
   renommée un an plus tard « nouveaux services, emploi-jeunes ». L'objectif,
   hormis de développer des nouveaux services et besoins émergeant en matière
   d'activité sportive, culturelle, éducative, d'environnement et de proximité est de
   faciliter l'accès à l'emploi des jeunes âgés de 18 à 26 ans ou de moins de 30 ans
   reconnus handicapés ou ne percevant pas d'allocation chômage.

minée ou en intérim (qui marque une progression sensible depuis 1993) est passée de 8 % au début des années quatre-vingts à environ 30 % en 2000. Ainsi, non seulement la présence des jeunes de moins de 25 ans sur le marché du travail se raréfie, mais aussi nombre d'entre eux portent le stigmate de l'emploi temporaire ou précaire, voire de l'emploi réservé dans le cadre des dispositifs d'insertion professionnelle. En outre, le temps passé à la recherche d'un emploi ou celui occupé dans l'emploi instable est d'autant plus important que le niveau de diplôme est faible. Pour les étudiants, la tendance est à l'expérimentation de « petits boulots » durant leur scolarité et une première expérience professionnelle plus tardive et plus ou moins durable selon le diplôme acquis, le niveau et la filière.

Ainsi l'insertion dans la vie professionnelle prend de nouvelles formes et dépend fortement du diplôme.

FIGURE 10 – LES DIFFÉRENTES FORMES D'ENTRÉE DANS L'EMPLOI

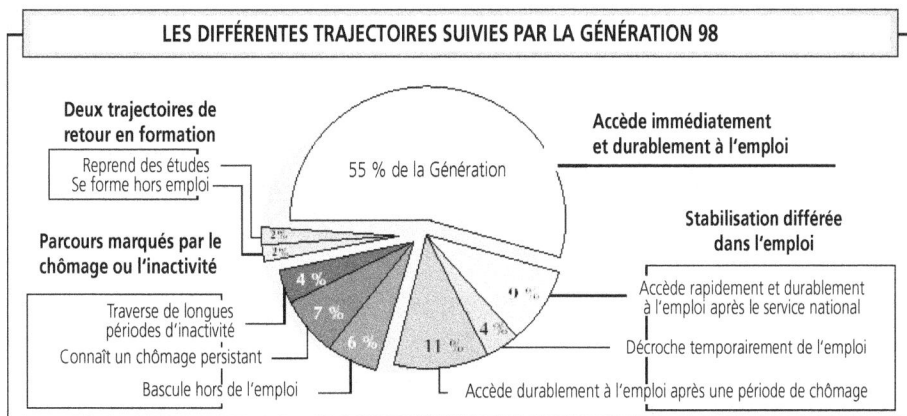

LES DIFFÉRENTES TRAJECTOIRES SUIVIES PAR LA GÉNÉRATION 98

Deux trajectoires de retour en formation
Reprend des études
Se forme hors emploi

55 % de la Génération

Accède immédiatement et durablement à l'emploi

Stabilisation différée dans l'emploi

Parcours marqués par le chômage ou l'inactivité
Traverse de longues périodes d'inactivité
Connaît un chômage persistant
Bascule hors de l'emploi

2 %
2 %
4 %
7 %
6 %
11 %
4 %

Accède rapidement et durablement à l'emploi après le service national
Décroche temporairement de l'emploi
Accède durablement à l'emploi après une période de chômage

Source : Céreq, *2001.*

Les juniors et les seniors ont donc un point commun : leur exclusion du marché du travail.

Le point commun entre les juniors et seniors : un taux d'activité faible

Si l'idée de faire sortir les seniors plus tôt du marché du travail, pour permettre aux jeunes d'y entrer était généreuse, elle n'en est pas moins complètement erronée. En effet, les taux d'activité et de chômage des seniors et des juniors évoluent parallèlement.

Les taux d'activité des juniors et seniors

Le taux d'activité de ces deux classes est extrêmement sensible au taux de croissance et varie dans le même sens.

TABLEAU 11 – NOMBRES D'ACTIFS, COMPOSITION
ET POIDS DE LA POPULATION ACTIVE OBSERVÉE[1]

	1968	1992	2002
15-24 ans	*4 409,9**	*2 802,9*	*2 351,5*
25-54 ans	*12 912,7*	*20 013,4*	*21 666,9*
55 ans et plus	*4 138,9*	*2 359,0*	*2 634,6*
Ensemble	*21 416,5*	*25 175,3*	*26 653*
15-24 ans	**20,5**	**11,1**	**8,8**
25-54 ans	**60,2**	**79,5**	**81,3**
55 ans et plus	**19,3**	**9,4**	**9,9**

* Les chiffres en italiques sont en millions ; ceux qui sont en gras sont en pourcentage.

« Le modèle français d'activité pour une seule génération[2] » a exclu les âges extrêmes. Les taux d'activité ne cessent de se réduire pour les moins de 25 ans et les plus de 50 ans.

---

1. E. Nauze-Fichet, F. Lerais, S. Lhermitte, *op. cit.*
2. O. Marchand (1998), *Âges et activité professionnelle en France*, Dares, ministère de l'Emploi et de la Solidarité, *Première rencontre Sauvy, Âge, Générations, Activité : Vers un nouveau contrat social ?*

FIGURE 11 – ÉVOLUTION DU TAUX D'ACTIVITÉ SELON LES CLASSES D'ÂGES[1]

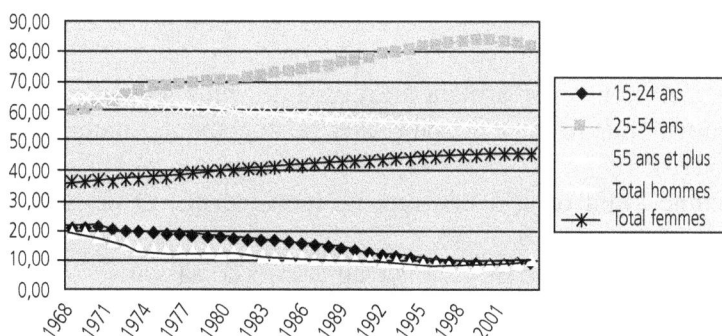

Source : INSEE, 2003.

Les taux de chômage des juniors et seniors

Si le taux de chômage des seniors (7,2 %) semble plus faible que celui des autres classes d'âge (16,5 % pour les juniors et 8,2 % pour les 30-49 ans), n'oublions pas que les seniors bénéficient de dispositifs de sortie spécifiques, qui permettent de ne plus les comptabiliser comme chômeurs.

Le consensus générationnel sur l'éviction des âges extrêmes

Les âges extrêmes ont été évincés de l'entreprise. Ces évictions auraient pu engendrer un conflit générationnel. Il n'a pas eu lieu. Les explications de ce non-conflit sont diverses. D'abord, le lieu de conflit probable aurait été l'entreprise. Mais celle-ci ayant exclu les seniors, ces populations n'ont guère eu la chance de se rencontrer. Ensuite, ces générations se sont toutes les deux senties victimes. En sortant, les plus âgées voulaient souvent aider les plus jeunes à préserver leur emploi. Enfin, face à un chômage pesant sur l'avenir, l'énergie de ces populations a plutôt été consacrée à essayer de s'adapter que de s'accuser. Les pouvoirs publics ont utilisé diverses mesures – allongement de la durée des études et raccourcissement des carrières – pour que l'exclusion des âges extrêmes du marché du travail ne devienne pas un drame social national.

Mais le drame est à venir si la représentation des âges et de leur rôle ne change pas. Car le consensus générationnel a modifié jusqu'aux représentations du vieillissement et de ses effets.

---

1. Graphique créé grâce aux donnés de : *Population active (au sens du BIT) pour la France métropolitaine, observée jusqu'en 2002*, INSEE, 2003.

Pour que les salariés âgés puissent être sortis du marché du travail sans se sentir exclus de la société, il a fallu que le salarié vieillissant soit considéré :

- comme contre-performant au regard des plus jeunes ;
- comme inapte à s'adapter aux changements technologiques modernes ;
- comme ayant droit à une retraite bien méritée et ce, le plus tôt possible ;
- comme devant mettre le loisir au centre de sa vie ;

Parallèlement, des normes d'âges pour les plus jeunes se sont insidieusement instaurées :

- pas d'études supérieures, pas d'emploi ;
- pas de diplômes du supérieur, pas de compétence ;
- entrer sur le marché du travail trop jeune, c'est perdre ses chances d'évolution.

Une situation d'exclusion qui doit cesser

Les deniers publics se font rares. La pénurie de main-d'œuvre se profile. Tous les systèmes de protection sociale sont déséquilibrés par l'évolution démographique. L'équilibre et la coopération intergénérationnels risquent d'être menacés : les 30/49 ans accepteront-ils encore longtemps de travailler pour les autres âges ?

Cette situation schizophrénique ne peut plus durer. Mais remonter les taux d'activité des âges extrêmes ne signifie pas seulement jouer sur l'emploi. Il faut révolutionner les mentalités[1]. Revoir les stéréotypes concernant les juniors et les seniors, la place du travail, des études et de la retraite.

Sous la pression économique, les valeurs sociétales des trente glorieuses se sont complètement transformées pendant les trente « pleureuses ». La pénurie programmée de main-d'œuvre peut être considérée comme une nouvelle pression économique. Serait-ce donc un espoir pour les juniors et les seniors ? Sans aucun doute, encore faut-il changer nos représentations liées au vieillissement.

---

1. Preuve de cette révolution des mentalités acceptée, lorsque Jean Boissonnat demande à sa petite fille de 11 ans ce qu'elle veut faire plus tard, celle-ci répond pleine de confiance : retraitée !

Chapitre II

Le vieillissement : déclin ou développement ?

Dans notre société, vieillir et travailler semblent être deux notions antinomiques. Notre nation, sur le fil d'un consensus implicite, est arrivée en trois décennies à ce principe normalisé et accepté par tous d'exclusion du travail par le vieillissement. Pour l'entreprise, avoir 50 ans est synonyme de baisse de performance et de trop de maturité et avoir moins de 25 ans de faible performance et de non-maturité ! Cette schizophrénie dans l'appréciation des âges extrêmes de la vie au travail doit être dépassée.

Revenir sur l'usage des mots *vieillissement* et *vieux*, permettra de comprendre les enjeux idéologiques[1] qu'ils recèlent. Face à l'évolution du sens des mots, il apparaît nécessaire de décrire d'un point de vue biologique le vieillissement et ses répercussions sur le travail. Enfin, le vieillissement sera abordé dans sa complexité, à travers les cycles de vie.

© Éditions d'Organisation

---

1. Le terme « idéologique » ne doit pas faire fuir car il doit être pris dans son acception première : ensemble des idées propres à un groupe, à une époque et traduisant des situations historiques. Nous l'employons donc dans un sens dénué de référence marxiste pour comprendre les raisons et le sens des idées dominantes.

1. Vieillissement incontestable du corps et vieillissement contesté de la population

Le vieillissement de la personne est un processus naturel des êtres vivants, mais dès que l'on s'intéresse à la façon dont les hommes l'ont vécu et décrit aux différentes époques de leur histoire, on s'aperçoit qu'il revêt bien des formes et qu'il est associé à de multiples sens. Cette réalité se diversifie bien davantage lorsqu'on cherche à comprendre non plus le vieillissement individuel, mais le vieillissement collectif.

Cette première partie est destinée à éclaircir le sens du mot, en faisant appel aux diverses sciences qui ont utilisé ce mot à travers l'histoire. Nous ne prétendons pas être exhaustifs dans notre approche. Il y aurait certainement d'autres penseurs, d'autres chercheurs à citer. Nos exemples, qui prennent leur source dans une culture parcellaire, n'ont pour seul but que de comprendre les constructions idéologiques qui ont sous-tendu les différentes significations attribuées à ce mot.

Vieillissement individuel et interprétations

L'évolution du sens des mots vieillesse et vieux, traduit l'évolution des valeurs et des représentations sociétales concernant le vieillissement.

L'histoire des mots est porteuse de sens

Le terme de vieillesse a, dès son origine, signifié deux notions, la maturation ou le déclin. En France, l'histoire de ce mot traduit parfaitement cette dualité des significations. Quant à l'histoire des termes employés pour désigner le vieillissement, elle traduit bien cette ambiguïté. Le terme *vieux* en tant qu'adjectif semble être plus souvent employé pour caractériser le déclin. Lorsqu'il devient sujet, il recèle un caractère positif.

Origine du mot vieux

Les Latins utilisaient deux termes distincts pour qualifier le
« vieux » :

– *senex*, *senis*, qui a donné d'autres mots de la même racine : séna-
teur, seniors, messire, et sénescence ;

– *vetus* (vieux, ancien), *veclus* (altération) et *vetulus* (d'un certain
âge). Vétéran et vieillir proviennent de cette racine.

Le mot *senex* est utilisé pour indiquer un âge, qui s'oppose à jeune,
alors que *vetus*, comme vetulus s'appliquent à ce qui est détérioré,
diminué. À cette époque, deux mots distincts sont donc utilisés
pour décrire deux notions bien différentes : la maturation ou le
déclin. Par exemple, le mot vetus est utilisé pour qualifier le vin
bonifié par l'âge par opposition au vin nouveau (vetus vinun
contre novum vinum).

Le mot *vieux* paraît en 1050 dans la vie de Saint Alexis (il s'écrit
vielz). L'adjectif s'applique dès le XIᵉ siècle à une chose dont
l'origine et la création sont anciennes puis à un être vivant qui a
vécu longtemps et qui est avancé en âge. Ce mot servira également
à désigner les choses usées[1]. Il ira même jusqu'à signifier hors
d'usage dans l'expression, vieux papier. Vieux comme adjectif
s'utilise également pour insister sur l'usure d'une chose ancienne
ou s'applique à une personne qui exerce une profession depuis
longtemps, ce qui n'implique pas qu'elle soit âgée. À propos d'une
personne, se faire vieux, signifie *prendre de l'âge* et plus tard,
s'appliquera à l'apparence. Vieux sera même associé à des mots
pour renforcer leur connotation péjorative, par exemple, « vieux

1. En français, l'idée d'ancienneté sera traduite par le mot *vielz* « ancien » et
« usé ». Ce sens est attesté vers 1155 et restera d'usage courant jusqu'à la fin du
XVᵉ siècle. Puis *viel* sera utilisé devant une consonne et enfin, vieux l'emportera
au XVIIᵉ siècle.

salaud, vieille vache[1] ». Vieux qualifie la durée d'un état abouti et se retrouve dans des expressions encore employées, comme *vieux garçon* ou *vieux amis*. Il est associé formellement au travail, *vieux travailleurs*, *vieux routiers*, pour qualifier des hommes d'expériences.

En tant que sujet, *le vieux* sera affirmé vers le XIIIe siècle. Le vieux désigne souvent le patron. Coupé de sa référence à l'âge, il est employé dans un sens d'affection, d'amitié : mon vieux ou mes vieux, pour désigner les parents. Et pourtant, dans le même temps, un goût de vieux se dira pour un vin qui a mal vieilli. Vieillard est utilisé en droit[2] pour désigner les personnes de plus de 65 ans. Aujourd'hui, il est remplacé par personnes âgées. Enfin, de nos jours, vieux et vieilles, sont perçus « en français contemporain comme peu respectueux voire méprisant : le mot dans l'usage familial est concurrencé par papy ou mamy[3] ».

La vieillesse a désigné, en France, la dernière période de la vie humaine, puis, par extension, le fait d'être vieux. Rabelais souligne magnifiquement tout le paradoxe de la vieillesse grâce à son expression : verte vieillesse. Puis le terme est usité spécialement pour décrire les effets physiologiques du grand âge, les dégradations morales ou physiques, qui lui sont liées. Aujourd'hui, sa définition est : « Dernière période de la vie humaine, caractérisée par un affaiblissement normal des fonctions physiologiques et des facultés mentales et par des modifications atrophiques des muscles et des organes. Il renvoie à caducité, décrépitude, sénescence, sénilité. » (*Le Robert*, 2000.)

Enfin, le verbe vieillir recèle les mêmes paradoxes. Il signifie : « prendre de l'âge, s'approcher de la vieillesse, décliner [...] avec le temps acquérir certaines qualités ! » (*Le Littré*.) L'ambivalence de ce terme est toujours de rigueur.

© Éditions d'Organisation

---

1. Et ce, dès le XIIIe siècle.
2. En 1833.
3. *Le Robert historique*, 1992, sous la direction d'Alain Rey.

L'utilisation de ces mots, depuis leur apparition, révèle donc leur triple usage, qui possède leurs propres ambiguïtés. Ils renvoient tout à la fois :

- à la perte de valeur ou de caractéristique due à l'effet des ans (suranné, décrépit) et à un gain de valeurs (endurci, expérimenté...) ;
- à un mot tendre (mon vieux) et à une injure (vieux c...) ;
- à un fait certain (qui a disparu : vieille langue) et à une notion parfaitement relative (à quel âge devient-on une vieille fille ?)

Puisque l'évolution du sens des mots ne fait que renforcer leurs ambiguïtés, revenons sur les interprétations qu'en ont faites les sociétés.

Le vieillissement individuel au fil des âges sociétaux

La vieillesse est un concept vieux comme Hérode ! La notion de vieillesse est connue et utilisée depuis l'Antiquité. Elle fait partie d'un des temps de la vie. Dans toutes les sociétés, il est traditionnel de diviser la vie en étapes : trois, quatre ou sept. Même si, à chaque époque de l'histoire, la vie n'est pas découpée en un même nombre d'étapes, la vieillesse est toujours la dernière étape. Cette dernière étape de la vie n'a pas la même date de commencement, les mêmes fonctions et images sociales, selon les différentes périodes de l'histoire. Revisitons quelques-unes de ces périodes.

- Le début de la vieillesse. Hippocrate considère que la vie est constituée de quatre saisons dont l'hiver (la vieillesse) qui commence à 56 ans. Aristote estime qu'elle commence à 50 ans. Cicéron, quant à lui, la situe à 60 ans. Jusqu'au XVIe siècle, la jeunesse dure jusqu'à 45 ou 50 ans. La vieillesse commence à cet âge. Quand il écrit ses *Essais,* Montaigne a 47 ans. Il considère qu'à partir de maintenant, il mourra de vieillesse. À partir du XVIIIe siècle, la vieillesse commence vers 60 ans.
- La fonction sociale de la vieillesse. Après le Moyen Âge, le temps de la vie est généralement découpé en trois âges, centrés sur la capacité à porter les armes. Avant de pouvoir les porter, c'est la jeunesse. Après c'est la vieillesse. Au XVIIe siècle la vieillesse devient une période de retrait et de recherche de salut. La retraite est un moment où l'on se retire du monde. Ce temps de la vie devient une transition nécessaire avant la mort pour se

recueillir avant de rejoindre Dieu. Finalement, le XVIIᵉ siècle, de la réforme à la contre-réforme, met en exergue le retrait du monde et la vieillesse apparaît comme un moment privilégié pour se préparer à la mort.

Durant le XVIIIᵉ siècle, la personne âgée est investie de nouvelles missions : assurer l'éducation des petits-enfants et être la mémoire de la société. Selon Bourdelais[1] : « Autre fait nouveau, on plaide en faveur de l'utilité sociale des vieillards, qui justifie le respect qu'on leur doit. » La théorie de la solidarité intergénérationnelle provient de cette époque ! Pourtant, la retraite est toujours de mise. Elle devient plus un moment de méditation sur son passé que sur la mort. Ce changement d'image est certainement dû au fait, que de plus en plus de personnes vivent de plus en plus longtemps. Les plus jeunes connaissent donc de plus en plus leurs grands-parents dans les milieux aisés. Cette évolution bouleverse le rapport au temps de ceux qui deviennent vieux. Ils ne se tournent plus seulement vers la recherche du salut (retraite) mais aussi vers la jeunesse.

La personne âgée devient aussi un sage[2]. Dans les récits autobiographiques, le vieillard est placé au centre de l'éducation (Restif de la Bretonne). La révolution ne renie pas cet héritage et met en exergue le vieillard. À la place d'un ordre de classe, apparaît une hiérarchie d'âge (avec ses classes, mais d'âge !).

- L'image de la vieillesse. Jusqu'au XVIᵉ siècle, l'image dominante concernant les âges de la vie peut être retrouvée dans les écrits de Jean Corbichon. Selon lui, le vieillard est celui qui « est plein de toux et de crachat et d'ordure, jusques à temps qu'il retourne en cendres et en poudre dont il a été prins[3]. » Richelet[4] donne cette définition dans son dictionnaire : « On appelle vieillard un homme depuis 40 ans jusqu'à 70 ans. Les vieillards sont d'ordinaire soupçonneux, jaloux, avares, chagrins, causeurs, se plaignent toujours, et ne sont pas capables d'amitié. » Au-delà de 75 ans, selon lui,

---

1. P. Bourdelais, *L'âge de la vieillesse,* Éditions Odile Jacob, 1993.
2. Relisons Voltaire, *Zadig* ou *Candide.*
3. En 1556. Cité dans P. Bourdelais, *L'âge de la vieillesse*, Éditions Odile Jacob, 1993, p.19.
4. Richelet (1626-1698) est un « intellectuel » : philosophe, sociologue, anthropologue, lexicographe... Il est l'auteur du premier *Dictionnaire français*, en 1680.

c'est l'âge décrépit, l'âge inutile. Durant le XVIIIe siècle, l'image positive de la vieillesse domine. Une attention particulière est portée au vieillard. Rousseau refuse qu'on se moque d'eux au théâtre et Diderot en fait des descriptions tendres. Même si Corneille la traite en ennemie « Oh ! Vieillesse ennemie » (*Le Cid*) ou que La Rochefoucauld la maudit « La vieillesse est un tyran », la représentation sociétale de la vieillesse est positive. Est-ce toujours le cas actuellement ?

Oui aux papys, non aux vieillards !

L'utilisation des mots pour désigner une chose n'est jamais neutre. Qu'en est-il aujourd'hui ? La représentation négative de la vieillesse, en tant que synonyme de dépendance et d'incapacité prévaut. Les sociétés occidentales modernes n'arrivent pas à séparer cette notion de la déchéance et de la mort, qui renvoie à une peur ancestrale non dominée[1]. Ainsi, on a pu écrire[2] : « La représentation sociale du vieillissement est plus que jamais celle d'un processus de dégénérescence. » Deux images coexistent simultanément : la sagesse (avec les conseils des sages qui se créent dans les villes) et le vieux décrépit. La dualité ou l'ambivalence est donc inhérente au terme de vieux. Ainsi « le vieil homme politique est accepté », mais le vieil homme « commun [3] » n'est acceptable que s'il vit retiré, discret, invisible.

Pour connaître nos perceptions actuelles de la vieillesse et les qualitatifs qu'il faudrait utiliser pour désigner les personnes âgées en 2004, un sondage a été effectué par le magazine *Notre temps*[4]. En moyenne, les Français considèrent aujourd'hui que la vieillesse commence à 71 ans, alors qu'en 2001, ils la situaient à 70 ans. Parallèlement, 61 % des répondants (tous âges confondus) estiment qu'une personne peut être qualifiée d'âgée à partir de 60 ans.

---

1. M. Legrand, « Vieillesse et vieillissement : évolutions des représentations ? » *Gérontologie et société, n°81, juin 1997.*
2. J. Trincaz, « Les fondements imaginaires de la vieillesse dans les pensées occidentales », *Revue du collège de France, 1998, n°147.*
3. *op. cit.*
4. Sondage portant sur un échantillon composé de 1000 personnes de 18 ans et plus, (les 2 et 3 juin 2004).

24 % des personnes interrogées préfèrent le mot *ancien* pour désigner une personne âgée, 23 %, le mot *senior*, 22 %, le mot *aîné* et 20 % utilisent le terme *retraité*. Par contre, *vétéran*, *vieux* et *vieillard* ne sont pas plébiscités, puisqu'ils ne sont préférés que par, respectivement, 5 %, 4 % et 1 % des personnes interrogées.

Le vieillissement, au-delà des involutions biologiques, est donc une construction intellectuelle et sociale. Il dépend des facteurs psychosociaux, qui ont construit la personne et des facteurs contextuels, dans lesquels une personne vit son vieillissement. Mais la biologie peut-elle nous sortir de nos paradigmes trompeurs ? Avant de l'envisager dans la deuxième partie de ce chapitre, revenons au concept de vieillissement collectif, il nous permettra d'affiner notre compréhension du vieillissement individuel.

Du vieillissement collectif à ses interprétations

La naissance du « vieillissement démographique »

La notion de vieillissement collectif n'a pu apparaître que lorsqu'il y a eu un nombre suffisant de personne vivant longtemps. En France, au XVIIIe siècle, un peu moins d'un homme ou d'une femme sur quatre atteignait 60 ans. Cette proportion dépasse le tiers au début du XIXe siècle. En Angleterre, à cette époque, 4 Anglais sur 5 ont moins de 45 ans.

Ce n'est pas uniquement la moyenne d'âge et la mortalité qui empêchent la notion de vieillissement collectif de naître. Il faut également que la société se mette à enregistrer les faits d'état-civil et que ces recensements deviennent de plus en plus rigoureux. Si l'on possède quelques connaissances de l'évolution démographique de certains villages avant le XVIIe siècle, il faudra attendre la volonté politique de certains ministres, princes ou monarques pour que le recensement devienne systématique.

Bodin plaide en faveur d'un dénombrement pour connaître la richesse et le potentiel d'une nation. L'âge n'est pas encore une information principale. Vauban considérera l'âge comme un critère aussi important que le genre, lorsqu'il met en pratique son idée de recensement en 1678. Les hommes, les femmes, les grands garçons, les petits garçons (célibataires de moins de 14 ans), les petites filles (célibataires moins de 12 ans), les grandes filles (classées en fonction de l'âge et de l'état matrimonial) sont comptés séparément. C'est lors du recensement des colonies que l'âge fait son apparition comme donnée capitale, impulsé par Colbert. Il a pour objet de connaître le nombre d'hommes qui peuvent combattre.

L'arithmétique politique a aussi joué un grand rôle dans la mise en place du statut de l'âge et de son rôle joué dans la société contemporaine. Née au XVIIe siècle, cette discipline est élaborée par des hommes de pouvoir. En France, par exemple, Bertin, Turgot, Necker essayent de lier les enjeux politiques aux enjeux démographiques.

Au XVIIIe siècle, en Europe, se généralise l'idée qu'un gouvernement ne peut gouverner sans connaître exactement « son troupeau ». Ce nouveau principe a pour objectif de connaître l'état des richesses du pays, de ses forces combattantes, reproductives et productives en fonction de ses caractéristiques : le sexe, l'âge et les métiers.

En 1817, apparaît, en France, la première représentation graphique des âges par tranche de 5 ans[1]. La normalisation du dénombrement est datée de 1870. Sa présentation s'effectuera, désormais, toujours selon le découpage en trois grandes tranches : de 0 à 15 ans, de 15 ans à 60 ans et au-delà. Ce qui correspond aux trois âges de la vie que cette société a créés : enfants, adultes et vieillards. Ce choix n'est pas neutre. La vieillesse commence désormais à 60 ans.

Au XIXe siècle, la démographie deviendra une préoccupation politique majeure pour plusieurs raisons : le dépeuplement de la France fait craindre la perte de sa position dominante, par rapport à l'époque où elle était un des pays les plus peuplés. De plus, la pénurie de main-d'œuvre semble devenir un handicap économique. Enfin, les défaites de 1871 ne font que confirmer cette thèse : les vieillards, qui ne peuvent plus porter les armes, qui sont de plus en plus nombreux et qui ne participent plus à la production du pays, deviennent pour partie responsable de la débâcle.

Si l'entre-deux-guerres est plus une période de lutte en faveur de la natalité et de politique familiale de la part de la majorité des statisticiens et politiciens, l'angoisse du vieillissement n'est pas moins

© Éditions d'Organisation

---

1. Elle est effectuée par Fourier.

présente en raison de ses conséquences sur les systèmes de retraite et sur le dynamisme de l'économie.

L'apparition de la notion magique : le vieillissement démographique

C'est Sauvy en 1928 qui utilise et met en exergue cette notion de vieillissement de la population à la place de celle usitée auparavant : « Proportion toujours plus accentuée de vieillards[1] ».

Bertillon, économiste et démographe, décrit le vieillissement de la population de la façon suivante : « On peut comparer encore une société humaine à une forêt d'une étendue déterminée. Dès que le bûcheron fait des clairières dans la forêt, les rejets et les stolons bourgeonnent de toutes parts, et la forêt se reconstitue, sans qu'on ait à s'occuper de son peuplement. S'il en est autrement, c'est qu'il y a quelques vices, quelques germes malfaisants qui contrarient l'effet bienfaisant de la nature. Il faut alors que le forestier recherche cette cause de stérilité et la détruise ; qu'il écarte la dent dévastatrice des chèvres et les autres animaux nuisibles qui détruisent les jeunes pousses de sa forêt. Mais que dire de celui qui, contre un pareil malheur, n'imaginerait autre chose que d'écarter la hache du bûcheron et de conserver ses arbres indéfiniment ! Il n'arriverait qu'à vieillir inutilement sa futaie, et, finalement, serait vaincu dans cette lutte contre la mort ; car la loi des sociétés vivantes, des forêts comme des nations, c'est le renouvellement perpétuel des êtres. L'œuvre impossible tentée par ce forestier ignorant n'est autre que celle que conseillent les médecins trop confiants dans leur art[2]. » Le vieillissement est synonyme de déclin. Tous les efforts d'un gouvernement doivent être portés vers une forte politique de natalité et ne pas chercher à combattre la mortalité aux vieux âges.

En 1922, Sauvy jeune statisticien de la SGF[3], propose pour les premières fois de projeter la population dans un futur lointain (sur 30 ans, de 1927 à 1957) avec les premières techniques de calculs démographiques modernes. Il distinguera la population en âge de travailler,

---

1. Bourdelais, *op. cit.*, p. 107.
2. J. Bertillon « Parallélisme des mouvements de population dans les différents pays d'Europe », *Journal de la Société de statistique de Paris, n°10, octobre 1904*, p. 345.
3. Statistique générale de France.

de combattre pour les hommes et en âge de procréer pour les femmes. Il explique que si, pour un homme, il n'est pas possible de rajeunir, pour une société, il existe des moyens. Se préoccupant, après la mise en place de la Sécurité sociale, de l'équilibre des régimes de retraites, il considère que des mesures doivent être mises en œuvre pour favoriser la natalité et l'immigration de jeunes étrangers.

L'entre-deux-guerres voit se banaliser l'idée selon laquelle les revers politiques, économiques et sociaux de la France sont dus à son vieillissement. Le vieillissement de la population est synonyme d'atrophie. La démographie[1] devient le principal facteur explicatif de la situation déclinante de notre pays. D'une utilisation technique faite au départ par Sauvy, le vieillissement démographique est devenu politique. C'est un instrument de propagande pour une politique nataliste active.

Les termes de « vieillissement de la population » sont généralisés après la Seconde Guerre mondiale. À partir de cette date, ils seront négativement connotés. Si le vieillissement décrit une évolution de la structure par âge, il signifie aussi son déclin. L'utilisation de ces termes dans la presse, les rapports du plan, les économistes, sauf exceptions récentes, ne remettront pas en cause cette analyse. Un exemple ? En 1978, un rapport du Conseil, économique et social décrit le vieillissement démographique de la façon suivante : « Moins bonne adaptation à des conditions de production et de travail qui changent rapidement ; stagnation relative du niveau de qualification moyen, moindre diffusion de la formation, moindre assimilation du progrès technique ; moins bonne santé et qualité physique de l'ensemble des actifs, perte en force et en vitesse, en imagination et en énergie vitale[2]... »

Désormais, le vieillissement démographique possède une signification formelle, d'augmentation du nombre de personnes âgées. Il possède également une connotation, plus ou moins explicite et formalisée, de déclin économique, social et politique[3]. Le

---

1. G-F. Dumont, A. Sauvy, *La France ridée,* Hachette, 1979.
2. « La situation démographique de la France et ses implications économiques et sociales : bilan et perspectives », *Journal officiel*, *Avis et rapport du conseil économique et social*, 10 août 1978.
3. Bourdelais date la généralisation de ce double sens à la publication du livre de Boverat (1946).

vieillissement collectif est associé, par tous les acteurs, à l'image du vieillissement individuel. Il engendre une dégradation ! Le vieillissement devient simplement et exclusivement préjudiciable à la société. On comprend dès lors que, parallèlement, le jeunisme soit devenu une valeur dominante ! De la démographie à l'économie, le pas a été aisément franchi et accepté. Le vieillissement démographique est synonyme de déclin économique.

Retenons de cette brève et non exhaustive histoire des mots et de leurs usages, que nous avons été éduqués, quelle que soit notre génération d'appartenance, dans une société qui a toujours associé vieillissement à déclin économique. Si cette association nous paraît naturelle, elle n'est en réalité qu'un construit social. Les raisons de la propagation du jeunisme deviennent alors une évidence. Face à cette structuration inconsciente de notre pensée, comment pouvons-nous envisager le vieillissement autrement que comme une maladie, excluant du monde du travail, qui nous frappe tous de plein fouet ? Revenir sur l'association des termes « vieillissement et déclin » grâce à l'aide de la biologie, permettra d'essayer de cerner la réalité du vieillissement au-delà de toute construction sociale.

2. Le vieillissement : un déclin biologique inéluctable ?

Petite histoire du vieillissement

Au XIIIe siècle, Bacon émet une idée révolutionnaire : la vieillesse aurait peut-être des causes naturelles. À partir de cette date, les scientifiques chercheront comment notre machine s'use. Précurseur de l'anatomopathologie, Bichat (1771-1802) dans son traité d'anatomie générale appliquée à la physiologie et à la médecine décrit la vie comme un déclin, un affaiblissement, une dégradation. Le mot gériatrie est apparu en 1909 (Nascher, Ignaz). Les études sur le vieillissement individuel sont impulsées par les

Français (*Leçons sur la maladie des vieillards*, de Charcot, 1868). Lors des débuts de la gériatrie, le vieillissement est considéré comme un phénomène pathologique. Les changements de la vieillesse sont dus à une atrophie générale. Les personnes âgées souffrent de trois problèmes : l'involution, les maladies de tout âge, mais dont le pronostic est différent chez les vieillards, et les maladies auxquelles ils sont plus résistants (tuberculose, par exemple). Les débuts de la gériatrie ont contribué à donner une image négative des personnes âgées. En effet, personne n'évoquait les tissus des personnes mortes vieilles et en pleine forme. Les chercheurs ne mettaient en exergue que leur dégénérescence. L'idéologie dominante sur la « maladie » du vieillissement de la population française doit y être pour quelque chose, les deux sciences ayant émergé à la même époque.

Le travail est-il affecté par le vieillissement ? Si la réponse est positive, à partir de quel âge ? Ces questions ne peuvent pas être traitées sans faire référence à la science qui s'est centrée autour de cette question : la biologie. D'une part, la biologie a posé les prémices d'une analyse de la courbe de vie humaine et a permis de déceler les facultés humaines modifiées par le vieillissement. D'autre part, cette science essaye de comprendre en quoi le comportement humain se modifie pour faire face au vieillissement et ce, notamment dans le contexte du travail.

Les conséquences de ce déclin inéluctable à partir de la fin de l'adolescence

L'adage populaire l'affirme, le vieillissement commence à la naissance. Cependant, les effets du vieillissement apparaissent, selon les cas à des âges différents.

Qu'est-ce que le vieillissement ?

L'étude du vieillissement entreprise par les biologistes a reposé sur un modèle paradigmatique : ascension, sommet, déclin. Elle peut se décliner de trois façons :

- la probabilité de survie : vieillir, c'est durer ;
- la diminution des performances : vieillir, c'est changer ;

- l'augmentation de la vulnérabilité aux maladies : vieillir, c'est accumuler les empreintes de la vie.

Les individus atteindraient le sommet de leurs capacités au milieu de leur vie ou un peu plus tard et celles-ci diminueraient inéluctablement à partir de ce stade. Les capacités cognitives diminueraient donc avec l'âge. Le vieillissement a longtemps été considéré comme un phénomène pathologique. Cette erreur d'analyse s'explique par le fait que les conséquences du vieillissement sont souvent les mêmes que celles des maladies dégénératives qui se traduisent par une baisse des capacités physiques, intellectuelles et d'adaptation.

Aujourd'hui, on sait que le vieillissement n'est pas une pathologie, mais un phénomène naturel, un aboutissement normal de la vie. « C'est l'ensemble des modifications (morphologiques, physiologiques et biochimiques) consécutives à l'action du temps, qui surviennent dans l'organisme avec l'avancée en âge et qui diminuent la résistance et l'adaptabilité de l'organisme aux pressions de l'environnement[1]. »

Le vieillissement n'est donc pas une pathologie. C'est un phénomène constant et universel. Il affecterait l'être humain dans toutes ses composantes : moléculaires, cellulaires et organiques. Il existerait deux types de vieillissement :

- le vieillissement intrinsèque, qui n'est pas déclenché par des facteurs extérieurs. Ses manifestations sont universelles, progressives et dégénératives ;
- le vieillissement extrinsèque provoqué par l'environnement. Les manifestations de ce vieillissement sont liées aux contextes.

Le vieillissement intrinsèque transforme les molécules, les cellules et les tissus. Sans entrer dans les détails, notons que la possibilité de division cellulaire, et donc de multiplication, diminue avec le temps ; une modification de l'ADN et des milieux intercellulaires apparaît et des substances « parasites » envahissent les cellules. Ces transformations de base affectent les capacités fonctionnelles

---

1. Voir B. Cassou, F. Desriaux, « L'usure physique : vieillissement ou empreintes de la vie », in *Les Risques du travail*, La Découverte, 1985, p. 16. Ces auteurs l'avaient défini comme « l'ensemble des changements lents, continus et irréversibles qui affectent tous les êtres vivants de leur naissance à leur mort. » En 1996, ils affineront cette définition.

comme les capacités ventilatoires, les tissus musculaires et le système nerveux. L'ensemble des systèmes de régulation, qui évolue avec l'âge, appartient au vieillissement intrinsèque.

- Le tissu osseux est de plus en plus atteint par les cellules destructrices. « Autour de cinquante ans, le taux d'activité des cellules destructrices prédomine et aboutit à une raréfaction progressive du tissu cortical et spongieux.[1] » (Laville, 1989, p. 5.)
- Le potentiel de renouvellement des cellules se raréfie jusqu'à atteindre la non-division cellulaire.
- Le système immunitaire se détériore. « À partir de 20 ans, il y a une diminution progressive de la reproduction des lymphocytes T et un arrêt au-delà de 40 ans par disparition du thymus, lieu de fabrication de ces cellules : à partir de cet âge, les défenses immunitaires ne reposent plus que sur l'utilisation du stock de ces cellules dans la rate et le ganglion[2]. » (Laville, 1989, p. 6.)

La théorie du vieillissement intrinsèque considère le vieillissement comme un mécanisme génétique : le vieillissement est inscrit dans les chromosomes.

La deuxième théorie du vieillissement, le vieillissement extrinsèque, essaye d'analyser le rôle de l'environnement sur le vieillissement. Malheureusement, pour des questions de méthode, les résultats de ces recherches sont sujets à caution. Cette analyse repose sur l'hypothèse que des erreurs, provenant de facteurs externes ou du hasard, apparaissent dans la fabrication des molécules indispensables au bon fonctionnement des cellules comme les enzymes[3].

Ces deux théories ne s'excluent pas. Actuellement, les recherches tendent à se rallier à l'hypothèse d'Hayflick (1985), pour qui la sénescence est génétiquement programmée. Elles se focalisent donc

---

1. A. Laville, « Vieillissement et Travail », in *Le Travail Humain, vol. 52 (1), 1989, p. 5.*
2. *op. cit.*, p. 6.
3. L.E. Orgel, « The maintenance of the accuracy of protein synthesis and its relevance to ageing » in *Proceedings of the National Academy, Academy of Sciences of the United States of America*, vol. 49, 1963, p. 517-521.

sur la recherche des gènes responsables du vieillissement, dits gérontogènes.

Le vieillissement, sur le plan biologique est donc un déclin des capacités des éléments, qui composent notre organisme. La question est de savoir quand ce déclin commence et quelles en sont les manifestations.

Le déclin commence chez les juniors

« Nous commençons à vieillir sensiblement à partir de 20/25 ans, âge auquel l'organisme a atteint son développement maximal mais aussi à partir duquel les pertes cellulaires deviennent plus importantes[1] ». Les biologistes[2] mettent en évidence le déclin de toutes les fonctions de l'organisme. Quelques-unes des déficiences psychologiques et physiologiques qui commencent dès 20 ans sont recensées :

- une augmentation des temps de réaction et un ralentissement du traitement de l'information ;
- une diminution des capacités de mémorisation[3] ;
- une baisse de la capacité de raisonnement abstrait[4].

Sur le plan physiologique, seules seront passées en revue les modifications liées au vieillissement qui peuvent affecter la relation au travail :

- les performances musculaires, visuelles, auditives diminuent sous l'effet de l'âge (cf. ci-après) ;
- une baisse de la performance de l'appareil cardio-vasculaire ;
- un changement quantitatif et qualitatif du sommeil apparaît, ce qui pose des problèmes d'adaptabilité au travail de nuit.

---

1. M. Millanvoye, « Le vieillissement de l'organisme avant 60 ans », dans J.-C. Marquié, D. Paumes, S. Volkoff, *Le travail au fil de l'âge*, Éditions Octares, 1995, p. 175.
2. F. Derriennic , A. Touranchet , S. Volkoff, *Âge, travail, santé, Études sur les salariés âgés de 37 à 52 ans,* Enquête ESTEV 1990, Les Éditions INSERM, 1996.
3. A.T. Welford, *Vieillissements et aptitudes humaines*, PUF, 1964.
4. J. Poitrenaud, H. Barrère, P. Darcet, F. Driss, « Vieillissement des fonctions cognitives : les résultats d'une étude longitudinale », *La presse médicale*, Éditions Masson, vol. 48, 1983.

© Éditions d'Organisation

Organes touchés à partir de 20 ans par le vieillissement

- Le vieillissement auditif

Sur le plan de l'audition, les pertes auditives ne semblent pas concerner cette jeune classe d'âge : elles commencent, en général, à partir de la trentaine. À l'âge de 50 ans, la perte auditive est encore modeste. Elle se dégrade plus rapidement après. Par contre dans un milieu bruyant ou dégradé, il existe une forte différence d'audition entre les jeunes et les vieux.

Ainsi Millanvoye (voir tableau 12) conclut : « Jusqu'à 60 ans, en l'absence de pathologie auditive particulière, la perception auditive n'est que peu ou pas gênée par le vieillissement. » (p. 189)

- Le vieillissement musculaire

La force musculaire diminue de 30 à 40 % au cours de la vie et de 12 à 25 % entre 45 et 65 ans. Ce n'est qu'après 65 ans que les pertes de fibres musculaires sont massives et que la masse musculaire commence à se réduire. Renversons les idées reçues : les personnes de 50 et 59 ans semblent avoir une plus grande endurance musculaire que celles entre 20 et 29 ans.

- Le vieillissement osseux

Notre charpente osseuse, composée à 80 % d'éléments minéraux et de 20 % de matière organique se renouvelle constamment. La masse de la matière osseuse est maximale à 20/25 ans puis diminue lentement jusqu'à 50/55 ans et plus rapidement après. Quant au cartilage, il s'atrophie progressivement à partir de 30 ans. Mais c'est principalement sur des articulations du squelette que le vieillissement va agir. Notamment au niveau de la colonne vertébrale : une détérioration discale est détectée chez 70 % des hommes de 55 à 64 ans et chez 50 % des femmes de cet âge.

© Éditions d'Organisation

TABLEAU 12 – INTELLIGIBILITÉ DE LA PAROLE
(ÉVALUÉE PAR LE POURCENTAGE DE MOTS CORRECTEMENT IDENTIFIÉS),
EN FONCTION DE L'ÂGE, DANS LE CALME ET
EN CONDITIONS ACOUSTIQUES DÉGRADÉES (RÉVERBÉRATION),
D'APRÈS HARRIS ET REITZ, 1985

		Calme			Bruit		
		Chambre sourde (t.r. optimal)	t.r. 0,59 s	t.r. 1,56 s	Chambre sourde (t.r. optimal)	t.r. 0,59 s	t.r. 1,56 s
% de mots correctement identifiés	jeunes 20-29	96,0	94,8	86,6	91,2	79,2	68,8
	âgés 62-69	96,8	91,0	85,0	90,8	68,8	53,8

(t.r. = temps de réverbération d'un local, nécessaire à la décroissance de 60 dB du niveau sonore d'un son bref. Sa valeur optimale dépend du volume du local. Plus il s'en écarte, plus la qualité acoustique du local se dégrade.)

Source : Millanvoye, dans J.-C. Marquié, D. Paumes, S. Volkoff, Le travail au fil de l'âge, *Éditions Octares, 1995, p. 188.*

Le vieillissement est un phénomène diffus, qui touche tous les constituants de l'organisme mais à une vitesse différente selon les individus. Les facteurs externes, comme l'alimentation, l'hygiène de vie, l'activité, conditionnent fortement cette involution et peuvent jusqu'à un certain âge largement compenser ses manifestations handicapantes.

Le vieillissement humain peut être comparé à celui d'une machine : plus elle est ancienne, moins elle fonctionne bien et moins elle devient fiable. Elle peut cependant très bien fonctionner encore des années ! Mais la métaphore à ses limites. Au contraire de la machine, l'homme a les capacités de compenser ses déclins. De plus, il existe une grande variabilité interindividuelle du vieillissement. Cette variabilité est fortement conditionnée par l'entraînement, ou non, des capacités physiques et mentales. Laissons le spécialiste français Millanvoye conclure : « À 50 ans, et même à 60 ans, les possibilités humaines sont, certes, diminuées, mais le changement n'est pas si grand par rapport à la situation à 20 ans. » (p. 207.)

Le déclin inéluctable est compensé jusqu'à un certain âge

L'individu, pour faire face à la baisse de ses capacités avec l'âge, met en œuvre un processus de compensation reposant sur son expérience, ses capacités intellectuelles et son environnement. Au travers de quelques exemples de capacités cognitives et physiques déclinantes, analysons comment la diminution des capacités humaines, provoquée par le vieillissement, peut être compensée.

L'intelligence vieillit-elle ?

La capacité à apprendre avec l'âge a été analysée. Ces recherches ont mis en lumière qu'il existe deux types d'intelligence : l'intelligence fluide (dépendant des fonctions biologiques) et l'intelligence cristallisée (provenant de l'expérience antérieure).

L'intelligence fluide fait référence aux formes fondamentales de l'intelligence comme la classification et le raisonnement logique. Elle concerne des problèmes dont la réponse ne dépend pas du contexte. Elle prendrait source dans des programmes génétiques, liés à l'évolution phylogénétique et modifiés par les conditions de l'environnement. Au contraire, l'intelligence cristallisée repose sur l'expérience.

L'intelligence fluide déclinerait au cours du temps suivant les détériorations du système nerveux central. L'intelligence cristallisée proviendrait de l'apprentissage dans le milieu familial, puis organisationnel et enfin amical. C'est pourquoi, elle augmenterait en fonction de l'expérience, donc du temps.

Ainsi, le vieillissement provoque une baisse de l'intelligence fluide, alors qu'il augmente l'intelligence cristallisée. Lorsque les deux types d'intelligence sont pris en compte, le score global de l'intelligence ne varie pas en fonction de l'âge.

Source : Cattell (1963), puis son collègue Horn (1967, 1981).

71

Les ressources humaines qui compensent le vieillissement

En premier lieu, c'est l'expérience qui compense les effets du vieillissement. Ensuite, la diminution des capacités cognitives due au vieillissement est compensée par les ressources individuelles et collectives. L'humain, s'il ne peut échapper au vieillissement, peut retarder ses effets de deux manières :

- Individuellement. Des altérations de la mémoire immédiate se produisent systématiquement avec l'âge[1]. Mais plus les personnes ont un large vocabulaire (tests verbaux bons), plus ils réussissent les tests de mémoire. Plus les individus auront sollicité leurs capacités d'apprentissages, moins les capacités de mémorisation seront affectées par le vieillissement. Au plan musculaire toutes les recherches montrent que c'est le travail, s'il comporte des activités musculaires fortes, qui réduisent les capacités musculaires. Dans les autres cas, une activité musculaire régulière aide efficacement à combattre les effets du vieillissement.

   La dégradation osseuse, excepté dans le cas d'un travail pénible, peut être compensée par une activité physique régulière et ne représente pas un frein au travail. L'expérience du salarié, sa connaissance des tâches à accomplir peuvent lui permettre de réguler son travail afin de contrebalancer ses pertes de capacités.

- Collectivement. Si des opérateurs sont, par exemple, exposés au bruit et se trouvent dans l'incapacité de se comprendre, ils élaboreront des stratégies compensatoires, comme l'adoption d'un langage codé par des gestes, un plus grand suivi visuel des autres opérateurs ou de l'activité. Ils compenseront leur handicap occasionnel en rendant la communication orale inutile. Par contre, si un jeune arrive et n'est pas formé au travail réel dans le bruit, il risque de rendre le travail plus long pour les salariés âgés[2].

   Avec l'âge, dans l'ensemble, les déficits sensoriels tendent à diminuer la qualité des informations détectées, mais ces déficits sont progressifs, voire tardifs, et ils peuvent être compensés par le développement de comportements spontanés et des stratégies particulières portant sur les modalités sensorielles mises en jeu.

---

1. R. Zacks, L. Hasher, B. Doren, V. Hamm, M.S. Attig, « Encoding and memory of explicit and implicit information », *Journal of Gerontology*, vol. 42 (4), 1987, p. 418-422.
2. Millanvoye, *op. cit.* 1995.

Le véritable déclin apparaîtrait à la dernière décennie de vie

Le déclin des capacités cognitives dû à la proximité de la mort (*terminal drop*[1]) se confirme. À partir, non pas d'un certain âge, mais de l'approche de la mort, les capacités biologiques se restreignent sans pouvoir être compensées[2].

Ainsi, si une diminution des capacités cognitives s'opère après 60 ans et s'accélère après 70 ans, elle est assez faible pour ne pas être handicapante. En effet, le déclin des connaissances spécifiques à la vie quotidienne reste limité jusqu'à 80 ans, à l'exception de la fluidité verbale dont le déclin commencerait dès 53 ans.

Même si certains affirment « qu'aucun progrès sur le plan biologique n'apparaît après 25-30 ans et c'est plutôt un déclin que l'on constate[3] », ces diminutions des capacités ne semblent pas porter à conséquence. En effet, il ne faut pas oublier le rôle de l'expérience, des capacités de l'individu et des conditions dans lesquelles le sujet se trouve. Le vieillissement peut donc être analysé autrement que comme un processus d'involution des capacités. Il peut aussi être étudié comme une accumulation d'expériences. Les déficiences fonctionnelles seraient compensées par des techniques informelles mises en œuvre par les individus vieillissants pour s'adapter à la situation. Simplement, la personne âgée a des processus d'acquisition de connaissances, de décision et de raisonnement qui sont totalement différents de ceux d'un individu plus jeune. Ces différences affectent-elles le travail ?

Vieillissement et travail

Lorsque le lien entre vieillissement biologique et travail est étudié, deux questions se posent :

- Quel est l'impact du travail sur le vieillissement ?
- Le vieillissement a-t-il des conséquences sur le travail ?

---

1. K.F. Riegel, R.M. Riegel, « Development, drop and death », *Developmental Psychology, vol. 6, 1972.*
2. K. Schaie, « The course of adult intellectual development », *American Psychologist, vol. 49 (4), 1994.*
3. R.G. Cutler, « Evolutionary biology of aging and longevity in mammalian species », in J.E. Johnson, *Aging and cell function,* Plenum Press, 1984.

Le vieillissement est-il influencé par le travail ?

Les travaux épidémiologiques se situent dans cette problématique. Ils cherchent à savoir en quoi le travail et ses conditions d'exécution accélèrent et exagèrent les processus habituels de vieillissement ? Quelles sont les conséquences réparables à court, moyen et long termes du vieillissement par le travail ?

Ces questions paraissent pertinentes lorsque l'on compare les durées de vie en fonction des catégories sociales.

TABLEAU 13 – ESPÉRANCE DE VIE À 60 ANS EN ANNÉES

Catégories	Hommes	Femmes
Cadres, professions libérales	22,5	26
Agriculteurs exploitants	20,5	24
Professions intermédiaires	19,5	25
Artisans, commerçants, chefs d'entreprise	19,5	25
Employés	19	24
Ouvriers	17	23
Ensemble (n'ayant jamais travaillé inclus)	19	23,5

Source : COR, INSEE, 2001.

Depuis vingt ans, les écarts de mortalité entre les catégories sociales ont augmenté : en moyenne, la mortalité des ouvriers a moins diminué que celle des cadres supérieurs. Certains pourraient observer que, certes, les conditions de travail de ces deux catégories sont différentes, mais que leurs conditions de vie en général le sont aussi. De plus, l'inégalité des sexes joue un rôle plus grand. Il n'en reste pas moins vrai que, dans certaines catégories sociales on vieillit moins vite que dans d'autres. Cette inégalité est due aux effets indélébiles de la scolarisation, de la formation, de l'acquisition d'expériences et bien évidemment de l'emploi occupé. Il est donc possible de diminuer les différences entre les âges et de diminuer les différences interindividuelles qui s'aggravent tout au long de la vie professionnelle.

Ainsi, l'usure par le travail est une idée généralement acceptée, mais qu'il est difficile de mettre en évidence de façon objective.

L'usure peut se définir par une baisse de performance des fonctions cardiaques, pulmonaires, cérébrales, articulaires et par une réduction des capacités de récupération[1]. La pénibilité du travail accélère le vieillissement.

Mais, comme pour le vieillissement, les difficultés pour mesurer l'effet du travail sur le vieillissement sont au nombre de trois : les effets de sélection (sur l'âge), les effets de structure (durée d'exposition et différences de structures intergénérationnelles) et les effets liés à la période de l'histoire dans laquelle se situe l'individu.

Le travail est-il influencé par le vieillissement ?

Cette question est également pertinente. En effet, la question cruciale au regard de l'entreprise est celle de la productivité. L'idée que le vieillissement provoque une baisse de productivité est largement répandue et admise. Qu'en est-il ? Le vieillissement, en lui-même, n'influence pas la productivité. Des recherches[2] ont permis de remettre en cause cette idée : aucun lien n'existe entre la productivité au travail et l'âge. C'est la perte de motivation et non la perte de capacité qui est en cause lors de la baisse de performance des travailleurs vieillissants[3].

Et s'il existe des recherches qui affirment que le vieillissement diminue la productivité au travail, elles doivent être relativisées. En effet, cela n'a pas de sens de calculer des productivités moyennes, alors que la productivité individuelle est elle-même quelque chose qui n'existe pas et que, de toute manière, cette productivité n'a pas de raison d'avoir un lien particulier avec l'âge. Lorsque la productivité individuelle est bien définie, le lien entre productivité et âge, est tout à fait mineur. De plus, dans le cadre du travail, il est aussi difficile d'étudier le début du déclin biologique, qui varie selon les individus en temps et en intensité.

---

1. F. Derriennic, A. Touranchet, S. Volkoff, *Âge, travail, santé, Études sur les salariés âgés de 37 à 52 ans, Enquête ESTEV 1990,* Les Éditions INSERM, 1996.
2. B. Rosen, T. Jerdee, *Older employees : New roles for valued resources, Dow Jones Irvin, 1985.*
3. M. Cote, « La gestion des personnes vieillissantes », in R. Bloin, (dir.), *Vingt-cinq ans de pratique en relations industrielles au Québec,* Éditions Yvon Blais, Cowansville, 1990.

Une distinction doit être faite entre les populations ouvrières, dont les méthodes de travail ont peu évolué depuis des années, et les nouvelles catégories de salariés qui ont émergé avec la société postindustrielle : employés et cadres. Une augmentation de la performance se produit jusqu'à 40-45 ans chez les ouvriers qualifiés. À partir de cet âge, elle décline[1]. Mais, même s'il y a déclin, cette performance reste supérieure jusqu'à 60 ans à celle des ouvriers qualifiés de 20 ans. Parallèlement, plus les machines sont sophistiquées, plus le déclin est faible. Qu'en est-il de la performance des cadres ?

La prise de décision des cadres âgés et jeunes peut être analysée comme une forme de productivité pour les cadres. Avec l'âge, les jugements sont plus précis sur la valeur des informations utilisées[2]. Le temps de prise de décision est plus long, non parce que le traitement des informations est plus lent, mais parce que le nombre d'informations est plus grand. En revanche, aucune différence n'est trouvée en termes d'âge concernant la qualité de la prise de décision.

Quant à la capacité d'apprentissage, elle ne diminue pas avec l'âge. L'idée que les capacités d'assimilation de la formation diminueraient avec l'âge est, elle aussi, largement répandue. Elle est heureusement parfaitement erronée. Une étude comparative a été effectuée sur quatre groupes : des jeunes sans expérience dactylographique, des jeunes avec expérience dactylographique, des stagiaires moyennement âgés, mais sans expérience, et un dernier groupe du même âge mais avec expérience[3]. Les conclusions sont les suivantes :

- l'effet de l'âge est notable au cours des premières séances d'apprentissage, surtout pour les plus âgés sans expérience ;
- en l'espace de quelques séances, le rattrapage se fait ;
- en termes de performance, aucune différence liée à l'âge n'apparaît.

---

1. D.R. Davies, P.R. Sparrow, « Age and Work Behavior », in N. Charness, *Aging and Human Performance,* John Wiley & Sons, 1985.
2. *op. cit.*
3. R.B. Cattell, « The theory of fluid and crystallized intelligence : a critical experiment », *Journal of Educational Psychology, vol. 54, 1963.*

Par conséquent, chez les individus n'utilisant pas leurs capacités physiques, le vieillissement n'aurait pas de conséquence au travail. L'expérience compenserait le déclin des capacités fonctionnelles et physiologiques. La formation continue serait une solution, car elle donnerait aux individus l'habitude d'apprendre et de s'adapter aux situations nouvelles. Les idées reçues sur l'influence du vieillissement sur la formation et la productivité sont tenaces au point que même les travailleurs âgés concernés ont souvent repris à leur compte les stéréotypes qui les concernent.

« Le vieillissement n'est donc pas nécessairement facteur de déclin professionnel pendant la période de vie active : ce sont les formations courtes, les formations non adaptées, le contenu, l'organisation et les conditions matérielles d'exécution des tâches qui provoquent ce déclin lorsque l'opérateur âgé est évalué par rapport à une norme établie sur une population jeune [1]. »

Quoi qu'il en soit, le travail est un marqueur du vieillissement dans la mesure où soit il accentue le déclin du salarié, soit il participe à l'enrichissement et au développement de celui-ci.

Le propre du vieillissement humain

« Le trait le plus original du vieillissement humain ne réside en effet ni dans la mort des cellules, ni dans l'usure des tissus, ni dans la diminution des fonctions et des ressources ; il ne réside pas non plus simplement dans l'accumulation des connaissances et des expériences ; il réside dans la possibilité (encore faut-il la saisir, l'exploiter et la valoriser) qu'offre une vie plus longue de multiplier, d'enrichir et de parfaire, au fur et à mesure qu'on avance dans la vie, les réinterprétations que nous faisons, tant des expériences passées que de nos projets et de nos espoirs. » (Philibert, 1979, cité dans Laville, op. cit., p. 2)

---

1. Laville, *op. cit.*, p. 13.

© Éditions d'Organisation

Ce rappel sur les conséquences du vieillissement fut sommaire. Cette brièveté se justifie pour deux raisons : d'une part, notre objectif était de montrer qu'il existe des courants de recherche, encore trop extérieurs au monde de l'entreprise, qui analysent les plus de 50 ans au travail. Ces travaux offrent des clefs de compréhension et de prévention du vieillissement, pourtant incontournables, pertinentes et efficaces. D'autre part, nous souhaitions détrôner les stéréotypes vulgarisés du travailleur vieillissant.

3. Nouvelle perception du vieillissement : essai de rationalisation par les cycles de vie

La question que se posent certains psychosociologues à partir des années trente, et plus généralement des années cinquante, est la suivante : comment l'homme se développe-t-il au cours de la vie ? Le déroulement de la vie suit-il une courbe en cloche dont le tracé formerait trois phases, ascension, sommet, déclin ? On constate, que leur question est déjà une véritable révolution « paradigmatique ». Enfin, le mot développement apparaît pour décrire le vieillissement.

Le vieillissement est un développement

Les analyses sur le développement psychosocial de l'adulte, trouvent leur origine dans les études concernant le développement de l'enfant. Disséquer, comprendre et définir les âges de la vie d'un adulte est l'objectif de ce courant de pensée. Une nouvelle perception du vieillissement apparaît et apporte un regard neuf sur la logique du vivant[1] : *le vieillissement serait un processus continu de développement constitué par des gains et des pertes.*

Il existerait des dénominateurs communs au développement personnel de chaque adulte. Chaque être humain suivrait un

---

1. Ces analyses sont également connues sous le nom de théories des cycles de vie, par exemple, Erikson (1950), Levinson (1978). Houde (1991) a réalisé une brillante synthèse analytique de ce courant de pensée.

© Éditions d'Organisation

schéma de développement général nommé cycle de vie. De ce constat, peut-on en déduire qu'il existe des changements ordonnés et irréversibles liés à l'âge[1] ? Les changements comportementaux étudiés s'opposent à l'approche « objective » prônée par les biologistes. Ils concernent les aspects subjectifs, les processus intrapsychiques de l'individu. Ces processus regroupent :

- la façon dont l'individu utilise son expérience ;
- la façon dont il structure son environnement social ;
- sa manière de percevoir le temps ;
- la façon dont il compose avec les thèmes majeurs de la vie : le travail, l'amour, le temps et la mort ;
- les changements dans les concepts d'identité.

L'objectif de ce développement est que les diverses parties de la personnalité soient capables de fonctionner comme un tout. Cette réalisation s'accomplit dans la réussite des relations avec autrui, à travers les rôles sociaux, l'intimité, le travail et la procréation.

Dans la première partie de sa vie, l'homme essaye de s'adapter au monde extérieur. Dans la seconde, il entame un processus d'indivi-duation. L'individuation permet à la personne de « tendre à devenir un être réellement individuel et, dans la mesure où nous entendons par individualité la forme de notre unicité la plus intime, notre unicité dernière et irrévocable, il s'agit de la réalisation de son soi, dans ce qu'il y a de plus personnel et de plus rebelle à toute comparaison[2]. »

Le développement de l'adulte repose sur une structure de vie. Cette structure, caractérisant une personne donnée à un temps donné, est

---

1. Cette question s'inscrit dans l'objectif de la psychologie développementale (Neugarten, 1966). Les changements étudiés sont de types comportementaux. C'est-à-dire, qu'ils ne se réfèrent pas « aux processus biologiques qui sont inhérents à l'organisme et qui sont inévitables, mais aux processus au moyen desquels l'organisme, par interaction avec l'environnement, est changé ou transformé. De telle sorte qu'il existe à l'intérieur de l'individu, comme résultat de l'histoire de vie avec ses annales cumulatives d'adaptations aux événements biologiques et aux événements sociaux, une base continuellement changeante à partir de laquelle il perçoit les événements nouveaux du monde extérieur et y répond, dans une progression ordonnée selon le passage du temps. »
2. B. Neugarten, *Personality in middle and late life,* New York, Atherton, 1964, p. 115.

© Éditions d'Organisation

composée par le travail, les amis, les époux, le moi, les loisirs, les rôles. Ces éléments composant la structure de vie, peuvent être synthétisés en deux grandes tendances :

- la structure de vie externe : réseaux sociaux ;
- la structure de vie interne : valeurs, désirs, conflits, capacités.

La structure de vie intègre donc autant la personnalité que le contexte. Ces deux éléments s'influencent réciproquement à travers la structure de vie. Levinson[1] la qualifie de « frontière » entre la psychologie et la sociologie. Ce terme de structure de vie permet de dépasser les oppositions qui nous paraissent obsolètes : sociologie contre psychologie, ego contre social.

Tous les événements, réels et nouveaux, que les individus rencontrent quand ils vieillissent sont placés dans un schéma cohérent. Ce schéma est composé de stades de vie. Les enjeux de chaque stade sont présents tout au long de la vie, mais ils sont plus présents lors d'un stade précis. Chaque stade est séparé par des crises. Au cours de chaque stade, des « tâches développementales[2] » sont à effectuer. L'adulte a un ensemble d'apprentissages à effectuer avant de passer à l'étape suivante. Ces tâches concernent principalement la famille, le travail et la société. L'accomplissement plus ou moins satisfaisant des tâches affecterait le passage à un autre stade. Les tâches doivent être effectuées parce qu'elles permettent à l'individu de répondre d'une façon satisfaisante aux impératifs physiologiques et sociaux. Plus l'individu vieillit, plus la façon d'exécuter ses tâches sera individualisée, car motivée par sa structure de vie interne.

Le passage d'une phase de vie à une autre passe par une crise et une remise en question puisque les façons de faire face aux crises qui régissent et dominent un stade ne sont pas transposables au stade suivant. Les phases de transition sont caractérisées par trois ministades :

- la fin : un travail de deuil et de séparation est nécessaire pour faire face à l'événement ;

---

1. D.J. Levinson, *The season of a man's life,* New York, Knopf, 1978.
2. La paternité de cette notion revient à Havighusrt : « Youth in exploration and man emergent », in H. Borrow, *Man in a world at work*, Boston, Houghton Mifflin, 1964.

- l'individuation : « la personne est suspendue entre le passé et le futur et se débat pour surmonter le fossé qui les sépare [1] » ;
- l'initiation : mise en place d'une nouvelle structure de vie après avoir effectué des choix.

La résolution de chaque tâche ne se fait pas forcément de manière linéaire. La crise est source de développement. Lors de chaque crise, une composante de la personnalité émerge. Entre les crises, cette composante s'épanouit. La figure suivante permettra de visualiser la théorie des cycles de vie.

TABLEAU 14 – SCHÉMATISATION DES PHASES DE VIE DE LEVINSON

	65 ans	Transition de la vieillesse
	60 ans	Point culminant de la vie adulte
	55 ans	Transition de la cinquantaine
	50 ans	Entrée dans la vie adulte
45 ans	Transition du milieu de vie	
40 ans	Période d'établissement	
33 ans 28 ans	Transition de la trentaine	
22 ans	Entrée dans le monde adulte	
Transition de jeune adulte		22 ans
Enfance et adolescence		17 ans

Source : Levinson, 1978, p. 57.

Les principales conclusions de ces recherches sont les suivantes :

- la vie est un processus d'adaptation ;
- la structure de la vie adulte se découpe en phases ordonnées ;
- la façon de vivre ces phases est modulée par la personnalité de l'individu ;
- chaque phase se caractérise par des tâches développementales et non par des événements typiques.

---

1. Levinson, *op. cit.*

Les tâches à effectuer par le jeune adulte, puis par les seniors seront d'abord présentées, ce qui permettra de comprendre pourquoi le vieillissement peut être perçu comme un développement.

Le développement du junior

Les chercheurs qui défendent ces théories appartiennent à des générations et des sociétés différentes. Or les sociétés et la génération influencent la nature et le nombre de stades de vie. Les résultats de ces recherches sont donc à remettre en cause à chaque époque. Ainsi, selon l'époque de recherche, la jeunesse a été située, par les théoriciens du développement de l'adulte à des différents âges, qui varient entre 15 à 35 ans.

Les tâches développementales des juniors diffèrent suivant les époques et les contextes. Faire un inventaire non exhaustif des tâches développementales à travers les différentes générations permettra dans le chapitre suivant de comprendre les tâches spécifiques des juniors de notre époque. Ces différentes tâches peuvent être regroupées par thème :

L'identité
* surmonter les remises en cause de l'identité de l'enfant ;
* affirmer son identité d'adulte ;
* déterminer les buts à atteindre ;
* construire un rêve de vie (et non pas un projet), le placer dans sa vie ;
* acquérir son indépendance émotive.

Les autres
* créer une relation amoureuse ;
* choisir un partenaire de vie ;
* apprendre à vivre avec son partenaire ;
* se marier ;
* fonder une famille ;
* être responsable d'un foyer ;
* accepter les responsabilités civiques ;
* trouver un groupe d'appartenance.

Le travail
- commencer à travailler ;
- établir une relation avec un mentor ;
- élaborer un projet professionnel.

Certaines de ces tâches développementales peuvent paraître non fondées confrontées à notre idée d'un junior. Il faudra effectivement les confronter au contexte de l'an 2000 (*cf.* chapitre suivant). Les tâches évoluent avec l'époque et les cultures, mais au-delà des différences des contextes, certaines tâches restent incontournables dans le développement du junior, comme du senior.

L'étape de vie du senior

La force motrice d'un individu devient interne au milieu de son développement et ce jusqu'à la fin de ce dernier, c'est-à-dire sa mort. À partir de la mi-vie, l'objectif de développement de l'individu est l'intégrité.

La finalité de cette phase est de contribuer à l'enrichissement du monde, tout en connaissant et reconnaissant ses limites. Le senior commence à se soucier du monde futur. Il cherche à laisser sa marque. L'accomplissement de cette tâche pourra passer par le besoin d'avoir un rôle de mentor.

Les personnes qui ne parviennent pas à jouer ce rôle, alors qu'elles en ont besoin, sont en phase de stagnation. C'est-à-dire qu'elles se concentrent sur elles-mêmes et sur leur confort, ce qui leur laissera un sentiment d'insatisfaction.

L'aspect d'une existence limitée dans sa temporalité commence à prendre sens pour l'individu. Il revisite le sens de sa vie et de sa mort et réévalue son passé, avec cette nouvelle signification de sa propre mort.

Avant la mi-temps de la vie, les individus pensent pouvoir influencer et maîtriser l'environnement. Après la mi-temps de la vie, les individus se sentent plus passifs parce qu'ils perçoivent le monde comme non maîtrisable et plus complexe. « La nature principale du changement lié à l'âge semble être un passage d'une orientation combative active et ouverte sur le

© Éditions d'Organisation

monde vers une orientation adaptative, soumise et plus orientée sur soi [1]. »

Enfin, les individus effectuent un bilan de leur vie. S'ils y trouvent un sens et l'acceptent, ils accèdent à l'intégrité. C'est-à-dire qu'ils intègrent l'idée d'une vie limitée par la mort, parsemée de succès et d'échecs et faisant partie de « l'expérience universelle » et qu'ils s'en trouvent satisfaits. Dans le cas contraire, la personne ressasse son amertume qui peut se transformer en désespoir.

Un lien est créé entre la conception populaire et traditionnelle de la vieillesse et les théories du développement de l'adulte, entre le concept de sagesse et d'intégrité. La personne âgée saisit la relativité de sa vie et de celle des autres en acceptant ainsi ses choix et les leurs. Elle comprend que son cycle unique s'inscrit dans un segment de l'histoire. Cette acceptation lui permet de se détacher de la vie et d'accepter sa propre mort.

Les théories du développement de l'adulte, même si elles méritent d'être affinées et revalidées à chaque époque, ont l'avantage d'envisager le vieillissement comme un développement.

---

1. *op. cit.*, p. 196. (Traduction libre de l'auteur), Neugarten B.

TABLEAU 15 – EXEMPLES DE TÂCHES DE VIE DÉVELOPPEMENTALE
PHASES DE MI-VIE OU DE FIN DE VIE

Auteurs	Phases de mi-vie		Phases de fin de vie	
Erikson (1950)	Générativité ou stagnation : • Expansion graduelle des identités personnelles. • Intérêt pour la génération suivante et son éducation. Sinon stagnation.		Intégrité personnelle ou désespoir : • Intégrité personnelle : « amour postnarcissique de son moi humain en tant qu'expérience spirituelle comportant une signification universelle. » Le défaut ou la perte de cette intégration accrue du moi se ferait par la peur de la mort : le seul et unique cycle de vie n'est pas accepté comme définitif.	
Havigurst (1964)	Au cœur de l'âge adulte : (45-57 ans) • Maintien dans la carrière ou début d'une autre. • Stabilisation des relations familiales. • Contributions significatives à la société. • Adaptation aux changements biologiques.	Transition de la fin de vie de l'adulte : (57-65 ans) • Préparation à la retraite, adaptation à de nouvelles relations sociales. • Maintien des relations avec les enfants et les petits-enfants. • Choix des intérêts, des préoccupations sociales et des activités communautaires que l'on aura.	Fin de l'âge adulte : (65 ans et plus) • Adaptation à la retraite. • Adaptation au déclin de la santé et de l'énergie. • Affiliation avec des gens de son âge. • Organisation d'un milieu de vie adéquat. • Adaptation au décès du conjoint. • Maintien de l'intégrité.	
Levinson (1978)	Le commencement du milieu de vie adulte : (45-50 ans) • Faire de nouveaux choix. • Leur donner un sens. • Reconstruire sa structure de vie autour d'eux.	Transition de la cinquantaine : (50-60 ans) • Ressemblerait à celle de la trentaine.	Point culminant de la vie adulte : (55-60 ans) • Construire une nouvelle structure de vie.	

Le vieillissement ne peut donc se réduire à une description simplifiée. Il est à la fois :

- tangible : le corps se dégrade lentement au rythme d'une vie ;
- subjectif : le corps prend forme, lentement au rythme d'une vie ;
- complexe : le corps subit des gains et des pertes, lentement au rythme d'une vie.

Le vieillissement, processus confus et diffus, est à la fois développement et déclin. Chaque société a proposé sa propre lecture de l'avancée en âge. Toutes les sociétés ont construit, au fil de leurs priorités, une dictature des normes d'âges. L'âge a le pouvoir absolu d'exclure. Son emprise sur l'inconscient collectif est extrêmement forte et pas forcément explicite.

CHAPITRE III

DE L'ÂGE BIOLOGIQUE
À L'ÂGE COMPLEXE

Qu'est-ce qui distingue un senior d'un junior ? La réponse paraît évidente, c'est d'abord l'âge. Cette réponse triviale engendre une autre question : qu'est-ce que l'âge ? Si nous sommes tous capables de donner un âge à une personne, bien prétentieux serait celui qui oserait lui donner une signification. Les parcours de vie se diversifient, comme les significations données à l'âge, ce qui tendrait à remettre en cause les modèles psychosociaux du développement de l'adulte.

Cerner les différentes significations de l'âge et leurs remises en cause par les mutations sociétales semble indispensable. Puis, à travers le prisme de cette nouvelle complexité des âges, les théories du développement humain seront revisitées, ce qui permettra de définir ces nouveaux juniors et seniors.

1. L'âge : un concept multidimensionnel

L'âge est un marqueur chronologique. Mais cet indicateur n'est pas neutre, il renvoie à des normes et des codes sociaux. Il a toujours servi à distinguer des groupes (d'âges) dans chaque société. Mais les temps sociaux évoluent et les cycles de vie également. Les âges de la vie sont bousculés : le découpage par tranche d'âge change.

De l'âge biologique à l'âge subjectif

Universellement, chaque société utilise l'âge comme une base pour distinguer ses membres, de façon formelle et informelle. L'entreprise a tendance également à s'aligner sur ce modèle. Dans quelle mesure ces normes d'âge sont-elles pertinentes ?

L'âge est, de prime abord, une notion qui semble posséder un sens bien précis, si précis que cette notion paraît universelle et objective. C'est le temps écoulé depuis la naissance. Mais ce temps a-t-il la même signification pour tous ? Il semblerait plutôt que derrière ce principe d'âge se cachent d'autres valeurs : la société, comme l'entreprise, se réfère en fait à des âges biologiques, psychologiques, sociaux et perçus.

Si l'on se réfère au *Petit Larousse*, de nombreuses incertitudes apparaissent quant à la définition de l'âge. En effet, l'âge, selon ce dictionnaire de référence, est tout autant : « Le temps écoulé depuis la naissance » que « chacun des différents degrés de la vie : être en bas âge, âge de la vieillesse ». Il y aurait donc différentes sortes d'âges parallèlement à la multiplicité des âges.

Ci-dessous sont répertoriées les significations de l'âge qui sont nées de diverses perspectives théoriques :

- l'âge chronologique : il correspond à la distance/temps qui sépare un individu de sa date de naissance ;
- l'âge biologique ou physiologique : il permet de mesurer le stade de développement physiologique. On y fait référence lorsque l'on affirme par exemple : « Ce garçon est trop grand pour son âge » ;
- l'âge psychologique fait référence à des normes de développement psychologique ;
- l'âge social est la capacité à remplir des rôles construits par la société et donc relatifs à la façon dont est organisée cette société. Il permet de distinguer et de classer les membres dans une société[1] ;

---

1. J.E. Birren, *Handbook of aging and the individual,* Chicago, University of Chicago Press, 1959.

© Éditions d'Organisation

- l'âge subjectif est l'âge « ressenti » par l'individu. Selon le chercheur en marketing Guiot[1], l'âge subjectif peut être obtenu à l'aide des 3 questions suivantes : « Je fais les choses comme si j'avais... ans. J'ai les mêmes centres d'intérêt qu'une personne de... ans. Au fond de moi, j'ai le sentiment d'avoir... ans. » La prise en compte de l'âge subjectif peut être particulièrement intéressante pour les cibles seniors et juniors.

Ainsi, d'un point de vue tant individuel que social, l'âge est multidimensionnel : il comprend des données chronologiques, biologiques, psychologiques et sociales. Le seul dénominateur commun, qui existe entre ces différents « âges », c'est qu'ils servent de repère dans toutes les sociétés en dépit des différences de culture. L'âge n'est pas qu'un phénomène chronologique, qui se définirait de façon spontanée, c'est d'abord un statut social, qui permet de définir des rapports sociaux.

Sous le terme d'âge se cachent donc de formidables abus de langage. Les rapports entre l'âge biologique et l'âge social étant très complexes, « on peut subsumer sous le même concept des univers sociaux qui n'ont pratiquement rien en commun[2] ». Selon ce sociologue, l'âge est une donnée biologique, socialement manipulée et manipulante. En effet, il estime par exemple que les classifications par âge sont un enjeu de lutte entre la jeunesse et la vieillesse. Elles servent à imposer des normes, des limites afin de maintenir un ordre dans lequel chacun doit tenir sa place. Ainsi cette division entre les âges, qui n'est pas donnée, mais construite arbitrairement, n'a de sens qu'en termes de lutte sociale. Il serait peut-être préférable aujourd'hui de parler de régulation sociale.

Même si cette notion d'âge renvoie à des concepts différents, la société utilise ce critère d'âge. Malgré cette multidimensionnalité, elle normalise l'âge. Il existe des âges « normaux » auxquels correspondraient des rôles ou des statuts. Et ces normes d'âges qui seraient partagées par tous, se créent parce que des individus d'âges identiques ont en commun des expériences comparables et

---

1. D. Guiot, « L'âge subjectif peut-il prétendre au statut de variable de segmentation ? » *2e Journée de Recherche en Marketing de Bourgogne,* Ed. M. Filser, J.F. Lemoine, Dijon, IAE, 1998.
2. P. Bourdieu, *Questions de sociologie,* Éditions de minuit, 1980.

développent ainsi des attitudes et des croyances similaires[1]. La société suppose donc qu'il existe une relation entre norme d'âge et comportement. L'expérience partagée des groupes d'âges normatifs spécifierait les frontières d'appartenance, qui deviendraient des standards de comportement.

Ainsi, l'ère industrielle, pendant les trente glorieuses, a défini un modèle ternaire des âges. Chaque classe d'âge était déterminée par une activité spécifique :

- jeunesse et formation : préparation au travail ;
- vie adulte et production : définies par le travail ;
- vieillesse et repos : l'individu ne peut plus travailler.

C'est la façon dont étaient envisagés les cycles de vie à l'ère industrielle. Le cycle de vie était composé de trois phases, dans lesquelles les comportements étaient prévisibles. Mais ces standards de comportement sont-ils encore valables dans une société en pleine mutation ? Ont-ils encore un sens dans la société postindustrielle ? Aujourd'hui, les phases se diversifient et toutes les activités autrefois associées à ces étapes peuvent l'être à tout âge. Interrogeons-nous sur l'émergence de nouvelles normes d'âges, face aux évolutions sociétales.

Les transformations des âges

La société est en pleine transformation. L'objectif n'est pas d'examiner l'origine de ces changements mais leurs conséquences sur les normes d'âges. L'âge est d'une importance primordiale. D'abord parce que, comme nous l'avons indiqué dans le chapitre précédent, il est un marqueur du développement de l'adulte. Ces marqueurs se traduisent en rites nécessaires au devenir de l'individu. Ensuite l'âge crée des références sociales. Il structure la société en classes indispensables jusqu'ici à son fonctionnement (personne n'ayant jusqu'à présent démontré le contraire).

Or, l'importance des temps sociaux sur le cours de la vie se modifie. La durée du travail évolue tant dans l'absolu que de façon relative. La durée de la retraite augmente fortement par rapport à

---

1. L.A. Zebrowitz, *Social Perception,* Pacific Grove, CA : Brooks-Cole, 1990.

celle de la vie active. « Va-t-on arriver à 30 ans de travail pour 30 de retraite contre 40 ans et 20 aujourd'hui et 45 ans et 15, il y a 20 ans ? » se demande Gaullier[1]. Ces modifications de durée de vie influencent fortement les normes d'âges car la société industrielle a placé le travail au cœur de la société. Les évolutions du temps travaillé influencent ainsi le temps de développement de l'homme. Au début du XIXe siècle, 30 % de l'espérance de vie était consacrée au travail. Aujourd'hui, le temps consacré au travail ne représente plus que 9 à 15 % du temps de la vie. En valeur absolue, il passe de 11 ans à 8 ans. La notion d'âge dans notre société est paradoxale. D'un côté, elle paraît centrale, de l'autre elle paraît cachée, passée sous silence. Gaullier[2] résume mieux que quiconque cette contradiction : « [les âges de la vie] sont absents de la réflexion sur cette société contemporaine, qu'il s'agisse de la synthèse républicaine, de l'évolution de l'individualisme ou de la démocratie. Les individus ou les citoyens sont toujours supposés être des adultes autonomes et en bonne santé, stables et égaux : rien sur la naissance et la mort, rien sur le devenir des individus, de leur développement ou du vieillissement, sur la dépendance de l'enfant, du malade ou du vieillard sur les étapes de l'existence comme la société organise [le cycle de vie] ou les individus qui les vivent. » (p. 171)

L'examen de l'évolution du sens donné à la notion d'âge ne peut manquer d'en montrer toute la complexité et son caractère paradoxal. D'une part, les normes d'âges se rigidifient, d'autre part, elles se flexibilisent.

La forte rigidité des âges

Comme si l'âge était un critère essentiel, un repère crucial, la société se met à donner des noms à tous les âges. La jeunesse, l'âge adulte, la vieillesse sont des concepts dépassés car ils ne sont plus assez précis face à l'allongement de la durée de la vie. Recensons quelques découpages classiques et couramment utilisés depuis une dizaine d'années.

---

1. X. Gaullier, *L'avenir à reculons : chômage et retraite,* Éditions Ouvrières, 1982.
2. X. Gaullier, *Les temps de la vie : emploi et retraite,* Éditions Esprit, 1999.

Gaullier[1] en s'intéressant plus particulièrement aux seniors découpent les âges comme suit :

- une jeunesse prolongée (mais le terme jeune adulte ou préadulte peut être employé) jusqu'à 25/30 ans ;
- le deuxième âge (de 25/30 ans à 50 ans) est caractérisé par un travail « intensif et sélectif » ;
- la vieillesse : 50/80 ou 90 ans ;
- les plus de 80 ou 90 ans : le quatrième âge.

De manière à peu près similaire en termes d'âge, Le Bigot[2] découpe les générations au sens d'âge de la façon suivante :

- les juniors moins de 25 ans ;
- les majors entre 25 et 49 ans ;
- les seniors de 50 à 75 ans ;
- le quatrième âge au-delà.

Mais ces quatre âges (expressions communément adoptées) se découperaient en sous-groupes d'âge.

- La jeunesse prolongée. La jeunesse se découperait en deux grandes périodes : l'enfance et l'adolescence. Les spécialistes ont essayé de structurer cette période par âge. Selon Le Bigot, l'adolescence peut être découpée en trois périodes :
  – ado-naissance (11/13 ans) ;
  – l'adolescence (15/17 ans) ;
  – l'adu-lescence (18/25 ans).
  Chaque groupe d'âge aurait ses normes et ses valeurs. Pour l'Europe, la jeunesse est considérée commencer à 15 ans et finir à 25. L'âge des seniors est tout aussi finement segmenté.
- La vieillesse prolongée. Selon Gaullier, socialement parlant, la vieillesse va de 50 à 90 ans. Mais en réalité la vieillesse comprend trois âges différents. Les 50/60 ans seraient dans une phase de fin de carrière caractérisée par une grande déstabilisation. Cette étape, la fin de vie professionnelle, se situe avant le départ en retraite et l'obtention d'une pension. Évidemment il semble difficile de parler à cet âge de

---

1. X. Gaullier, C. Thomas, *Modernisation et gestion des âges,* CNRS, 1990.
2. *op. cit.*

vieillesse. C'est pourquoi il distingue différents âges en fonction de la situation de travail :

– les 50/65/70 ans qui sont toujours ancrés sur la valeur travail ;

– de 65/70 à 85 ans : le troisième âge. Il aurait émergé pendant les années soixante en France sous la pression de trois facteurs : le vieillissement démographique, l'amélioration des niveaux de retraite et l'enrichissement du pays, l'émergence de nouvelles valeurs qui définissent le troisième âge ;

– les plus de 85 ans représenteraient le quatrième âge dont l'effectif progressera de 50 % au cours des 15 prochaines années.

D'autres sociologues[1] appellent la période avant la retraite la *maturescence* par référence à l'adolescence. L'utilisation de la notion de vieillissement change, comme les valeurs qui lui sont associées, ce qui modifie la représentation actuelle des préretraités ou des retraités. Ainsi, l'âge n'est plus un facteur d'identité : « À 56 ans, on est trop jeune pour faire partie du troisième âge et trop vieux pour travailler[2]. »

Des mots aux définitions incertaines apparaissent, mais ils sont révélateurs de l'évolution de la réalité : troisième âge, jeune-vieux, senior, *young old* ; quatrième âge, vieux-vieux, *old old*.

Les termes de générations sandwich, générations pivot ou de « nouvel âge » sont révélateurs de la peur de la vieillesse, mais aussi du nouveau contexte économique. Les spécialistes du marketing vont plus loin encore dans leur stratification des âges. Or n'oublions pas que ce découpage en tranches d'âge a pour objectif de créer des groupes de consommation homogènes, dont les attentes et les valeurs sont communes. Leurs critères d'âge sont donc censés refléter une certaine réalité savamment étudiée.

Ainsi, en 2004, Le Bigot[3] conseille aux « marketers » de retenir la segmentation suivante :

• les 11/12 ans : le basculement dans l'adolescence ;
• les 13/14 ans : les ado-naissants confirmés ;

---

1. Voir C. Attias-Donfut, *Sociologie des générations : l'empreinte du temps,* PUF, 1990, et M. Cognalons-Nicolet, *La Maturescence,* P.M. Favre, Lausanne, 1989.
2. Gaullier, *op. cit.*
3. *op. cit.*

- les 15/17 : les adolescents professionnels ;
- les 18/20 ans : en voie d'adultisation ;
- les 21/24 ans : les étudiants ;
- les 21/24 ans : les actifs.

Guérin[1], quant à lui a proposé en 2002 trois figures du senior :

- Les SeTra (Seniors traditionnels) « qui conservent à 55, 70 ou 85 ans peu ou prou le même type de comportement. » (p. 137). Ils sont 12 millions. « Arrivés à la retraite, ils restent très consommateurs d'autant plus qu'ils ont fini de rembourser les emprunts contractés et qu'ils sont souvent propriétaires de leur logement. Plutôt conservateurs, ils donnent la priorité aux valeurs sûres et consomment sans ostentation. La transmission et l'héritage restent des objectifs structurants. »
- Les SeFra (Seniors Fragiles) « constituent la partie la moins médiatisée des seniors car ce sont les plus fragiles et les moins *médiatiquement corrects* ». Ils représentent une consommation plus spécifique à travers une demande pour des biens et services d'accompagnement, de sécurité et à très fort contenu médicalisé. Ils sont et seront fortement générateurs de création de nouveaux emplois. En termes de volume, ils représentent près de 1,5 million de personnes.
- Les BooBos. « Ces jeunes seniors issus du baby-boom sont les gagnants du début du millénaire et s'apprêtent à former le groupe dominant à travers la détention du pouvoir économique et de l'influence culturelle. Cette population est de plus en plus en mesure d'orienter la consommation globale, de faire et défaire les modes et les tendances. En termes de volumes, ils représentent environ 8 millions de personnes et, chaque année, 140 000 foyers supplémentaires viennent les rejoindre. »

Treguer est un précurseur de l'intérêt porté au senior. Il a créé en 1995 la « senior agency ». Il découpe les seniors en 4 groupes :

- les 50-59 ans. Ces « masters » sont les plus jeunes et les plus riches ;
- les 60-74 ans. Ces « libérés » possèdent le plus de temps libre et le plus fort pouvoir d'achat en tant que retraités ;

---

1. S. Guérin, *Le grand retour des Seniors,* Eyrolles, 2002.

- les 75-84 ans : les personnes âgées ;
- les plus de 84 ans : les grands aînés.

Les normes d'âges seront plus ou moins fortes en fonction des sphères professionnelles, individuelles, familiales et organisationnelles. Un exemple permettra d'illustrer ces propos. Il commence à être admis que les femmes n'aient pas d'enfants avant la trentaine. Le terme « être admis » signifie que, face à ce genre de comportement, la société ne remet pas en cause la personne en elle-même et ses capacités à enfanter, mais explique son comportement par l'évolution de la société. Par le passé, au-delà la trentaine, la femme sans enfant et qui plus est, non mariée, devait s'expliquer sur les raisons de ce non-respect des normes. Notre propos n'est pas de critiquer l'une ou l'autre de ces attitudes, mais de montrer que des normes informelles existent encore. Elles sont plus ou moins rigides selon l'importance que l'individu accorde à son appartenance communautaire. Ces communautés d'appartenance reposent sur le genre, les origines, la sexualité, les valeurs, etc. Les normes d'âges se rigidifient dans un grand nombre de communautés. Cette classification par âge des juniors et des seniors montre que l'âge n'est plus une norme unitaire, et qu'il faut l'associer à un autre critère pour qu'il prenne du sens : sexe, travail, revenu, CSP...

La forte flexibilité des âges

Cette évolution vers la flexibilité se caractérise par une désynchronisation des âges de la vie au travail, en famille, en loisirs, mais également des âges biologiques.

Les signes de cette flexibilité sont nombreux. Chaque dimension de l'existence définit des âges différents. Ainsi, la République a défini l'âge adulte à 18 ans, la famille le définit généralement par l'indépendance financière et le jeune par la fin des études ou l'insertion professionnelle. Idem pour la vieillesse : les pouvoirs publics la lient à l'âge de la retraite ; l'entreprise à la cinquantaine ; la famille à l'état de grands-parents ou de dépendance. Impossible de porter un seul regard sur l'âge. L'âge des artères ment aussi. Un travail usant peut mener à une vieillesse biologique précoce bien que l'esprit reste jeune. À 80 ans, il devient de moins en moins rare que les individus continuent à faire du sport.

Les âges biologiques, sociaux, psychologiques ainsi que ceux du travail, de la famille, des loisirs, de la formation, qui auparavant étaient structurés, divergent. Dans chacune de ces sphères, les âges s'autonomisent et leurs trajectoires également. La désynchronisation des âges au travail, des âges de la vie familiale, des âges biologiques ne correspond plus au parcours ternaire des rythmes de la vie industrielle. Ainsi, les crises aux âges ronds (20, 30, 40... ans) n'ont plus de réalité. Ces crises de transition arrivent à toute sorte d'étape de vie, puisqu'elles concernent tous les domaines de la vie. Les contrats de travail, les formations, les mariages ne prennent plus fin à la même période et peuvent donc engendrer des crises successives. La vie ne serait-elle qu'une succession de phases de transition ?

Les évolutions de situation, dans toutes les sphères de la vie (organisationnelle, familiale, sociale) deviennent imprévisibles. Par exemple : « L'âge adulte n'est plus considéré comme le moment central d'une vie, le moment pivot qui donne leur sens à la période qui précède et celle qui suit : la période de la maturité après celle de la croissance et avant celle du déclin. L'âge adulte est au contraire lui-même marqué par des formes d'instabilité qui lui retirent sa qualité de référence centrale, de moment organisateur de l'ensemble de la vie[1]. »

La notion d'*âges flexibles* ne permet plus de cerner la réalité. Il faudrait la replacer par celle d'*expériences vécues*. Ainsi une femme active de 30 ans venant d'avoir un enfant sera beaucoup plus proche en termes de comportement d'une femme de 45 ans qui vient d'avoir un enfant que d'une femme de 30 ans active mais sans enfant.

Nous orienterons-nous vers une société sans âge ? En ressources humaines par exemple, la mise en avant du concept d'employabilité cherche à gommer les normes d'âge.

Une société sans âge n'existe pas. L'âge, les genres, les classes sociales (ou *de culture*) sont parties intégrantes de chaque société. En revanche, redéfinir les âges de la vie, en ce début de troisième millénaire, paraît indispensable.

---

1. S. Boutinet, *L'immaturité dans la vie adulte,* Puf, 1998.

2. Définir les juniors et les seniors

L'âge n'a de signification qu'à travers le dynamisme du vieillissement et les transformations de la société. La clef de l'analyse de l'âge passe par l'analyse d'interdépendance et de l'effet conjoint du vieillissement et de la transformation de la société. Parce que le vieillissement est affecté par les changements sociaux, l'effet de génération doit être introduit pour définir l'âge. La difficulté de l'analyse réside dans le fait que les générations influencent la société, comme la société influence les générations. Les âges de la vie sont en perpétuelle transformation sous l'effet conjoint des évolutions sociétales et générationnelles. Caractériser les mutations sociétales nous permettra de définir l'utilisation des termes juniors et seniors dans cet ouvrage.

Remise en cause des modèles des cycles de vie

Avant d'étudier les limites des modèles de développement psychosociaux et leurs nouveaux développements, il paraît nécessaire de rappeler leurs caractéristiques :

- les stades de développement sont unidirectionnels : le développement humain a pour but de passer d'une orientation externe (l'individu s'attache aux jugements des autres) à une orientation interne (l'individu valorise ses références internes). Ainsi, « la personne se détache d'une attitude en conformité avec le groupe pour arriver à pouvoir vivre de façon mature l'interdépendance avec les autres[1] » ;
- les phases sont hiérarchisées : l'individu ne peut passer d'un stade à un autre sans avoir effectué les tâches du stade précédent ;
- les stades sont définis et délimités par des âges ;
- chaque étape est séparée par des crises.

© Éditions d'Organisation

---

1. C. Bujold, M. Gingras, *Choix professionnels et développement de carrière*, Gaëtan Morin éditeur, 2001, p. 172.

Le paradigme du développement de l'adulte remis en cause par la notion d'âge

Selon le modèle du développement psychosocial, l'âge est d'une importance primordiale puisqu'il permet de découper la vie de l'adulte en stades. Or les sociétés occidentales, contrairement à d'autres sociétés organisées en systèmes de classes d'âges rigoureusement codifiées et ritualisées, n'imposent pas de contraintes formelles dans la définition des stades de vie.

Attias-Donfut[1] précise cette première objection émise à l'encontre des théories du cycle de vie : « Les règles qui définissent les conduites correspondant aux périodes de l'existence sont le plus souvent informelles, leur efficacité dépend de leur intériorisation par les différents groupes sociaux. Certes, il y a des périodes où les contraintes sont plus impératives : l'enfance et l'adolescence sont soumises au système scolaire obligatoire, la majorité légale est fixée à 18 ans, le droit à la retraite est subordonné à l'âge, la vieillesse fait l'objet d'une politique sociale spécifique. En dehors des réglementations formelles et des processus d'institutionnalisation, les normes d'âges ont une grande flexibilité. Aussi, les recherches sur les étapes de vie se sont-elles heurtées à la difficulté de saisir leurs objets. » (p. 134-135)

Le glissement des frontières entre les âges est lié à la redéfinition des rapports entre les générations.

Culture et histoire : les théories psychosociales à l'épreuve du contexte

Les modèles de cycle de vie de l'adulte se sont développés dans des sociétés occidentales où les valeurs ont tendance à être supposées universelles. Or ces valeurs et les normes sociales qui en découlent dépendent, selon nous, de l'histoire (moment) et de la culture. Le contexte historique impacte la définition des normes d'âges. Par exemple, des chercheurs[2], ont mis en évidence l'influence de

---

1. *op. cit.*
2. G.H. Elder, J.K. Liker, B.J. Jaworski, « Hardship in lives : Depression influences from the 1930s to old age in post war America », in A.M. Mccluskey, H.W. Reese, *Life span developmental psychology, historical and generational effects,* Orlando, Academic Press, 1984, p. 161-201.

l'histoire sur les enfants de la crise de 1929. Ainsi, ils montrent que ces enfants avaient été touchés psychologiquement par les changements dans l'économie du ménage et notamment par le travail de la mère. Ils ont donc développé d'autres normes et valeurs de vie, qui ont eu des répercussions sur leur développement. Les phases de développement, des femmes notamment, en ont forcément été modifiées. Ainsi les étapes de vie sont aussi modelées par les interactions entre générations et le contexte historique.

Il est difficile de séparer histoire et contexte sociétal, mais notons que celui-ci joue un rôle sur le développement de l'adulte. Trois exemples serviront à illustrer cette remise en cause. Le Moyen Âge a fait naître, par l'apprentissage, la jeunesse. Le monde bourgeois a créé l'enfant, tel qu'on l'envisage aujourd'hui. La société postindustrielle a créé la distinction entre jeunes et vieux.

Enfin, les sociétés occidentales prônent une vision linéaire du temps, sur lequel repose le développement de l'adulte. Même si l'objet de cet ouvrage n'est pas de remettre en cause cette vision, rappelons qu'il existe d'autres cultures pour lesquelles cette perspective de linéarité est irrationnelle. Dans ces cultures, par exemple la culture orientale, les stades de développement de l'adulte ne traduisent aucune réalité.

Sans aller jusqu'à confronter ces modèles aux différences culturelles, confrontons-les aux temps sociaux dans lesquels ils ont émergé. Ces théories se réfèrent à des époques où les rôles relatifs à l'âge étaient clairs. En effet, les temps sociaux, qui sont fondateurs de ces normes d'âge, étaient parfaitement structurés et définis par la société. Il y a encore quelques années, le travail, valeur centrale de la société, structurait tous les temps de la vie, et donc les rôles et les identités. Un individu avait un emploi, une carrière, une entreprise, un mariage pour la vie. Aujourd'hui, comme nous le verrons dans la partie suivante, les normes – et donc les tâches de développement – sont remises en cause. À titre d'exemple, citons une des tâches concernant la première phase de la vie adulte : choisir un partenaire de vie. Cette tâche est-elle acceptée et intégrée, comme norme, par tous les individus composant la nouvelle génération ?

Enfin, l'universalité du modèle est aussi contredite depuis peu par la prise en compte de la différence homme/femme. La différence entre les genres est l'un des principaux facteurs explicatifs de la diversité des modèles du cycle de vie[1]. Par exemple, les femmes sont beaucoup plus marquées vers 50 ans par le syndrome du nid vide tandis que les hommes au même âge sont plus touchés par le stress lié à leur carrière. La cinquantaine peut être une période de stabilité pour les hommes, alors que, pour les femmes, elle peut être celle du renouvellement ou de la poursuite de la recherche de l'accomplissement dans un monde en dehors de la maison.

Ces différences hommes/femmes ne doivent pas cacher les différences interindividuelles, qui ne sont pas mises en exergue dans les modèles de développement psychosociaux. La réalité du développement ne peut être cernée sans prendre en compte les valeurs et croyances individuelles. En effet, même si les individus sont généralement confrontés aux mêmes événements aux mêmes âges, leur façon d'y faire face et de les surmonter dépendra de leur personnalité et, aussi, naturellement, du contexte dans lequel l'événement se déroule. À notre connaissance, il n'existe pas de travaux issus des recherches sur le développement de l'adulte qui portent sur le développement des valeurs à chaque stade de vie.

Ainsi, Bujold et al.[2] citent un exemple qui remet en cause les phases de développement au regard de la situation dans laquelle la personne se trouve : « La quarantaine peut s'avérer pour une personne qui est parent d'adolescent, qui vient de divorcer, qui va bientôt prendre sa retraite, une expérience très différente de celle d'un adulte du même âge qui ne fait pas face à ces situations. Dans la même ligne de pensée, les problèmes de retraite ne se ressemblent pas quel que soit l'âge auquel l'individu y accède. » (p. 183) Il nous semble qu'il faille ajouter que le développement de la personne sera modifié, par exemple, selon la valeur qu'elle accorde

---

1. M.-F. Lowenthal, « Psychological variations across the adult life course : frontiers fort research and policy », *The Gerontologist*, vol. 15 (1), 1975 ; B.-L. Neugarten, and G.-O. Hagestad, « Age and adult course », in R.H. Binstock, E. Shanas, *Handbook of aging and the social sciences*, Van Nostrand Rinhold, New York, 1977.
2. *op. cit.*

au divorce. Le développement des valeurs individuelles pourrait remettre en cause le caractère unidirectionnel du développement de l'adulte. Comme le développement de la personnalité chez l'enfant, le développement de l'adulte pourrait être réversible et chaotique.

Le paradigme du développement de l'adulte remis en cause par l'effet de génération

La notion de cycle de vie ne laisse pas de place à la notion de génération. Examinons comment ces théories, qui s'appuient pourtant déjà sur deux sciences très différentes, la psychologie et la sociologie, ont négligé le phénomène générationnel. La génération peut se définir de trois façons selon Attias-Donfut[1]: « Ensemble des êtres à chacun des degrés de filiation ; espace de temps correspondant à l'intervalle qui sépare chacun des degrés d'une filiation (évalué à trente ans environ) ; ensemble des individus ayant à peu près le même âge. »

Un glissement s'opère souvent entre la notion de génération et la notion d'âge. L'effet de génération sur le développement de l'adulte peut être défini comme suit : chaque génération a un parcours de vie différent. Par conséquent, toujours selon Attias-Donfut : « Les processus de vieillissement observés au cours d'une période donnée ne sont pas généralisables à d'autres temps et à d'autres générations. » Chaque génération possède ses normes d'âges et ses normes sociales.

Ainsi, non seulement les étapes de vie se définiraient différemment selon chaque génération, mais en plus les rapports entre générations influenceraient les étapes de vie. Les phases de transition ou crises seraient soulevées par des questions de rapports intergénérationnels. Le départ des enfants ou le départ à la retraite, par exemple, remettent en cause la place et le rapport des générations dans la durée, mais aussi les étapes de vie traversées par chaque individu.

Attias-Donfut propose un modèle d'analyse à trois temps : âge, génération et moment : « Il n'existe pas d'effet d'âge "pur" observable, ce que l'on observe est déjà le résultat d'une interaction complexe de l'âge et de la cohorte et des conditions sociales du

_____
1. *op. cit.*

moment, c'est-à-dire de celles qui vont conditionner l'orientation vers l'avenir. » (p. 155)

Isoler ces trois effets, comme le font les psychosociologues, reviendrait à ôter du présent tout passé et tout avenir. La sociologue explique : « On pourrait dire que le vieillissement, qui est la continuité de l'existence dans le temps, se construit à mesure du temps, à travers la transformation réciproque de la détermination antérieure (que représente sa génération) et la détermination extérieure (que représente le moment), il en résulte une assimilation de ces diverses composantes qui les réagencent dans un parcours original ayant son autodétermination. » (p. 156)

Le moment peut être assimilé au contexte. Les théories du développement de l'adulte sont aussi remises en cause par le contexte.

Vers un modèle du développement de l'adulte contingent

En revanche, si l'âge, la génération, et le moment (temps, histoire et culture) sont pris en compte, les théories du développement de l'adulte reprennent tous leur sens. Si l'âge n'est plus utilisé comme unité de référence, pour séparer les différentes phases de développement et si le contexte social, historique et générationnel est pris en considération, alors les modèles de développement de l'adulte restent pertinents. La santé, les ressources financières, les statuts professionnel et matrimonial deviennent certainement plus importants que l'âge dans le passage d'un stade de développement à un autre.

Seuls les modèles des stades de développement psychosocial mettent l'accent sur l'autonomie psychologique, l'indépendance et la maîtrise du développement individuel, sans ignorer les dimensions relationnelles et contextuelles.

Nous croyons à la force prédictive du développement de l'adulte parce que l'individu est considéré comme engagé dans un processus de croissance. À travers un projet de vie, il s'autoréalise et recherche le sens de sa vie.

Ensuite, ces modèles gardent toute leur force, au-delà des critères, d'âge, de génération et d'histoire car ils intègrent des perspectives psychologiques, sociologiques et interactionnistes. En faisant appel à divers courants des sciences sociales, la réalité ne peut être que mieux cernée.

Le junior et le senior ne sont pas des réalités universelles. C'est la société qui a créé ces classes d'âges ou ces générations pour essayer d'instituer des repères d'âge alors que ceux-ci disparaissent. Notre société est de plus en plus complexe, ses balises structurantes de plus en plus rigides. Redéfinir la jeunesse et la vieillesse, avec une approche psychosociale, passe par une plus grande prise en compte du temps dans le développement de l'adulte. Ainsi, la vie des juniors et seniors doit être analysée selon trois dimensions :

- le temps de la vie, c'est-à-dire l'âge chronologique ;
- le temps historique, qui correspond à la période dans laquelle s'inscrit l'histoire des juniors et seniors ;
- le temps social, qui comprend les codes et les normes liés à l'âge et qui sont développés par la société.

Juniors et seniors d'aujourd'hui

Pour essayer de définir et caractériser les juniors et les seniors, nous essaierons de décrire leur génération, au sens d'âge, de cohorte, et des conditions sociales du moment.

La génération des juniors

↶ En termes d'âge, voici quelques exemples :

- l'INSEE définit la jeunesse entre 16 et 25 ans ;
- les rapports du plan situent la jeunesse entre 12 et 30 ans ;
- les démographes l'établissent entre 15 et 30 ans ;
- et selon vous ?

Sous l'angle psychosocial, la fin de la jeunesse peut se déterminer par quatre seuils : la fin des études, l'entrée dans la vie active, le départ de chez les parents et la création d'une nouvelle famille.

↶ En termes de génération, l'on trouve plusieurs conceptions :

- Préel[1] caractérise les jeunes selon deux générations. Les jeunes nés entre 1965 et 1974 sont nommés *génération Gorby* et ceux qui sont nés entre 1975 et 1983 sont appelés *génération Internet* ;

---

1. B. Préel, *Le choc des générations,* Éditions La Découverte, 2000.

- Excousseau[1] qualifie de *génération mosaïque* les individus nés après 1977 ;
- aux États-Unis, les sociologues évoquent la *génération X*, qui s'étendrait de 1966 à 1979 et la *génération Y*, de 1980 à 1994.

☟ En termes de moment, ces générations, dont nous daterons la naissance en 1975, ont donc vécu plusieurs événements historiques :

- l'effondrement du mur de Berlin (1989) ;
- la guerre du Golfe (1991) ;
- les années « fric » et l'entreprise érigée en institution, puis la crise, le krach boursier de 1987 et un chômage élevé ;
- cette génération fait son éducation au cours des années SIDA et de la maladie de la vache folle.

La période de leur enfance et de leur adolescence s'est déroulée dans un monde en pleine évolution, aux valeurs mutantes. Ils ont été confrontés de plus en plus souvent à la précarité par l'intermédiaire de celle de leurs parents ou par celle qu'ils ont vécue lors de leur entrée sur le marché du travail (notamment pour la génération Gorby[2]). Ces juniors sont entrés sur le marché du travail plus tard que leurs parents. Ils se sont mariés en moyenne cinq ans plus tard que leurs aînés. Ils doivent se prémunir contre le chômage, le sida, les ratages amoureux, etc. C'est la première génération qui est née dans une si grande incertitude.

La génération Internet, qui commence à naître à partir de 1975, quant à elle, pratique quotidiennement l'Internet. La manière dont elle utilise ces outils, ressemble à la manière dont elle conduit sa vie : communication rapide, *zapping*, navigation à vue. Les frontières entre le réel et la réalité s'estompent. Le réel est Internet. Une nouvelle forme d'appréhension du réel est donc en marche.

Durant cette trentaine d'années, les valeurs se sont modifiées et peuvent être caractérisées par :

- une montée de l'individualisme ;

---

1. *op. cit.*
2. Le terme Gorby fait référence à Gorbatchev, dirigeant de l'URSS entre 1985 et 1991. Il est une figure charismatique et emblématique pour cette génération, née entre 1965 et 1974, et qui entre dans le monde adulte au même moment.

- l'émergence d'un réseau mondial (Internet) : on peut toujours dialoguer avec quelqu'un ;
- l'avènement de l'incertitude, comme composante intrinsèque de la vie ;
- l'avènement de la précarité ;
- une adolescence qui se prolonge : l'adolescence dure 15 ans contre deux ou trois ans autrefois ;
- la notion d'adulte perd de son sens. La société ne connaît plus sa définition, le statut d'adulte est en crise.

Cette génération mosaïque porte la culture Internet. Ses supports et moyens d'expressions sont révolutionnaires, c'est le multimédia. Son esprit est donc structuré de façon différente par rapport à la génération précédente. La culture passe de l'écrit au multimédia.

La préoccupation des juniors d'aujourd'hui, selon Excousseau[1], est double : « Pourquoi tant d'intolérance et de fanatisme ? Comment se protéger face à la multiplication des risques ? »

⌒ Les tâches développementales des juniors :

Quelles que soient leur année de naissance et leur génération d'appartenance, ces jeunes ont une caractéristique commune : ils doivent vivre leur adolescence pour devenir adulte. L'adolescence commencerait à l'apparition des changements physiques, qui débute de plus en plus jeune, et finirait par :

- l'entrée dans la vie active, qui est de plus en plus tardive. L'âge moyen d'entrée sur le marché du travail est de 22 ans et 6 mois ;
- l'achèvement des études : 21 ans et 6 ans en moyenne pour les filles et les garçons (ou pour les femmes et les hommes !) ;
- l'abandon du domicile parental : il est effectif à 22 ans et 11 mois, en moyenne ;
- le mariage : les jeunes (ou adultes !) se marient en moyenne à 28 ans et 7 mois ;
- la naissance du premier enfant, qui arrive à 30 ans et 4 mois[2].

La différence chronologique de ces événements révèle, à nouveau, le manque de repère du passage à l'âge adulte et la désynchronisation

---

1. *op. cit.*
2. Les chiffres proviennent de Le Bigot, 2004.

des âges dans les différentes sphères de la vie. Ce développement pour accéder à l'« adultité » passerait par plusieurs phases, comprenant différentes tâches développementales. Par souci de simplification nous ne reprendrons que celles évoquées par Le Bigot (2004) sachant qu'il couvre très largement la jeunesse. Il la fait commencer à 11 ans et finir à 25 ans. Nous ne nous intéresserons qu'à la dernière période, celle de l'adu-lescence qui se développerait autour de quatre thèmes.

- « Biophysiologique : finalisation de l'ossification du squelette ;
- cognitif : régularisation des fonctions physiologiques, ralentissement neurologique ;
- affectif : sexualité indépendante, recherche de la stabilité affective ;
- social : réalisation de projets personnels, passage de la bande au réseau, majorité légale, projets sociaux (le couple), expériences professionnelles. » (p. 44)

À cette période, il cherchera à s'identifier à un mentor, à se créer un rôle social, et à se créer des relations. Il faut qu'il se libère de la tutelle parentale, qu'il intègre son rôle social masculin/féminin et qu'il se prépare à développer un statut professionnel.

Selon Le Bigot le passage à l'âge adulte ne peut se faire que si trois conditions sont réunies : estime de soi, confiance en demain, confiance dans les autres.

La caractérisation des juniors est donc délicate. Cet essai de décryptage peut ressembler à un inventaire à la Prévert. Il semble que cette apparence soit la caractéristique profonde des juniors : une génération patchwork, mosaïque. Dans la suite de cet ouvrage, le junior renverra à un large éventail d'âge et de génération. Avec un regard organisationnel, le junior sera celui qui essaye d'entrer sur le marché du travail soit définitivement, soit en complément de ses études, soit enfin, celui qui est entré sur le marché du travail et qui n'est pas encore considéré comme complètement inséré. Ces critères, forcément réducteurs, ont l'avantage de la simplicité.

La génération des seniors.
Comme le junior, le senior d'aujourd'hui n'a rien à voir avec celui d'hier.

☞ En termes d'âge, les seniors seraient ceux qui arrivent à la fin de l'âge adulte et qui ne sont pas encore dans la vieillesse. Cette définition est floue car elle nous renvoie à la définition de vieillesse, et à celle de l'âge adulte. Les seniors, d'un point de vue organisationnel, seraient ceux qui ont passé la cinquantaine et qui sont encore en entreprise ou cherchent à y entrer.

L'INSEE, dans ces études, évoque la classe d'âge des 50 à 64 ans. En les abordant sous l'angle du travail, les seniors pourraient être définis par leur entrée dans la deuxième moitié de leur carrière. Ils auraient entre 45 et 65 ans. Cependant, certains ne s'arrêtent pas de travailler à 65 ans. La caractérisation par âge est décidément réductrice. Tout en prenant en compte ce caractère réducteur, considérons que les seniors ont entre 45 et 70 ans.

☞ Essayer de définir les seniors par leurs générations d'appartenance est tout aussi complexe.

Préel[1] évoque deux générations. La génération née entre 1945 et 1954 est nommée génération des « soixante-huitards » et celle née entre 1955 et 1964, est qualifiée de génération crise. Excousseau[2], quant à lui, identifie la génération naturelle, qui commence en 1942 et s'achève en 1967. Ce sont les quadragénaires et quinquagénaires de l'an 2000. C'est aussi la génération du baby-boom.

☞ Définir les seniors en termes de moment ? Leur enfance s'est déroulée en période de pleine croissance. Ils grandissent au milieu des années de maturité du système socio-économique industriel. Leur adolescence sera marquée par deux phénomènes : ils ont un accès plus large aux études par rapport à celui de leurs parents et remettent en cause l'ordre social. Le droit au bonheur, la libération des mœurs, la libération sexuelle, la libération de la femme, la remise en cause du sens du travail sont autant de valeurs qu'ils revendiquent. C'est aussi la génération de la jeunesse dorée. Les besoins primaires (logement, nourriture, travail) sont satisfaits, ils sont donc en quête de la satisfaction des besoins secondaires : loisirs, consommation, communication. Le disque vinyle et la télévision font leur

© Éditions d'Organisation

---

1. Préel, *op. cit.*
2. *op. cit.*

apparition dans de nombreux foyers. C'est également la génération des utopies et des luttes idéologiques « entre JFK et Che Guevara ». C'est la première fois que la jeunesse remet en cause le monde des adultes. Leurs aînés ne pourront que se plier à la culture de cette génération.

En termes de moment, les seniors peuvent se scinder en deux générations en fonction de leur date d'arrivée sur le marché du travail. La première vague est entrée sur le marché du travail avant les années quatre-vingts. Elle investit le marché du travail dans les années soixante-dix et hérite des fruits de la croissance. Elle jouit d'une incroyable liberté dans le choix de ses emplois. La deuxième vague entre dans un marché du travail en pleine récession. Les années quatre-vingts sont dominées par deux caractéristiques : les années *fric et frime* et la *stagflation*. Les individus de la première vague qui sont entrés sur un marché du travail pas encore déclinant vivront leur maturité dans un contexte de révolution économique et sociale. Les destins de jeunes adultes (deuxième vague) et d'adultes (première vague) prendront forme dans des contextes révolutionnaires. Ils peuvent être caractérisés par :

- la mondialisation culturelle, économique, organisationnelle ;
- l'explosion des sources d'information ;
- le renversement des fondamentaux économiques : les anciens piliers de la croissance s'effondrent et sont remplacés par un enchevêtrement de variables de croissance, qui mêlent à la fois le transnational, la société civile, le technologique, etc. ;
- la disparition de l'État nation ;
- l'avènement de la *net economy* et de l'ordinateur personnel ;
- l'avènement du *je* et de l'épanouissement individuel comme valeurs centrales.

La première vague est entrée dans la vieillesse (50 ans) en ayant pour la première fois de l'Histoire (dans une telle proportion) des parents encore en vie. On parle de génération pivot : la cinquantaine devient l'âge central de la structure familiale. Ces hommes et ces femmes soutiennent leurs enfants et leurs parents et leur redistribuent une partie de leurs revenus.

La première vague a souvent profité des préretraites dorées, la deuxième devra partir en retraite en moyenne 3 ans plus tard que la première vague.

☞ Peut-on décrire les seniors en termes de développement ? Au regard du chapitre précédent, les phases de développement du senior peuvent être listées en prenant en compte le nouveau contexte économique et culturel.

Rappelons que la force motrice d'un individu devient interne au milieu de son développement et ce jusqu'à la fin de ce dernier. À partir de la mi-vie, l'objectif de développement de l'individu est l'intégrité. Le développement de la personne en milieu ou fin de vie concernerait des thèmes majeurs :

- l'individu doit faire face à une grande modification : son déclin biologique. Ce déclin biologique provoque plusieurs évolutions chez l'individu ;
- il doit s'adapter au milieu et réajuster sa façon de se comporter pour compenser ses pertes ;
- le questionnement sur la mort et la signification de sa vie deviennent très présents.

Si l'individu ne refoule pas ces questions, il réadaptera sa structure de vie par l'intermédiaire d'une redéfinition des finalités de sa vie. Cette réflexion l'amènera à redéfinir les rapports de son soi au milieu, ce qui provoquera :

- une adaptation de ses relations familiales : il devient le centre d'une famille à quatre générations ;
- une réorganisation de relations sociales en accord avec son âge ;
- une redéfinition de son rapport au travail et une préparation à la retraite.

Toutes ces adaptations se font dans le sens d'une plus grande intégrité.

Il semble que si l'individu refoule ces questions, il reste dans l'étape de mi-vie où les nouveaux choix sur ces thèmes sont encore dominés par des pressions extérieures. C'est-à-dire que les moyens de réponse face aux choix ne sont pas remis en question. La question du sens de la vie reçoit les mêmes réponses que par le passé.

© Éditions d'Organisation

Le passage de l'étape d'adulte à l'étape de « maturescence » s'explique par une évolution de la réflexion sur les finalités de la vie, provoquée par certains événements. Le déclin biologique, mais également le décès d'un parent ou d'un proche ou un changement de travail peut déclencher cette transition. Le senior se questionne à propos de son travail, de son rapport entre lui et le milieu, de sa finalité et du sens de cette finalité.

Ainsi, à un âge donné, peuvent correspondre des signes de jeunesse, des signes de vie adulte et des signes de vieillesse. Les temps de la vie deviennent plus longs et plus flous. C'est ce que nous appelons la *complexité des âges*. Il y aurait donc beaucoup plus de points communs entre un junior et un senior que le discours social le laisse entendre.

Dans cet ouvrage, l'âge ne sera envisagé que comme le reflet de l'individu dans sa dimension biologique, sociale et psychologique. Il faudrait pour respecter ce principe lui accoler un qualifiant : âge social, âge psychologue, âge des artères. Notre vocabulaire ne s'est pas encore adapté à l'éclatement des normes d'âges. Mais éclatement ne signifie pas disparition. Les normes sociales sur l'âge existent encore. Elles ne sont plus aussi précises en raison de la mouvance des temps sociaux et leurs effets principaux sont donc difficilement saisissables. Le jeune individu a du mal à se projeter et à trouver un référent pour chaque sphère de la vie, économique, sociale et familiale. L'incertitude pour les seniors est la même. C'est la première génération à vivre un tel revirement des valeurs associées à la retraite. Les comportements et les attitudes à l'égard du travail et de la retraite, qu'ils s'étaient appropriés en voyant leurs aînés, sont inadaptés et donc à réinventer.

La crise de normativité des âges est déclarée. Ce manque de repère engendre de l'incertitude et un manque de capacité d'anticipation. Et ce, pour toutes les sphères de la vie, et notamment celles du travail.

Partie II

DE L'EXCLUSION DES ÂGES EXTRÊMES PAR L'ENTREPRISE À LEUR RÉINTÉGRATION

CHAPITRE IV

LES ÂGES DE LA VIE AU TRAVAIL

Depuis une trentaine d'années, l'entreprise a mis en place des politiques d'éviction des salariés vieillissants. Sur quelles justifications reposaient ces sorties précoces ? Le discours, le plus largement répandu et accepté, insistait sur la nécessité d'une solidarité intergénérationnelle. Plus concrètement, au sein de l'organisation, cette justification se juxtaposait à d'autres, dont la rationalité était encore plus économique : restructurations, rationalisations, productivité... Notre intention n'est pas de remettre en cause ces justifications ou de revenir sur ce que certains osent – *a posteriori* et hors contexte – qualifier d'erreur. Notre objectif est triple :

*   comprendre quels impacts ces évictions ont pu avoir sur les salariés jeunes et âgés ;
*   analyser l'image qui a été créée par le discours des entreprises sur les juniors et les seniors ;
*   disséquer la manière dont les politiques de ressources humaines ont été, et sont toujours, conditionnées par ces représentations de la jeunesse et de la vieillesse au travail. Cela nous permettra d'examiner l'image et les attentes des juniors et seniors au travail.

Pour comprendre cette image organisationnelle, il nous semble important de remonter aux trente glorieuses et d'analyser comment l'entreprise a modelé notre parcours de vie.

113

1. Structuration des âges de la vie par l'entreprise taylorienne

L'entreprise, en tant qu'institution, diffuse des valeurs. Formellement ou informellement, ces valeurs impactent les représentations de ses membres et plus largement de la société tout entière. Pour comprendre le regard que l'organisation a porté sur les salariés jeunes et âgés par l'intermédiaire de sa gestion du personnel, il faut revenir sur la façon dont elle a façonné la vie des citoyens pendant les trente glorieuses.

L'entreprise taylorienne ou le culte de la performance

Au fil des trente glorieuses, l'entreprise a pris une place de plus en plus importante. La société est passée d'une conception prolétarienne à une conception salariale. Les normes de production économique se sont diffusées dans l'espace sociétal. Le nouveau modèle productif de la société industrielle a créé une société des âges ternaires.

La place de l'entreprise dans la société

L'entreprise est devenue une institution[1]. Si cette affirmation peut être discutée, nous la considérons comme notre hypothèse principale dans notre propos sur le lien entre norme d'âge et organisation. Cette hypothèse est forte et les propos qui vont suivre découlent et dépendent entièrement de cette affirmation. Aussi pour les contredire, il suffit d'infirmer l'hypothèse de départ. Notre paradigme de référence étant exposé, expliquons pourquoi et comment cette institution, l'organisation, a diffusé des normes d'âges en revenant d'abord sur sa place dans la société.

Dès son origine, l'entreprise fut un système ouvert. Prenant ses acteurs dans l'environnement, elle modélise ses ressources et les redonne à son environnement. Les individus entrent dans l'entreprise avec leurs valeurs, les confrontent et les modifient dans l'organisation. Lorsqu'ils sont à l'extérieur de l'organisation, ils

---

1. R. Sainsaulieu, *L'entreprise une affaire de société,* Presses de Sciences Po, 1990.

diffusent ces valeurs. Ces valeurs sont transformées grâce à un mode d'assimilation individuelle et donc unique. Il existe, de ce fait, une interaction très forte entre entreprise et société, dont l'individu est le lien, le liant et l'acteur.

Définir l'organisation comme un système ouvert présuppose qu'elle est composée d'un ensemble d'éléments à considérer dans leur relation à l'intérieur d'un tout, fonctionnant de manière unitaire. C'est donc envisager l'entreprise comme plus autonome que dépendante. Si cette assertion peut être discutée, ce n'est que sur le degré d'autonomie et de dépendance de l'entreprise par rapport à son environnement. En considérant que son autonomie est plus forte que sa dépendance, l'impact de cette autonomie sur notre société est immense. L'entreprise choisit ses objectifs et ses règles de fonctionnement, dans l'espace, certes, d'un contexte institutionnel cadré, mais qui n'est ni fixe ni rigide. L'entreprise, par son autonomie stratégique, fait donc évoluer la nature et le fonctionnement de notre société.

Une des valeurs dominantes : la performance économique

Nous ne pensons pas nous avancer beaucoup en affirmant que l'objectif premier de l'entreprise est le profit. Elle envisage donc le monde sous l'angle d'un rapport, celui de la contribution sur la rétribution. Certes, ce n'est pas l'entreprise qui a inventé cette vision mais elle l'a portée à son paroxysme. Ainsi en est-il du culte de la performance qui sous-tend la finalité de l'entreprise (la rétribution). À la recherche de la performance, l'organisation tente de mobiliser au maximum l'engagement collectif et individuel, source de performance. À cette fin, elle érige, jusque dans l'imaginaire collectif, le travail en valeur, et les loisirs économiques en normes. Elle propose un type idéal d'homme au travail et de consommateur.

Analysons comment l'organisation structure nos valeurs et notre perception du monde. D'abord, « l'entreprise offre une culture, c'est-à-dire une structure de valeurs et de normes, une manière de penser, un mode d'appréhension du monde qui oriente la conduite des divers acteurs existant dans l'entreprise[1] ».

© Éditions d'Organisation

---

1. Enriquez (dans Sainsaulieu, 1992).

Le mode d'appréhension du monde est celui de la performance. Les salariés structurent donc leur représentation du monde selon cette performance, érigée en valeur plus ou moins explicitée et plus ou moins acceptée selon le vécu de chacun. Quel que soit le degré d'intériorisation de cette valeur, ils agiront de manière à s'adapter aux normes dominantes de l'entreprise. Rappelons que l'entreprise n'est pas un objet non identifié, elle est composée d'hommes, qui créent ces règles et les font évoluer.

Ensuite, « l'entreprise met au point une manière de vivre dans l'organisation, une armature structurelle, qui se cristallise en une certaine culture envisagée en des attributions de places, en des attentes de rôles, en des conduites plus ou moins stabilisées, en des habitudes de pensées et d'actions devant faciliter l'édification d'une œuvre collective[1] ». Cette manière de vivre est guidée par un objectif de résultats. Ainsi, la hiérarchisation des emplois se fera en fonction de ce que chacun apporte à l'entreprise. Les réflexes de pensée organisationnelle se retrouvent dans la sphère privée : *être efficace, gérer son temps, ne pas perdre son temps, maximiser ses efforts, avoir une vie productive*. Autant de phrases devenues quotidiennes qui reflètent notre intégration des valeurs économiques.

Enfin, « elles développent un processus de formation et de socialisation des différents acteurs afin que chacun d'eux puisse se définir par rapport à l'idéal proposé » (p. 211). L'homme dans l'entreprise met tout en œuvre pour modéliser les bons comportements. C'est-à-dire des comportements performants. Comme nous le verrons dans la section suivante, la gestion des ressources humaines est destinée à servir ce but. De la communication institutionnelle au discours des managers, en passant par la communication interne, les mots utilisés n'ont qu'un objectif : la performance. Le parcours du salarié dans l'entreprise est défini en fonction de sa valeur, c'est-à-dire sa performance. Finalement, le terme envahit les autres sphères de la vie quotidienne. Comme l'écrit Peretti, dans son ouvrage *Ressources humaines*[2], pendant les trente glorieuses, « ce

---

1. E. Enriquez, « L'entreprise comme lien social, un colosse au pied d'argile », dans *L'entreprise une affaire de société*, sous la direction de Renaud Sainsaulieu, Presses de la fondation nationale des sciences politiques, 1992, p. 211.
2. J.-M. Peretti, *Ressources humaines*, Vuibert, 2003, 8e édition.

sont les techniciens qui ont le pouvoir dans la première partie de la période (1945 à 1960) ». La performance résulte de l'application systématique des principes d'organisation du travail, de simplification du travail, de simplification des produits. La performance étant, à cette époque, le fruit de la technique, ce sont les techniciens qui sont valorisés.

« Dans la seconde partie, les commerciaux ont une influence accrue » (Peretti, 1998). Cette période est caractérisée par le cercle vertueux de la consommation de masse, de la production de masse. La performance de l'entreprise repose sur la vente, les commerciaux sont donc mis en valeur.

Cette digression, qui se veut descriptive, semblait nécessaire pour comprendre comment cette nouvelle valeur de la performance a impacté la valeur de l'âge.

Un modèle productif qui structure les âges de la vie

Dans cette optique, la vie de l'individu devient ternaire et se décline en fonction du travail, la période avant le travail (la jeunesse), la période de vie au travail (la maturité) et la période hors travail (la vieillesse). Seule la période de la vie au travail est considérée comme productive. La période de vie active devient centrale. Période de vie active... Ces termes semblent indiquer que les périodes de formation et de vieillesse n'étaient pas des périodes d'activité « vive et laborieuse[1] ». Mais aujourd'hui le mot actif se définit autrement : vif, laborieux, diligent, effectuant une action, jouant un rôle, agissant, ayant un travail, un emploi (*Le Littré*, 2004). L'entreprise influence même la définition des mots. On en oublierait presque que l'homme a le pouvoir d'agir (d'être actif) à tous les âges, dans toutes les sphères et pas uniquement organisationnelles. Les deux autres âges ne se définissent que par rapport à la période centrale : on se prépare par la formation à être actif, puis on récolte les fruits de son travail dans l'oisiveté.

À l'intérieur de la période d'activité, les âges sont structurés autour de l'expérience. Car, grâce à l'absence de mutation technologique continue, de réorganisation persistante de la structure de production ou de remise en cause permanente de la façon de travailler, l'expérience –

© Éditions d'Organisation

1. Définition du *Petit Larousse*, 1966.

pendant les trente glorieuses – est synonyme de performance. Pourtant, n'idéalisons pas ces années-là. En effet, pendant cette période de croissance, si le vieillissement est synonyme de handicap, c'est-à-dire de contre-performance (organisationnelle !), il ne peut qu'exclure du travail. D'ailleurs, les termes *vieillesse* et *retraite* sont employés comme synonymes.

Durant sa période de vie au travail, l'individu bâtit et façonne ses comportements d'adulte en fonction de la performance en combattant ce qu'il considère comme un déclin : la vieillesse. S'il n'est pas question de juger ce mécanisme, il faut noter que la mobilisation des salariés par la performance a son corollaire, l'exclusion. Or la société taylorienne s'est construite sur un appareil de production qui s'appuyait sur les capacités physiques des salariés. La vieillesse est donc synonyme de déclin des performances, de moindre valeur ajoutée et donc d'exclusion. Pour confirmer ce raisonnement qui peut paraître simpliste quand le vieillissement est vécu comme un pilier de la performance grâce à l'expérience dans certaines professions, alors le vieillissement devient source de pouvoir. Ces deux images antinomiques de la vieillesse, qui coexistent souvent dans la même entreprise entre l'ouvrier – âgé et usé – et le cadre supérieur – âgé et fringant – proviennent du même processus : la performance dicte ses normes d'âges. De ce dogme découle une idéologie sur l'âge, qui n'est pas explicite mais qui est dominante.

Reconnaissons avant d'analyser la manière dont, concrètement, l'entreprise a géré les deux variables vieillissement et travail pendant les trente glorieuses, que la lecture de la place et du rôle de l'entreprise n'est pas si simple. L'élaboration de ces normes n'aurait pu se faire sans la participation et l'adhésion d'autres acteurs tout aussi partie prenante de la vie de la société : l'État, les citoyens, les salariés et les syndicats. La fonction personnelle a également joué son rôle en découpant la période de vie au travail en quatre temps.

Une gestion du personnel qui diffuse des normes d'âges

Un modèle salarial émerge durant les trente glorieuses. L'objectif n'est pas de le définir, mais d'en discerner certains éléments qui ont modélisé les âges au travail : la gestion des carrières, la rémunération à l'ancienneté et la gestion des savoirs.

Le modèle classique de gestion des carrières

Les écrits des chercheurs en gestion des ressources humaines de l'époque des trente glorieuses reflètent parfaitement le déroulement des parcours dans l'entreprise. Aussi est-il indispensable de revenir sur la notion de carrière, concept propre à cette époque, pour ensuite appréhender la façon dont elle a modélisé les étapes de la vie au travail.

Chanlat rappelle que « l'idée de gestion des carrières suppose une stabilité de l'emploi, une bonne rémunération, un avenir professionnel relativement tracé et prévisible, une formation adéquate et une éthique de travail[1] ». Les conditions économiques étaient toutes réunies pour que la carrière prenne tout son sens et devienne structurante pour le plus grand nombre.

À partir de la Seconde Guerre mondiale et jusqu'à la fin des trente glorieuses, on peut opposer deux périodes d'emploi et de démographie. La première période, de 1945 à 1962 est une période de suremploi. La croissance de la population est due à l'immigration. La deuxième période connaît une augmentation de la population en âge de travailler. L'augmentation de l'activité féminine compense la baisse des taux d'activité aux âges extrêmes. La priorité est donc donnée à la fidélisation des salariés par l'intermédiaire d'un contrat implicite de carrière, passé entre l'entreprise et le salarié. Face à la croissance de l'emploi, l'âge n'est pas un facteur d'exclusion, bien au contraire. Il suffit simplement de structurer les âges en temps de vie au travail, reliés à la performance.

Arrêtons-nous sur une des définitions de la carrière, datant de cette époque, et formalisée un peu plus tardivement. Hall (1976) distingue quatre significations au terme de carrière :

- la carrière comme avancement suivant un processus séquentiel de promotions en direction du sommet de la hiérarchie ;
- la carrière comme profession dans le cas des métiers pour lesquels il existe un modèle clair d'avancement ;

---

1. J.F. Chanlat (1992), Peut-on encore « faire carrière » ?, *Gestion,* septembre.

119

- la carrière comme succession d'emplois occupés par une personne ;
- la carrière comme séquence d'expériences pertinentes, de rôles tenus par l'individu.

La carrière sert donc à modéliser les parcours dans l'entreprise, à proposer des rôles et des normes. Elle est découpée en phases, en fonction de l'âge et des différents besoins générés par le développement personnel. Ce découpage s'appuie sur la théorie des cycles de vie (chapitre II).

TABLEAU 16 – LES ÉTAPES DE CARRIÈRE

Étapes	Besoins liés à la tâche	Besoins socioaffectifs
Début de carrière	• Développer ses compétences. • Développer une spécialité. • Développer l'innovation. • Évoluer.	• Soutien. • Autonomie. • Besoin de compétition.
Milieu de carrière	• Former les autres. • Réactualiser ses connaissances. • Élargir sa vision du travail et de l'entreprise. • Changer de travail et développer de nouvelles compétences.	• Se réajuster et réévaluer ses valeurs face à l'approche du milieu de vie. • Réduire l'engagement dans la compétition. • Faire face à la crise et donc au stress du milieu de carrière.
Fin de carrière	• Passer d'un rôle de pouvoir à un rôle de conseil. • Développer son moi dans d'autres activités.	• Conseiller et faire partager ses expériences de vie afin qu'elles deviennent le tremplin vers d'autres vies. • Accepter son seul et unique cycle de vie.

Source : Hall, 1976.

Si Hall découpe la carrière en trois phases, d'autres la découpent en quatre[1]. Citons juste un autre exemple, qui reprend beaucoup les travaux précédents en approfondissant les besoins psychologiques associés aux quatre phases de carrière communément admises.

---

1. Erikson, 1950 ; Super, 1957 ; Schein, 1971 ; Hall, 1976.

Tableau 17 – Les besoins psychologiques selon les phases de carrière

La phase d'exploration	• Trouver une occupation dans laquelle l'individu peut réussir et se développer. Trouver une adéquation entre ses qualités et les exigences du travail. • L'accent est mis sur l'importance de *l'image professionnelle*.
La phase d'établissement	• Engagement dans un champ organisationnel. • Les efforts se focalisent sur sa propre stabilisation en vue d'établir une place stable. • Se créer des racines dans l'organisation. • Se développer un réseau hors travail. • Utiliser au mieux ses contacts, ses relations pour produire de meilleurs résultats et atteindre un succès financier et personnel.
La phase de maintenance	• Expérimenter des changements physiologiques associés à l'âge. • Se maintenir et maintenir ce à quoi l'on est arrivé. • La menace de la compétition avec les jeunes, celle du plateau, des innovations technologiques et les nouvelles affectations peuvent menacer la position et le statut.
La phase de désengagement	• Besoin de réduire le rythme de travail. • Trouver un substitut à la perte d'identité professionnelle.

Source : Cron, 1984.

Les deux tableaux présentés n'indiquent pas les âges. Ces modèles de développement de carrière ont trouvé leurs sources dans les modèles de développement de l'adulte. Elles sous-entendent donc des âges implicites puisque les normes d'âges sont encore prégnantes.

La phase d'exploration correspond à l'entrée dans l'organisation : 16/24 ans selon les professions. Elle est suivie de la phase d'établissement, entre 25 et 40 ans. La phase de désengagement (55-60/65 ans) précède la phase de maintenance, qui se déroule entre 40 et 55/60 ans.

Comme les stades de vie, les étapes ne sont pas si tranchées par les âges. Mais, à cette époque, il existe une forte probabilité, puisque les normes d'âges sont encore partagées par tous, que la plupart des salariés passent d'une étape à une autre à peu près aux mêmes âges. Quel que soit le nombre d'étapes de carrière, l'objectif est le même : structurer les rôles et structurer les âges. C'est-à-dire donner des repères dans la vie au travail qui favorisent l'adoption de comportement performant.

Ainsi, Hall, spécialiste de la gestion des carrières modélisera même les étapes de carrière en fonction de la performance en retenant finalement quatre étapes (par rapport aux tableaux présentés plus haut).

FIGURE 12 – LES DIFFÉRENTES ÉTAPES DE CARRIÈRE

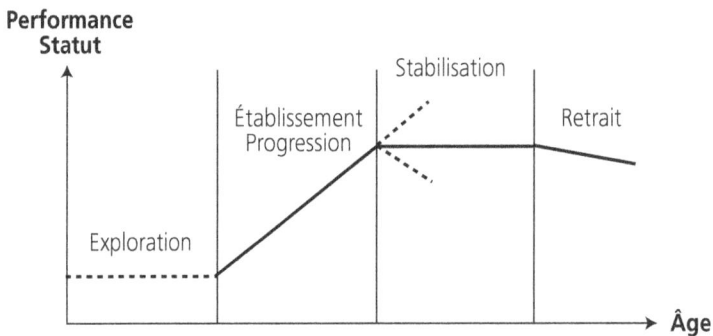

Source : Hall, 1976.

La phase d'exploration permet à l'individu d'établir son identité et de s'intégrer dans un groupe. Dans la phase d'établissement, le salarié a pour tâche de progresser hiérarchiquement et de réussir. La personne essaye ensuite de se maintenir dans la phase de stabilisation. Enfin, dans la phase de retrait, l'individu se « désimplique » de son rôle professionnel et se réinvestit dans d'autres sphères sociales. Aucun autre schéma de gestion des carrières ne peut être plus révélateur du lien créé par l'entreprise entre âge et performance. L'âge de la vieillesse serait synonyme de déclin des performances.

Mais cette structuration des âges par les étapes de carrière n'aurait pu trouver sa légitimité, sans qu'elle soit associée à une politique salariale qui rémunère les âges.

Le modèle de la rémunération à l'ancienneté

Les trente glorieuses voient émerger un système de rémunération à l'ancienneté. Parce que celle-ci est synonyme, jusqu'à un certain âge, d'expérience et donc de performance. Dans un souci de fidéliser la main-d'œuvre, la rémunération augmentait avec le temps passé dans l'entreprise. La rémunération à l'ancienneté était mise en place pour que les salariés soient tentés de rester dans l'entreprise. La carrière s'effectuait donc généralement dans une seule entreprise.

Le modèle de la rémunération a été expliqué et justifié par deux économistes de renom, Becker et Lazear. Leur explication permettra de comprendre comment la rémunération à l'ancienneté lie les âges et la vie au travail.

Revenons sur l'évolution de la rémunération au fil du vieillissement. Deux analyses peuvent être effectuées :

* Selon la théorie du capital humain[1], chaque personne détient un capital rémunéré à la productivité marginale. La productivité marginale dépend de la quantité de capital humain. Le stock de capital humain dépend de la formation initiale et continue. Si ce stock de capital augmente, la productivité marginale augmentera en générant un coût de formation. Celle-ci suit la loi du rendement marginal décroissant. Les investissements les plus rentables sont effectués en premier, puis le montant et le rythme diminuent progressivement : « Le profil âge/salaire est donc croissant avec l'âge, mais a un taux décroissant et peut s'infléchir en fin de carrière, du fait de l'obsolescence du capital humain. » L'entreprise autant que l'individu peut investir dans la formation. Cet investissement accroît la productivité du travailleur. Car le capital humain, comme le corps, vieillit. La formation ralentit le vieillissement de ce capital, comme le sport le fait pour le corps. Cette théorie affirme donc que l'âge justifie la progression du salaire jusqu'à un certain point. L'avancée en âge est donc considérée comme un enrichissement du capital humain. Le salarié est donc rémunéré à l'ancienneté (formation et expérience). En

---

1. G. Becker (1962), Investment in Human Capital : A Theoretical Analysis, *The Journal of Political Economy*, Vol. 70, n° 5, p. 9-49.

revanche, si l'avancée en âge devient synonyme de vieillesse, c'est-à-dire de déclin du capital, la rémunération devrait décroître. La courbe de rémunération qui en découle devrait donc pouvoir s'associer à celles des phases de carrière de Hall. Mais, au contraire du Japon, en France, il n'est pas socialement acceptable de diminuer la rémunération en fin de carrière.

- La deuxième théorie est celle des contrats à paiement différé[1]. Cette théorie justifie la progression des salaires avec l'âge, non pas par l'accumulation d'un capital humain, mais par la nécessité d'une incitation. Selon cet économiste, les intérêts des travailleurs et ceux des entreprises sont antagonistes :

  – les salariés réduisent leur niveau d'effort si celui-ci ne se répercute pas sur leurs rémunérations ;

  – les employeurs recherchent un niveau d'effort maximum.

  Il faut donc concevoir un mécanisme d'incitation. C'est pourquoi s'impose une progression régulière du salaire. Au cours de la première période de carrière, le salaire est inférieur à la productivité marginale puis, supérieur dans la deuxième partie pour atteindre, sur la totalité de la carrière, l'égalité intertemporelle.

  La croissance du salaire, au cours de la durée d'emploi du salarié, se justifie même en l'absence d'une progression de la productivité marginale en valeur sur cette durée d'emploi. Cette théorie affirme que l'ancienneté légitime la progression du salaire puisque le junior est rémunéré en dessous de sa productivité marginale.

Ce système de rémunération à l'ancienneté renforce la normalisation des étapes de vie au travail ou stade de carrière.

La gestion de l'expérience, synonyme de performance

L'avancée en âge est valorisée dans l'entreprise, et elle est vécue comme un enrichissement de l'expérience et donc de performance car un certain nombre d'éléments contextuels, à l'intérieur et à l'extérieur de l'entreprise, le permettent.

Le contexte de stabilité économique protège les entreprises. Les rythmes d'innovation sont plus lents. Si l'entreprise innove, elle ne

---

1. E.P. Lazear (1981), Agency, Earnings Profiles, Productivity and Hours Restrictions, *American Economic Review*, vol. 71, n° 4.

© Éditions d'Organisation

le fait pas au même rythme qu'aujourd'hui. Si le temps est cadencé, il n'est pas encore réduit à un état d'urgence. Parallèlement, la réalité entrepreneuriale de l'époque est différente de celle d'aujourd'hui. Les contraintes sont assez faibles, si ce n'est quasi inexistantes pour laisser de la place et du temps dans l'entreprise à des activités relationnelles, à l'échange du savoir. La logique de performance s'appuie sur une identité collective stable. L'entreprise garantit presque l'emploi à vie.

Les salariés expérimentés disposent de la sécurité nécessaire pour transmettre leur savoir et jouer leur rôle. Le jeune n'est pas encore *surformé* à de nouvelles méthodes de travail censées révolutionner la façon de faire. La relation d'échange est donc unilatérale et conforte les seniors dans ce don de savoir.

La période était au quasi plein emploi. Les entreprises se doivent de fidéliser leur personnel, leur main-d'œuvre productive. Elles n'excluront donc aucun âge. Finalement, n'est-ce pas la loi de l'offre et de la demande qui structure les normes d'âges ? Lorsque les entreprises ont besoin de main-d'œuvre, n'acceptent-elles pas tous les âges en leur trouvant des vertus ? Inversement, en période de surabondance de la main-d'œuvre sur le marché du travail, elles rigidifient leurs normes et excluent les âges extrêmes.

Les juniors et les seniors possèdent donc des rôles distincts dans l'entreprise taylorienne. Les phases de carrière sont définies par rapport à une évolution individuelle basée sur les préoccupations psychologiques (cf. cycles de vie), l'activité professionnelle et le relationnel. Seule l'expérience acquise grâce à chacune de ces étapes permet de passer à l'étape suivante.

Dans cette optique, le *mentoring* et le *sponsorship* sont des tâches essentielles dans le développement de la carrière. Ainsi le stade trois, le stade de mentor, est une phase dans laquelle l'individu commence à enseigner, coacher et développer les autres. Au stade quatre, celui de sponsor, l'individu a suffisamment d'expérience et d'influence pour participer à l'élaboration des projets d'organisation. Le tableau suivant présente ces quatre étapes.

TABLEAU 18 – LES ÉTAPES DE CARRIÈRE DE DALTON ET AL

	Étape 1	Étape 2	Étape 3	Étape 4
Activité principale	• Assister • Apprendre • Suivre les directives	Contribuer	• Former • Faire les liaisons entre les différents acteurs	Déterminer les directions futures de l'organisation
Rôle principal dans l'organisation	Apprenti	Collègue	Mentor	Sponsor
Principal état psychologique	Dépendance	Indépendance	Prendre des responsabilités par rapport aux acteurs	Exercer le pouvoir

Source : Dalton et al, 1977.

Au travers de leurs pratiques de gestion, les individus au travail influencent le sens et le rôle des âges, et donc les temps de la vie.

Tout esprit critique rétorquera à cette argumentation, que si l'entreprise peut modeler, même de façon limitée, le monde qui l'entoure, si elle peut changer, même de façon parcimonieuse l'environnement, elle ne peut en aucun cas agir sur le vieillissement : l'homme décline naturellement et l'entreprise n'a rien à voir dans ce processus. La partie suivante s'attachera à montrer que, non seulement l'entreprise peut donner au vieillissement un tout autre sens mais qu'elle peut aussi l'accélérer.

2. L'exclusion des âges extrêmes par l'entreprise postindustrielle

Les trois phases du cycle de vie créées par la société industrielle n'ont plus de sens. Les étapes de carrières sont également bousculées. Aujourd'hui, les phases se diversifient et toutes les activités autrefois associées à ces étapes peuvent l'être à tout âge. Peut-on à nouveau avancer le culte de la performance comme explication des nouvelles étapes de vie et de carrière ?

L'ère de la performance par le changement

Face à la crise, les entreprises cherchent la performance à travers la flexibilité. La flexibilité des hommes, des organisations et des pratiques, permet de faire face à un environnement économique, politique, culturel, de plus en plus imprévisible.

Caractérisons rapidement cette évolution du contexte, pour comprendre comment l'entreprise a changé ses représentations à l'égard de l'âge :

* les mutations technologiques s'accélèrent et concernent tous les secteurs d'activité et les fonctions de l'entreprise. Pour rester performante, l'entreprise doit s'adapter perpétuellement à ces nouvelles technologiques et remettre en cause ses façons de s'organiser et de travailler ;
* la concurrence se renforce et devient internationale. Elle impose une gestion drastique, la chasse aux coûts cachés, l'utilisation optimale des équipements, l'augmentation des cadences et la gestion par le juste-à-temps ;
* le marché devient incertain. Le ralentissement de la croissance et son imprévisibilité laissent peu de marge de manœuvre à l'entreprise. Pour maintenir sa performance dans ce contexte difficile, elle doit être souple et s'adapter constamment. Les variations brutales de l'activité des marchés la contraignent à une recherche de souplesse et d'adaptation incessante ;
* l'horizon temporel se raccourcit. La visibilité d'une entreprise ne dépasse pas l'année. Les pratiques de gestion sont soumises à cette mauvaise visibilité et sont donc en perpétuelle évolution.

Le modèle d'économie industrielle décline et laisse sa place à une économie de type postindustrielle. Ses caractéristiques sont à l'opposé de l'économie industrielle : une activité tertiaire extrêmement développée et un taux de croissance lent. L'effet sur l'emploi est considérable :

* la production du juste-à-temps nécessite une forme d'emploi juste à temps ;

- la recherche de minimisation des coûts fixes engendre une augmentation du personnel « variable ».

De nouveaux modèles d'organisation, de production, d'emploi et de travail émergent : l'usine taylorienne n'est plus le modèle de référence. Le travail se fragmente dans l'action, dans le temps et dans l'espace. Les références, les normes d'efficacité deviennent changeantes et contingentes. Les pratiques de *benchmarking* sont en plein essor parce que l'entreprise essaye de trouver des repères, un modèle, qui rendra sa performance pérenne. Mais la notion même de performance pérenne est devenue une mythologie du passé.

Dans ce nouveau contexte, le modèle de gestion des ressources humaines des trente glorieuses se trouve ébranlé. La finalité des ressources humaines est de maximiser la contribution de chaque salarié à la valeur ajoutée de l'entreprise. La notion de collectif de travail, autrefois source de performance, laisse la place à la contribution individuelle, plus flexible et mesurable. Les pratiques de gestion des ressources humaines n'ont qu'un but : faire en sorte que l'entreprise et ses hommes s'adaptent au marché chaotique rapidement tout en restant performants.

De nouveaux modèles productifs qui déstructurent les âges de la vie au travail

Les entreprises tâtonnent, évoluent, reviennent en arrière, trouvent de nouvelles méthodes, remettent continuellement en cause leur manière de fonctionner. Ces évolutions incessantes, qui traduisent un manque de repère flagrant dans un environnement non maîtrisé, bousculent les normes et les modèles de vie au travail et donc les âges.

La société salariale est en pleine mutation. Cadin, Guérin et Pigeyre[1] définissent parfaitement l'ancien modèle salarial : « Emploi affecté à un individu salarié, fortement réglementé, exercé à temps plein et à durée indéterminée sur le site de l'entreprise et rémunéré selon des modalités issues des négociations collectives ou de la législation en vigueur. »

---

1. L. Cadin, F. Guérin, et F. Pigeyre, *Gestion des ressources humaines, pratiques et éléments de théories*, Dunod, 1997, p. 112.

La recherche de flexibilité, pour les raisons évoquées ci-dessus, brise tous ces repères :

- le temps du travail éclate. Outre la réduction du temps de travail, les rythmes de travail deviennent discontinus. Le temps partiel est en plein essor. L'aménagement des temps de travail est perpétuellement remis en cause. Les horaires flexibles sont devenus des pratiques courantes ;
- les formes d'emploi se multiplient. CDD, intérim, emplois aidés, limités dans le temps, et peut-être bientôt contrats de mission, remplacent lentement mais sûrement, le modèle dominant créé par les trente glorieuses de contrat à durée indéterminée ;
- le lieu de production se fragmente. Les salariés peuvent appartenir à la même entreprise et travailler dans des lieux différents, voire extérieurs à l'organisation. Inversement, des salariés n'appartenant pas à la même entreprise peuvent se trouver sur un même site de production.

L'unité temporelle, contractuelle et de lieu de production se disloque. Les normes et les codes qui leur étaient associés se désagrègent également. On pourrait penser que, dans ce contexte mouvant, la recherche de performance provoquerait un éclatement des rôles et des âges au travail. Bien au contraire !

Une gestion des ressources humaines tournée vers un seul âge

L'entreprise recherche à la fois la certitude et la flexibilité. Elle va donc mettre en place des pratiques de gestion des ressources humaines qui minimisent les risques et accroissent sa réactivité en rigidifiant les normes d'âges. Analysons, au travers de trois pratiques ressources humaines, la gestion des carrières, des rémunérations et de l'expérience, comment la GRH a participé à la réduction de la durée de la vie professionnelle.

La gestion des carrières : entre 30/45 ans

Avant d'essayer de modéliser le système émergent de gestion des carrières, revenons sur son évolution, qui suit celle du modèle de l'usine taylorienne. Les anciennes caractéristiques de la carrière disparaissent :

- les dimensions de la carrière liées à l'ancienneté sont complètement déstabilisées ;
- les phases de carrière ne sont plus ordonnées, prévisibles et identifiables comme elles l'étaient pendant les trente glorieuses. Elles peuvent être décrites comme excentriques, discontinues et fortuites. La carrière n'existe que par sa rationalisation *a posteriori*.

Ainsi, au lieu d'une remise en cause radicale de la notion de carrière, il nous semble plus intéressant de prendre en compte la complexité de son environnement. La notion de carrière doit être redéfinie dans un environnement qui se complexifie et qui voit apparaître de nouvelles formes de travail et des ruptures temporelles[1].

De nouvelles caractéristiques de la carrière émergent donc :

- il n'existerait plus de progression linéaire et idéale de carrière ni de stades prédictibles. Toute carrière suivrait un cours unique et propre à l'individu. Elle serait flexible et idiosyncrasique ;
- parallèlement, l'espace de carrière s'élargirait. Les sphères sociales, individuelles et organisationnelles seraient autant de composantes possibles de la carrière par étapes.

Hall et ses collègues[2] titrent leur dernier ouvrage : *La carrière est morte : longue vie à la carrière*. Derrière ce titre provocateur, ils essayent de comprendre le changement de signification qu'a pris ce terme depuis les années quatre-vingt en passant de la carrière organisationnelle à la carrière *protéenne*[3]. Celle-ci serait séparée « d'une connexion à quelque organisation, d'une période et même [...] de son association exclusive avec la rémunération[4]. »

---

1. J.M. Fourgous, H.P. Lambert, *Évaluer les hommes*, Éditions Liaisons, 1991.
2. D.T. Hall & al., *The Career is dead. Long live the career,* San Francisco : Jossey-Bass, 1996.
3. Terme utilisé par Hall pour décrire les innombrables formes que peut prendre une carrière. Dans la suite de cet ouvrage pour désigner ces nouvelles formes de carrière, dans de nouveaux contextes, le terme de *vie professionnelle* sera utilisé.
4. Hall et al., *op. cit.*

En prenant en compte la grande variabilité de l'environnement au travail et la variété des réponses individuelles à cette évolution de l'environnement, « nous voyons maintenant, à la place d'un jeu d'étapes de carrière durant une vie, qu'il existe une série de mini-stades de carrière à travers une vie[1]. »

Pour l'individu, les composantes-clés de ce nouveau parcours de carrière sont la connaissance de son identité et ses capacités d'adaptabilité. En effet, face à un environnement changeant de plus en plus rapidement, à des cycles de vie des produits et des technologies qui se réduisent, « la carrière des individus va de plus en plus devenir une succession de ministades d'exploration, d'essai, d'établissement, de maîtrise[2]. »

Ce modèle de carrière par étapes est récursif. Au cours d'une vie de travail, la succession de ces quatre phases peut se produire plusieurs fois. La durée de chaque phase devient alors plus courte. Cette récursivité reflète ainsi les discontinuités des nouvelles carrières. La vie professionnelle ne trouve plus ses fondements dans un contrat passé entre l'individu et l'entreprise, mais dans un contrat passé par l'individu avec lui-même. « La carrière protéenne est dirigée par l'individu et non par l'organisation. C'est ce qui arrive à toute personne dans n'importe quelle organisation. La carrière repose sur des choix personnels dans le but de s'accomplir en unifiant ou intégrant tous les éléments de la vie. Les critères de succès sont internes (succès psychologiques) et non externes. En bref, la carrière protéenne est plus construite par l'individu que par l'organisation et peut être redirigée, quand il le faut, pour qu'elle satisfasse mieux les besoins individuels[3]. »

La figure qui suit schématise les mini-phases qui caractérisent désormais la carrière. La durée et le nombre de ces mini-stades de carrière sont uniques pour chaque salarié puisqu'elles dépendent du nombre d'emploi et de poste occupés dans la même ou dans différentes entreprises.

© Éditions d'Organisation

---

1. Hall et al., *op. cit.*
2. Hall et al., *op. cit.*
3. Hall, 1976.

FIGURE 13 – LES ÉTAPES DE CARRIÈRE RÉCURSIVES DE HALL ET MIRVIS

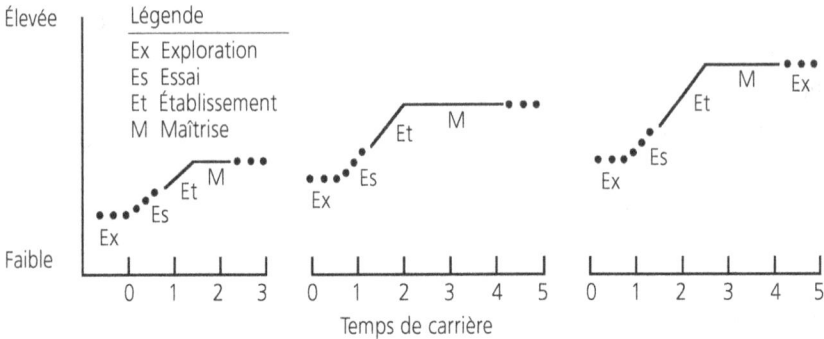

Source : Hall et al., 1996.

« Ces stades de carrière sont donc les résultantes, pour employer un vocabulaire de physique, de forces prenant source dans les stades du développement de l'adulte et de forces provenant de l'environnement de carrière[1]. » La récursivité du modèle reflète la discontinuité des carrières. Nous ne sommes plus dans le modèle taylorien d'*une vie pour une carrière*. La carrière protéenne est un processus d'exploration et de développement de l'identité. Elle fait disparaître les normes et les repères d'âges. Les étapes de carrière deviennent individuelles. La référence aux âges de la vie est censée être remplacée par l'expérience dans le poste et être *décorrélée* de l'expérience organisationnelle. Celle-ci n'a donc plus de valeur, surtout face à la remise en cause perpétuelle des façons de travailler. L'avancée en âge n'est plus synonyme de capitalisation des savoirs. Si l'âge n'est plus un critère déterminant de la performance, donc de la gestion des carrières, il n'en devient pas moins un facteur d'exclusion, comme nous l'analyserons à la fin de ce chapitre. La disparition latente du critère d'âge émerge aussi dans les nouveaux systèmes de rémunération.

La rémunération à la performance

La gestion des rémunérations devient stratégique[2] car l'entreprise a des marges de manœuvre de plus en plus limitées. La rémunération

---

1. Hall et al., 1996.
2. Sire, 1993.

devient un support indispensable à la stratégie de l'entreprise parce qu'elle a un double impact. D'abord, sur les comportements et la motivation des salariés, qui sont sources de performance. Ensuite parce que la maîtrise de la masse salariale est source de compétitivité pour l'entreprise. Aussi, dans l'optique de maîtriser la masse salariale et de maximiser les performances des salariés, la rémunération s'individualise. L'arbitrage entre rémunération collective et individuelle favorise l'individuel. L'individualisation des salaires a pour finalité d'améliorer la contribution des salariés aux résultats de l'entreprise par l'atteinte d'objectifs personnels. La deuxième finalité de ce système de rémunération est de conserver les salariés les plus performants. Si la part individuelle des rémunérations s'accroît, sa variabilité aussi.

Une autre grande tendance d'évolution des systèmes de rémunération est leur flexibilisation. Peretti décrit parfaitement ces orientations actuelles dans son ouvrage. Une des voies, pour accroître la flexibilité des rémunérations est de diminuer le rôle de l'ancienneté dans les décisions d'augmentation des salaires. « En France, 80 % des entreprises sondées cherchent à diminuer le rôle de l'ancienneté[1]. » Les augmentations au mérite individuel sont pour ces entreprises la meilleure solution de remplacement. L'autre voie de restructuration du modèle de rémunération créé par l'entreprise taylorienne est l'approche cafétéria. Il s'agit pour le salarié non pas de choisir le montant de sa rémunération mais sa forme : « Permettre, dans le cadre d'une enveloppe, à chaque salarié de choisir les modalités de sa rémunération. Ainsi, il peut préférer un complément de retraite, un avantage non monétaire (voiture) ou un congé plutôt qu'une prime ou une augmentation. »

Cette évolution des systèmes de rémunération, parallèle à celle des systèmes de gestion des carrières, influence fortement les normes d'âge. L'ancienneté est de moins en moins valorisée. Elle est remplacée par la performance individuelle. Cette évolution de la valorisation influence informellement les qualités attribuées aux différents âges (cf. partie 3 de ce chapitre). Les périodes d'apprentissage, si elles sont synonymes de non-performance, ne sont pas

© Éditions d'Organisation

1. J.-M. Peretti (2003), *Ressources humaines,* Vuibert, Paris 8e édition.

valorisées. L'avancée en âge est source de coûts puisque la rémunération à l'ancienneté n'a pas totalement disparu des conventions collectives et l'expérience n'est plus une source d'enrichissement du capital humain.

La valeur de l'expérience remise en cause par l'entreprise apprenante

L'évolution technologique a un double impact sur l'organisation. Elle modifie la demande en produits finis ou services de la part des consommateurs et modifie donc constamment l'évolution concurrentielle de l'entreprise. Parallèlement, la technologie impacte les modes de production et donc les capacités organisationnelles.

L'impact de ces évolutions technologiques sur les salariés de l'entreprise est immense. D'abord, les innovations technologiques créent des tâches nouvelles, exigeant souvent plus de compétences, et éliminent les anciennes façons de faire ou en réduisent l'importance. Et ce dans tous les secteurs et pour toutes les qualifications. Non seulement le salarié doit sans cesse s'adapter et apprendre de nouvelles méthodes de travail, mais l'entreprise aussi. Ainsi, comme le salarié, l'entreprise doit devenir apprenante : « Une organisation apprenante est celle qui facilite l'apprentissage et le développement personnel de tous ses employés, tout en se transformant constamment elle-même[1]. »

L'organisation apprenante incite donc à la perpétuelle remise en cause de procédure et des *process*. La valeur de l'âge, et par conséquent de l'expérience, dans l'organisation s'effrite. À quoi sert-il d'avoir vingt ans d'expérience dans une entreprise, puisque cette expérience devient rapidement obsolète, face aux nouvelles méthodes de travail ? Ce que l'on a appris au fil des ans doit être oublié si l'on veut changer radicalement et perpétuellement sa façon de faire. Le renouvellement incessant des axes de progrès au sein des organisations en est la preuve. Et pour cause : 50 % des informations que nous avons sont périmées au bout de 18 mois[2]. L'adaptabilité devient la première valeur organisationnelle dans les

---

1. M. Beck (1989), Learning organization– how to create them, *Industrial and commercial training*, vol. 21, n° 3, P. 21-28.
2. Ces informations concernent aussi bien la vie privée que professionnelle.

entreprises apprenantes. Le vieillissement est donc considéré comme un frein au changement. Il est devenu synonyme de rigidité, de non-performance et contradictoire avec la notion de changement.

Il pourrait en être déduit que la jeunesse est valorisée dans ce type d'entreprise, puisque sociétalement, elle renvoie à des normes de réactivité et d'adaptabilité. Ce serait ignorer la contrainte de temps dans laquelle évolue l'entreprise apprenante. Les phases d'apprentissage n'ont plus leur place. Elles sont trop coûteuses, en hommes, en temps et en argent. L'entreprise a besoin d'adultes matures mais encore adaptables et directement opérationnels. En dehors de ces critères, point de salut.

Ainsi, de nouvelles normes d'âges apparaissent, qui excluent les âges extrêmes soit parce qu'ils ne sont pas assez immédiatement opérationnels (sans expérience), soit parce qu'ils sont trop encombrés de repères dépassés et rigides (trop d'expérience). La schizophrénie de la gestion des âges en entreprise est à son apogée. Preuve en est, le modèle dominant de la gestion des ressources humaines dans l'entreprise.

Ference et al. (1977) ont classé les individus en fonction de leur capacité à évoluer (potentiel) et de leurs résultats (performance) :

TABLEAU 19 – TYPOLOGIE DE FERENCE ET AL

Jugement sur		Le potentiel	
		Faible	Élevé
La performance	Faible	Branche morte	Espoir
	Élevée	Pilier	Étoile

Source : Ference et al., 1977.

Cette typologie peut être superposée aux phases de carrière. En phase d'apprentissage, la personne serait un « espoir » de potentiel et de performance pour l'entreprise. Après un temps d'adaptation à son nouveau poste ou à une nouvelle entreprise, elle passerait dans la phase d'établissement qui correspondrait à la catégorie « étoile ». Le « pilier » serait dans une phase de stabilisation et sa performance est bonne ou exceptionnelle. Enfin, « branche morte » serait l'expression pour qualifier l'individu en phase de déclin.

Même si ce tableau ne mentionne pas l'âge en tant que tel, on s'aperçoit qu'il donne des repères informels d'âges et donc un sens à chaque phase de carrière. L'espoir est souvent jeune et il passe d'étoile à pilier puis à branche morte en fonction de son évolution en âge. Les auteurs précisent bien que le passage par l'étape de branche morte n'est pas obligatoire, mais cette représentation, et particulièrement celle de la dernière étape, s'est diffusée dans l'inconscient collectif.

Ces représentations des âges sont des construits sociaux et consensuels, qui sont devenus des normes sociétales. Les citoyens ont été influencés par ces représentations des différents âges de la vie au travail. Les salariés ont repris à leur compte ces stéréotypes.

3. Des stéréotypes répandus chez les juniors et les seniors

Avant d'aborder l'image que l'entreprise a projetée sur les salariés juniors et seniors, il est important de signaler qu'il nous est impossible de séparer ce qui est de l'ordre de la représentation de la part de l'entreprise, et qui est devenu une norme pour le salarié, de ce qui paraît appartenir aux représentations du salarié, et qui est devenu une norme pour l'entreprise. D'une part, nous ne chercherons pas à distinguer ce qui est de l'ordre de la cause de ce qui est de l'ordre de l'effet. D'autre part, nous ne chercherons pas à séparer l'inséparable : ce qui est de l'ordre de la représentation sociale et ce qui est de l'ordre de la représentation organisationnelle. Nous tenterons seulement dans cette description de chercher à rendre compte des effets de la complexité.

Une seule certitude nous guide. Depuis une trentaine d'années, notre société a créé un modèle de vie professionnelle concentrée et intense. Pour ne pas se sentir exclus du système, les juniors et les seniors ont revisité la signification et le rôle liés à leur âge et ont modifié leurs comportements. Le nouveau modèle productif valorise ce que nous appelons les performants ou utiles (30/45 ans) et délaisse les classes d'âge extrêmes. Par l'intermédiaire de ses pratiques de gestion, l'entreprise a créé une représentation erronée de la qualité des salariés jeunes et âgés. Ceci entraîne, par un effet de réflexivité, une modification des représentations des significations, que les salariés accordent à leur âge.

Les inexpérimentés ou produits finis par le système scolaire (20/30 ans)

L'entrée sur le marché du travail est retardée et s'est précarisée. La preuve ? Une étude du Céreq montre les divers parcours des jeunes avant d'accéder à un emploi stable[1] :

TABLEAU 20 – LE PARCOURS DES JEUNES
AYANT ACCÉDÉ IMMÉDIATEMENT ET DURABLEMENT À L'EMPLOI

Les jeunes ont changé d'entreprise après un contrat temporaire	36 %
Ils ont changé d'entreprise après rupture d'un contrat à durée illimitée	17 %
Ils ont d'emblée été recrutés en CDI	22 %
Recrutés d'abord pour une durée limitée, ils ont ensuite bénéficié d'un contrat à durée indéterminée	15 %
Ils ont été recrutés sur un contrat temporaire	10 %

Source : Céreq, *2001*.

---

1. Étude du Céreq, (1992,1998), effectuée sur un échantillon de 135 000 jeunes contactés par téléphone.
   Au printemps 2001, le Céreq a interrogé un échantillon de 55 000 jeunes sortis de formation initiale en 1998, de tous les niveaux et de toutes les spécialités de formation, parmi les 750 000 jeunes qui, cette année-là, ont quitté pour la première fois le système éducatif. Cette enquête, intitulée « Génération 98 », succède à l'enquête « Génération 92 » et poursuit le même objectif : analyser les premières années de la vie active au regard de la formation initiale. L'échantillon de « Génération 98 » a été interrogé au printemps 2001, c'est-à-dire trois ans après sa sortie du système éducatif et sera réinterrogé entre 2003 et 2005 afin de pouvoir analyser les processus de cheminement professionnel. « Génération 98 » couvre par ailleurs plus de 98 % des formations initiales dispensées en France métropolitaine.

61 % des jeunes ont d'abord été recrutés via des contrats flexibles. Les jeunes occupent de plus en plus des emplois que la société industrielle aurait qualifiés d'atypiques, mais qui semblent devenir la norme dans la société postindustrielle. Les contrats d'entrée dans le monde du travail stipulent de plus en plus que l'emploi est temporaire ou (et) à temps partiel. L'intérim, le travail saisonnier, les vacations, les formes d'emploi aidé deviennent les voies naturelles d'entrée dans la vie professionnelle.

On comprendra donc l'attrait qu'exercent les études sur les juniors. Elles augmentent les chances d'insertion rapide et durable. La prolongation des études, quand elle est possible, est un choix stratégique, ayant pour objectif d'éviter l'exclusion de l'entreprise. Face à cet accès difficile au monde de l'entreprise, Sérieyx[1] analyse les stratégies d'approche de l'emploi par les jeunes. Les jeunes se « jettent à l'eau » de cinq façons différentes :

- *la stratégie du fil de l'eau*. Ils sont surdiplômés mais sans compétences précises. Lebaube[2] les qualifie « d'ouvriers diplômés non qualifiés ». Les études ont été suivies par respect des conventions sociétales, mais elles n'ont pas servi un projet défini. Si leur développement intellectuel est élevé, leurs savoir-faire sont quasi inexistants. Pour l'entreprise, ces diplômes n'ont aucune valeur ajoutée ;

- *la stratégie du surf*. Ces jeunes ont une formation bien plus courte, comme le bac, un équivalent du bac ou un diplôme de « second rang ». Ces juniors pensent que c'est la situation de travail qui sera formatrice. Ils changent de boulot au fil des possibilités et des envies jusqu'à ce qu'ils trouvent ce qui leur convient le mieux. C'est-à-dire un travail qui apportera « fun, stabilité, autonomie, rémunération et liberté pour les autres champs de vie[3] » ;

- *la stratégie de filière*. Les juniors ont suivi des formations techniques précises, dans laquelle il y avait de nombreux stages. Ces juniors savent ce qu'ils veulent devenir. Ils resteront dans l'entreprise uniquement si elle leur permet de réaliser leurs projets ;

---

1. *op. cit.*
2. Rédacteur en chef du *Monde initiative*.
3. Sérieyx, *op. cit.*

- *la stratégie du diplôme image.* Ils sortent d'une grande école prestigieuse. L'entreprise les attend et les courtise. Ces jeunes brillamment diplômés ont de nouvelles attentes. Si, comme leurs aînés, ils cherchent toujours à faire carrière, ils se préoccupent de leur utilité sociale, de leur équilibre vie professionnelle/vie privée. Ils sont, parmi les juniors, les mieux servis par l'entreprise et n'hésitent pas à lui être infidèles ;
- *la stratégie de fuite.* Bien que de nombreux emplois existent dans le BTP et les métiers d'entretien, d'assistante maternelle ou aux personnes âgées, de manutention, de sécurité, d'artisanat ou de catégorie C chez les fonctionnaires, ces métiers n'étant pas valorisés, les jeunes « préfèrent fuir le marché du travail et se réaliser autrement[1] ».

Cette « préférence » ne nous semble pas être un choix. Les jeunes sont souvent mal orientés par les parents et les enseignants, qui dévalorisent les métiers manuels et ce, bien souvent sans connaître leur réalité. Cette « préférence » renvoie également plus à une discrimination sociale qu'à un choix. Ces jeunes, exclus du système scolaire et donc exclus de la société, sont désocialisés. Pour survivre dans un système dans lequel aucun de leur comportement n'est adapté, ils se sont créé leur monde, leur réseau et leurs règles. Ce ne sont pas celles de la société et encore moins celles de l'entreprise. Leur intégration dans l'entreprise est donc extrêmement difficile. La plus grande difficulté pour ces entreprises est de leur faire accepter de nouvelles règles du jeu et de leur apprendre à développer d'autres rapports humains. Certaines entreprises sont devenues des spécialistes de la socialisation et, à cet égard, salvatrices pour ces jeunes : les entreprises de restauration rapide, les magasins de sport, les centres d'appels. Ces organisations rencontrent une quantité de problèmes dans la gestion et le management de ces jeunes. Elles ont pour originalité et pour mérite d'avoir compris que ces juniors, dans leur monde parallèle, ont développé des compétences. Il suffit (juste !) de les mettre aux services de l'entreprise.

© Éditions d'Organisation

---

1. Sérieyx, *op. cit.*

139

Deux catégories de jeunes apparaissent donc. Ceux qui ne sont pas encore entrés dans le monde organisationnel. Leur image du monde de l'entreprise repose sur les représentations de leurs parents, amis et de l'entreprise elle-même. En revanche, ceux qui sont déjà dans le monde du travail ont élaboré leur représentation à partir de leur vécu dans l'organisation et de l'image que l'entreprise leur renvoyait. Tous ces juniors ont un point commun : ils n'idéalisent pas l'entreprise.

Une image de l'entreprise peu valorisante

Les jeunes n'ont pas une image positive de l'entreprise. Un sondage[1] montre que les juniors et l'organisation ne se comprennent pas :

- 3 % des juniors ont une très bonne opinion des entreprises, 82 % une assez bonne ;
- 59 % des jeunes pensent qu'elles sont dynamiques, 51 % qu'elles sont ouvertes et 48 % leur accordent une capacité d'innovation ;
- 36 % des futurs adultes pensent qu'elles offrent des perspectives intéressantes.

Est-ce le comportement des entreprises à l'égard des jeunes ou l'image qu'elles renvoient par l'intermédiaire de ses salariés (parents des jeunes, amis) qui incitent plus d'un tiers des juniors à vouloir entrer dans la fonction publique ?

Les juniors ont une représentation construite de l'entreprise. Quelle que soit l'origine de cette construction, leur image est précise. Ainsi, ils accordent à certaines entreprises une image positive. Le classement[2] qui suit, hiérarchise les entreprises en fonction de la part de valeur positive que les jeunes leur accordent.

---

1. Publié par la revue *Enjeux-Les Échos*, en mai 1999 auprès des 18/24 ans.
2. Le Bigot, *op. cit.*

TABLEAU 21 – ENTREPRISES À IMAGE POSITIVE

N° 1	PSA Peugeot Citroën	80 %
N° 2	Renault	78 %
N° 3	Gaz de France	77 %
N° 4	Auchan	75 %
N° 5	EDF	73 %
N° 6	L'Oréal	71 %
N° 7	Leclerc	70 %

Source : Le Bigot, 2004.

Cette image proviendrait des nouvelles attentes des jeunes : « On retrouve dans cette liste un mélange du quotidien et d'exceptionnel, de technique et de naturel, de public et de privé... Bien dans la nature *compil* des jeunes actuels. »

Certaines organisations ont une cote négative auprès des jeunes (en dessous de 50 %), comme le montre le tableau suivant[1].

TABLEAU 22 – ENTREPRISES À IMAGE NÉGATIVE

N° 25	Vivendi	32 %
N° 26	Bouygues	29 %
N° 27	LVMH	17 %
N° 28	SNCF	11 %
N° 29	Crédit Lyonnais	7 %

Source : Le Bigot, 2004.

Toujours selon le spécialiste des juniors, ce « classement souligne l'importance des effets de secteur (la banque), de comportements spécifiques (Vivendi, Crédit Lyonnais, TotalFinaElf,...) ou d'actualité (les grèves de la SNCF...) »

L'entreprise, par son comportement, crée sa propre image. Cette image est ensuite véhiculée et donc modifiée par ses salariés. Les jeunes, en dehors de l'entreprise, reçoivent en bout de chaîne une

© Éditions d'Organisation

---

1. Le Bigot, *op. cit.*, p. 168.

image certainement déformée. Peut-être que cette représentation négative de l'entreprise serait renouvelée si les juniors pouvaient la construire à partir de leur propre regard, c'est-à-dire en étant à l'intérieur de l'entreprise. Encore faudrait-il qu'ils puissent y entrer !

À l'intérieur de l'entreprise, la *diplômania* crée des attentes dans l'entreprise.

La course au diplôme comme fin en soi, modifie les attentes des jeunes dans l'entreprise. Le junior a appris à faire des études pour augmenter ses chances d'insertion, pour accéder à un statut social plus élevé que celui de ses parents et enfin pour parvenir à un travail plus riche et plus autonome. La logique paraît imparable : elle est même véhiculée par les discours sociétaux dont les parents sont le premier vecteur.

Le junior diplômé, quel que soit son diplôme, entre donc dans l'entreprise en considérant que son diplôme lui donne des droits que les discours sociétaux lui ont fait miroiter. Pourtant lorsque le junior cherche à intégrer l'entreprise ou qu'il arrive à l'intégrer, celle-ci ne semble pas reconnaître son diplôme à sa juste valeur. Elle ne récompense pas les efforts qu'il a fallu fournir pour l'obtenir. Les diplômés sont souvent embauchés dans des emplois pauvres et pas forcément avec un statut de cadre. Le qualificatif de surdiplômé prend donc tout son sens. Certes, ces jeunes ont l'avantage d'avoir leurs passe-droits pour pouvoir répondre à une annonce, mais une fois dans l'entreprise, leur diplôme, hormis les « très prestigieux » ne sont plus reconnus. Quant à ceux qui n'ont aucun diplôme, l'entreprise les considère comme des « non qualifiés » et donc « inutilisables ».

En réalité, les produits finis par le système scolaire (jeunes surdiplômés) et les produits bruts (jeunes sous-diplômés) ont une caractéristique commune : ils sont tous aussi inexpérimentés dans le monde professionnel. Le développement de l'apprentissage permettra sans aucun doute de dépasser le paradoxe de la diplômania.

Ce paradoxe, qui repose sur un consensus social, nous semble être à l'origine de l'incompréhension entre le jeune et l'entreprise. La diplômania entraîne un double paradoxe : une valorisation du diplôme dans la sphère sociétale et une piètre valorisation dans la sphère organisationnelle ; le jeune diplômé est bien souvent aussi inexpérimenté face au travail que le jeune non diplômé.

Elle provoque donc une double désillusion :

- l'entreprise qui s'attend à recruter des « produits finis » et performants se trouve face à des jeunes à qui ils restent l'essentiel à apprendre : le travail organisationnel ;
- le jeune, qui s'attend à être valorisé pour ses connaissances et son savoir, se trouve face une entreprise qui lui renvoie une piètre image et de faibles signes de reconnaissance.

Le paradoxe de la diplômania dans l'emploi est plus ou moins exacerbé par la nature du diplôme obtenu par le jeune.

Sérieyx[1] définit une typologie de l'emploi des jeunes :

- *les inclus.* Ces jeunes ont fait de bonnes études dans des domaines en développement. Ils sont informaticiens, financiers, etc. Le paradoxe de la diplômania ne concerne qu'un petit nombre d'entre eux. En effet, ceux que l'entreprise désire fidéliser se voient offrir un large et étoffé échantillon de rétribution. En revanche les attentes des autres jeunes ne seront pas satisfaites si l'entreprise ne cherche pas à les fidéliser ;
- *les reclus.* Sans études, ils se sont orientés vers des secteurs en développement, restauration, propreté, gardiennage. Leurs perspectives d'évolution sont faibles ;
- *les exclus.* Sans formation, ils sont dans des secteurs en emploi pauvre.
  Les reclus et les exclus n'attendent pas grand-chose de l'entreprise. Sans diplômes, ils ne peuvent pas être sous l'effet « d'attente de rétribution » créée par la diplômania.
- *les perclus.* Malgré des études longues, ils ne se sont pas insérés professionnellement. Ils sont les principales victimes de la diplômania.

Si la surqualification, c'est-à-dire une qualification trop élevée par rapport aux tâches du poste de travail, est un réel danger pour l'organisation en matière de coûts, elle devient aujourd'hui un danger sociétal en matière de motivation de la jeunesse.

---

1. *op. cit.*

Les DRH ont une bien piètre image du jeune

La mauvaise image que le jeune a sur l'entreprise s'explique peut-être par la mauvaise image qu'ont les DRH à l'égard du jeune. Selon, une enquête[1] portant sur le regard des DRH sur les jeunes, il ressort que :

- pour 82 % d'entre eux, les jeunes sont infidèles et prêts à quitter une entreprise pour un meilleur salaire ;
- pour 70 %, les jeunes sont moins dynamiques que leurs aînés ;
- pour 55 %, les jeunes ne sont pas plus qualifiés que les plus âgés ;
- Pour 50 %, les jeunes s'adaptent moins vite.

Ces résultats permettent de réaliser l'incompréhension qui règne entre les jeunes et l'entreprise. Cette incompréhension provoque le risque d'éloigner les jeunes de l'organisation et le risque que les jeunes reprennent à leur compte les stéréotypes que véhicule l'entreprise à leurs égards. Or, il s'agit peut-être juste d'une erreur de communication sociétale et organisationnelle. Si la société ne diffuse pas une image juste du diplôme et de sa valeur, l'entreprise ne communique pas suffisamment sur ses attentes en termes de compétences et de performances à l'égard des juniors.

Les trop expérimentés ou usés (45/65 ans)

« Chers, rigides, imbus de leurs certitudes, incapables de s'intégrer dans une nouvelle équipe, victimes d'une monoculture d'entreprise, voir de monofonction, peu adaptables, ayant des problèmes de santé et des compétences obsolètes, handicapés-micro, soucieux de leur statut et, qui plus est, démobilisés [2] », telles sont les formules employées à propos des seniors par les responsables opérationnels, chasseurs de têtes et même des DRH.

« Vous ne pensez tout de même pas retrouver du travail à 55 ans ? » ou encore « À votre âge, il faut tout accepter, même le pire », susurrent les chasseurs de tête aux chercheurs d'emplois seniors. Les propos paraissent caricaturaux. Il est vrai que, depuis la réforme des

---

1. L'enquête B.V.A. suivante a été effectuée en 2001 pour Manpower, auprès des DRH.
2. Propos recueillis lors de nos différentes rencontres avec les DRH et consultants d'entreprise.

retraites, les regards commencent à changer et les formules aussi. Mais ce revirement est récent et sera traité dans le chapitre suivant.

Le temps n'est pas lointain où ces propos dominaient, puisque certains les tiennent encore aujourd'hui. Une enquête[1] évoque le regard que les DRH français portent sur le vieillissement. Si cette étude peut paraître datée, n'oublions pas que les attitudes à l'égard de l'âge se transforment très rapidement en normes, et qu'elles sont appropriées par les générations visées et par celles qui vont leur succéder. Ainsi, la représentation des âges, datant des années quatre-vingt-dix, influence notre représentation actuelle.

Lorsqu'il est demandé aux DRH quelles conséquences entraînerait pour l'entreprise une augmentation de la proportion des salariés âgés de 50 ans et plus, ils répondent :

- une résistance au changement (75 %) ;
- des coûts salariaux supplémentaires (72 %) ;
- une faible acceptation des nouvelles technologies (70 %) ;
- des perspectives de carrière bloquées pour les plus jeunes (57 %) ;
- une baisse de productivité (42 %).

Ces trente dernières années ont vu l'émergence d'une règle non écrite qui a avancé l'âge réel de la fin de carrière. On observe la fin des promotions et des formations plusieurs années avant l'âge anticipé de départ. Le milieu de la quarantaine devient un âge critique. La notion de fin de carrière commence à prendre sens à mi-carrière. C'est l'âge des promotions, mais aussi l'âge des plafonnements, l'âge des incertitudes, l'âge des menaces, l'âge de la précarité.

Le diplôme influence également les fins de carrière

En France, « entre 50 et 64 ans, le niveau de diplôme influe fortement sur la participation au marché du travail[2] ». En 2001, « l'espérance d'activité » d'un senior ayant un bac plus trois est de 11,5 ans et, pour une femme de même niveau d'études, elle est de 9,7 ans. Sans diplôme ou avec le certificat d'études, ces chiffres baissent à 7,8 ans pour les hommes et 6,2 ans pour les femmes. La spécificité française du diplôme est mise en exergue. Le diplôme,

---

1. Datant de 1992, citée dans A.-M. Guillemard, *L'âge de l'emploi,* Armand Colin, 2003.
2. Étude CNAV, 2002.

même après 30 ans de vie professionnelle, a encore une influence sur le parcours du salarié.

Une seule génération au travail

Si le lecteur trouve ces propos exagérés, qu'il regarde le schéma suivant. La vie active se concentre sur une période de plus en plus courte. Si les frontières d'entrée et de sortie de la vie active semblent moins extrêmes que celles que nous venons de décrire, il n'en révèle pas moins la structure sociétale des âges que nous venons d'évoquer. Les frontières par âge que nous avons tenté de tracer n'ont pas vocation à être rigides. Elles dépendent du secteur, de l'organisation et de la qualification. Par exemple, les salariés les moins qualifiés, les moins gradés et les plus précarisés, auront une probabilité plus forte de sortir précocement. Ce schéma met en exergue une tendance nationale : une seule génération travaille pour toutes les autres.

FIGURE 14 – LA DURÉE MOYENNE DE CARRIÈRE DE 1969 À 1997

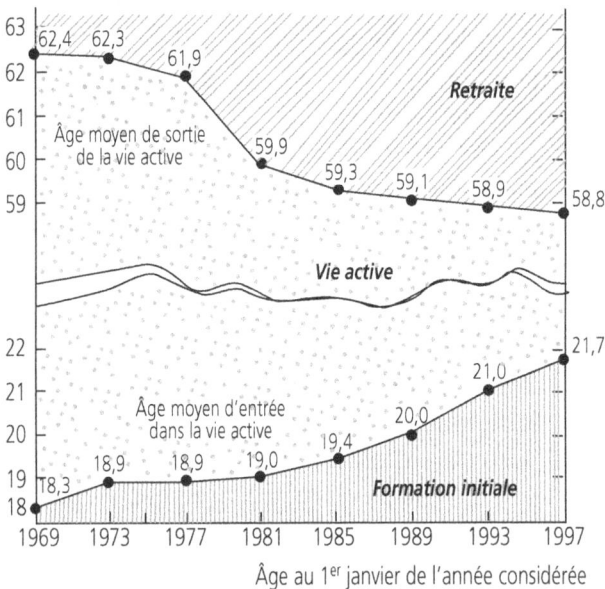

Source : Marchand, 1997.

Le bel âge dans l'entreprise se situe donc entre 30 et 45 ans. Ces salariés sont considérés par l'entreprise comme performants et

146

utiles. Si l'entreprise exclut les âges extrêmes, reconnaissons qu'elle sait parfaitement rétribuer et valoriser cet âge intermédiaire de la vie. Les pratiques de gestion des carrières, de rémunération, de formation ont été élaborées pour répondre à leurs attentes et leur sont destinées. L'entreprise accorde de nombreuses qualités à ces âges : performance, autonomie, maturité, réactivité, endurance... Cette génération bénéficie des plus grands égards de la part de l'entreprise, qui a besoin de fidéliser ces salariés qu'elle considère comme son unique force productive.

Pourtant, lors de l'embellie économique de 2000-2001, les jeunes et les seniors ont suscité un regain d'intérêt. *La chasse aux quinquas est ouverte*, titre en octobre 2000 un article de *L'Expansion*, et de poursuivre : « Dans les start-up, le jeunisme est déjà passé de mode ». Émissions de télévision et dossiers « quinquas » dans les hebdomadaires témoignent de ce renouveau.

Face à la pénurie de main-d'œuvre et au regain de croissance, les entreprises et les cabinets de recrutement avaient même modifié leurs discours et attitudes envers les seniors. « Experts ; il y a des métiers où l'on se bonifie avec l'âge si le coefficient d'expertise est fort ; à 50 ans, on est tout de suite efficace ; ils recherchent des gratifications dans l'intérêt de leur travail, plus que dans la promotion ; moins un titre qu'une fonction ; il faut qu'ils puissent transmettre leur savoir-faire ; c'est l'âge de la sagesse et de la raison ; si un senior est lucide et clair avec lui-même, proactif, son âge n'a alors plus d'importance. » Et même : « on n'a jamais cessé d'en présenter ». Ces propos, recueillis auprès des DRH lors de l'embellie économique de 2000-2001, n'appellent aucun commentaire.

Finalement la question des juniors et seniors n'est pas une problématique d'âge mais de préjugés, créés par la loi de l'offre et de la demande. Cet état de fait ne serait pas source de problème si les individus, en tant que citoyens et salariés, n'avaient pas besoin de repères stables pour se développer. Or, si les normes d'âges évoluent aussi rapidement que l'offre et la demande, et déstabilisent perpétuellement les valeurs accordées à l'âge, elles ne sont pas propices au développement individuel.

Une modification considérable du contexte démographique est en cours. La population active disponible devrait diminuer sauf si les comportements d'activités aux âges extrêmes se modifient. À cette fin, salariés, syndicats et entreprises doivent changer d'attitude et de comportement à l'égard de l'âge. Le chapitre suivant analyse la manière dont les acteurs, et notamment l'entreprise, peuvent modifier leurs comportements sans abandonner l'objectif de performance.

Chapitre V

Le sentiment de vie professionnelle ou comment dépasser les barrières de l'âge

Ce chapitre propose de revisiter les présupposés sur les juniors et les seniors au travail en introduisant la notion de sentiment de fin de vie professionnelle. Ce concept nouveau est issu de travaux de recherche concernant l'engagement des plus de 50 ans au travail[1].

La notion de vie professionnelle a un avantage par rapport à celle de carrière. Elle prend en compte toutes les sphères de développement de l'individu. Car le salarié ne se développe pas uniquement par le travail (cf. chapitre III). Il évolue également dans d'autres sphères sociales : familiale, amicale, associative...

La notion de sentiment de fin de vie professionnelle permet de comprendre le désengagement des seniors au travail. L'analyse des déterminants du sentiment de fin de vie professionnelle fournit des solutions pour réintégrer les salariés vieillissants dans l'entreprise. Aborder la carrière sous l'angle de la vie professionnelle implique de redéfinir l'étape d'intégration des juniors en la replaçant dans une étape de vie bien particulière. Pour avancer et

---

1. E. Marbot, *Le sentiment de fin de vie professionnelle chez les plus de 50 ans : définition, mesure et déterminants,* sous la direction de J.-M. Peretti, ESSEC-IAE d'Aix-en-Provence, 2001.

faciliter l'insertion des juniors dans la vie professionnelle, des pratiques de ressources humaines sont proposées.

1. Réintroduire tous les âges au travail

Face à la pénurie de main-d'œuvre qui se profile, les salariés, comme les entreprises devront augmenter leur durée de vie professionnelle. Ils devront remettre en cause leurs représentations d'une vie professionnelle concentrée et intense. Créer un cycle de vie professionnelle plus dilué, moins normé, avec une durée totale de travail plus longue mais aussi mieux répartie tout au long de la vie devient indispensable. Définissons la vie professionnelle avant de présenter la notion de sentiment de fin de vie professionnelle.

La vie professionnelle ou le sentiment de vie professionnelle

Le concept de sentiment de vie professionnelle prend source dans les théories du développement de l'adulte (cf. chapitre III). Rappelons rapidement les caractéristiques de ces théories.

- les stades de développement sont unidirectionnels ;
- les phases sont hiérarchisées : l'individu ne peut passer d'un stade à un autre sans avoir effectué les tâches du premier stade ;
- les stades sont définis et délimités par des âges ;
- chaque étape est séparée de la suivante par des crises.

Nous avons choisi d'employer les termes de sentiment de vie professionnelle et non celui de carrière, car c'est la perception des individus qui nous intéresse. C'est la perception des hommes qui crée la réalité et la modélise. Les réalités n'existent pas en elles-mêmes.

Le terme de sentiment fait référence à la perception individuelle. Le choix de la création d'une notion entièrement subjective se justifie par notre certitude. L'avancée en âge, le vieillissement, le déroulement de la vie professionnelle ne sont pas des données objectives. La façon dont l'individu vit et perçoit ses étapes de vie aura une influence sur sa réalité, donc sa vie. Ainsi, les théories du développement de l'adulte affirment, qu'en dehors de l'âge, c'est la perception des événements qui provoque le passage d'un stade à un autre. Face à un même événement, les individus l'interprètent différemment selon leur personnalité et leur stade de vie.

C'est davantage une perception cognitive du vieillissement, que la situation objective, qui détermine la réponse du sujet face à n'importe quel événement. Par exemple, la façon qu'a l'individu de faire face aux changements qui sont liés à l'âge ou qui se produisent lors d'un événement marquant de la vie, dépend de sa perception de la situation. Se centrer sur la perception des individus, et ce, afin d'essayer de comprendre leur réalité, n'est-ce pas négliger des données essentielles, les données objectives ?

Pour comprendre l'ensemble des représentations associées à la carrière qui constituent des « visions du monde » de chaque individu, il faut évidemment prendre en compte trois types de données.

- des données objectives de base : origine sociale, formation, génération ;
- des données objectives de carrière : temps passé dans le poste, niveau de classification ;
- des données subjectives, qui sont tout à la fois la traduction et la condition de l'expérience : une vision du monde.

Le terme *sentiment* nous semble pertinent pour refléter cette perception personnelle de la vision du monde. Le terme *vie* fait référence au premier postulat des théories du développement de l'adulte. Le développement du salarié est dû à une interaction entre l'environnement et le salarié. L'emploi des termes *vie profession-nelle* est préféré à celui de *carrière*. La carrière fait référence à une époque, à une société et à des générations. Or, la société est en pleine mutation. La notion de vie professionnelle introduit un caractère chaotique et aléatoire.

Le sentiment de fin de vie professionnelle[1]

Décrire le stade de fin de carrière comme un désengagement au travail apparaît simpliste. Le salarié est confronté à d'autres enjeux

---

1. La méthodologie de la définition et de la création de l'échelle de mesure du SFVP est l'objet d'une thèse de doctorat : E. MARBOT, *op. cit.*

dans sa sphère privée et hors vie professionnelle. La notion de sentiment de fin de vie professionnelle permet de faire référence à ces autres enjeux et ne pas limiter l'analyse du salarié à son travail. « La décennie de la fin de carrière, par exemple, débouche dans un nouvel âge dont les dimensions ne concernent pas que l'emploi et le niveau de vie – c'est l'âge le plus riche mais avec des revenus très inégaux – mais également le couple et la sexualité, la famille et les relations intergénérationnelles, la vie sociale et la vie associative. C'est également une période de l'existence où se transforme le rapport à l'argent, au corps, au vieillissement, à la mort[1]. » Les fins de carrière doivent être revisitées dans cette perspective.

Une étude, s'appuyant sur des entretiens et des questionnaires, nous a permis de définir le sentiment de fin de vie professionnelle : *Le sentiment de fin de vie professionnelle est l'acceptation par l'individu des changements des engagements de sa vie.* Ce sentiment se traduit par les six manifestations suivantes :

1. **Un désengagement au travail**. L'individu réduit la place qu'il accorde à son travail, et au travail en général. Le travail représente pour ces seniors en SFVP[2], un quotidien obligatoire mais non essentiel. C'est un moyen et non une fin. Leur engagement au travail est donc très faible. Ils expliquent leur détachement par l'évolution de la relation âge/travail. Tous admettent qu'ils n'ont pas été tout au long de leur carrière aussi peu engagés dans leur travail. Mais suite à un échec, aux conséquences de leur âge (fatigue), à leur évolution psychologique ou familiale, ils se sont désengagés. Citons-les :

   ▷ Senior 1 : « Ça (le travail) a toujours représenté la possibilité de mon autonomie et le bien-être de mes enfants, alors c'est assez important mais ce n'est pas capital... Par exemple, il n'est pas question que ça bouffe ma vie privée comme chez certains... Depuis que mes enfants sont partis, c'est plutôt ça : je pense à moi. J'ai envie de laisser tomber ce qui ne m'intéresse plus. »

   ▷ Senior 2 : « Pourquoi j'ai recommencé à travailler ? Parce que ça me manquait et aussi par besoin d'un deuxième

---

1. X. Gaullier, *Les temps de la vie : emploi et retraite,* Éditions Esprit, 1999.
2. Sentiment de fin de vie professionnelle.

© Éditions d'Organisation

salaire. Plus qu'un deuxième salaire, c'était la volonté de sortir de chez moi. Je crois que j'aurais préféré un emploi à mi-temps, mais ce n'était pas possible. Aujourd'hui, j'ai pris du recul par rapport à mon travail, je préférerais être avec mon ami qu'ici. Maintenant de travailler ça me coûte... Le travail ne représente plus rien dans ma vie... »

▷ Senior 3 : « Le travail m'a permis de sortir de chez moi quand mes enfants ont été grands. Mais c'est mon mari qui rapporte le plus important, moi c'est l'appoint. Maintenant ça me coûte plus que ça ne me rapporte : je suis fatiguée. »

▷ Senior 4 : « Mes petits-enfants, mon jardin me préoccupent beaucoup plus que ce que je fais. J'ai de plus en plus mal à m'intéresser à ce que je fais. »

▷ Senior 5 : « Vivre, c'est mon nouvel engagement ! »

▷ Senior 6 : « Depuis 7/8 ans, le travail, j'y vais à reculons. Bon, une fois que j'y suis, je reste souriant, ça ne change rien. Depuis 92/93, j'en ai ras le bol ; ça ne m'intéresse plus du tout. C'est peut-être la cinquantaine et des outils de plus en plus modernes. Je n'attends plus rien du travail. Ma seule ressource, c'est d'arrêter de travailler. »

2. **Un recentrage sur soi.** Le salarié (en SFVP) a décidé, parce qu'il se sent dans une autre phase de vie, de se consacrer à lui-même, d'écouter ses nouveaux rythmes, de réaliser ses propres désirs. Il relativise l'importance qu'il accorde à son image sociale et donc l'influence des autres sur lui.

▷ Senior 1 : « Faire ce que j'ai envie, c'est maintenant ou jamais. »

▷ Senior 2 : « C'est qu'aujourd'hui mes aspirations sont d'ordre privé. Je prends du recul. »

▷ Senior 3 : « Me recentrer sur ce que je considère comme essentiel. Et l'essentiel, c'est moi. C'est ma priorité. »

3. **Une évolution des rôles.** Le salarié modifie la nature et la place qu'il accordait à chaque sphère sociale (professionnelle, familiale et personnelle). Il privilégie désormais des rôles familiaux, ou qui ne concernent pas le travail. Citons les seniors qui se sentent en fin de vie professionnelle et qui décrivent ainsi l'évolution de leur rôle.

- Senior 1 : « Ma vie a commencé avec mes enfants. Et même maintenant s'ils deviennent indépendants, c'est ma vie. Vous verrez... »
- Senior 2 : « Mes enfants sont partis, j'ai un ami depuis 3-4 ans, c'est ça le plus important. [...] Non, le travail, ça ne fait pas partie de ma vie : sauf en négatif. »
- Senior 3 : « Mon travail, c'était au départ un jeu quand mes enfants ont quitté la maison... Aujourd'hui ce n'est plus rien. Et j'attends de voyager avec mon mari. Oui, je crois que depuis quelques années, mon couple c'est ma priorité... remarquez c'est là où je suis bien. »
- Senior 4 : « Ma priorité, c'est mes petits-enfants. Je suis fou d'eux. J'aime les voir grandir [...] C'est peut-être parce que je ne l'ai pas fait avec mes enfants. »
- Senior 5 : « Me consacrer à moi et à ma famille... L'essentiel aujourd'hui c'est moi... Le reste, ce n'est même pas secondaire : ça n'existe pas. »

Parallèlement, à chaque fois qu'est évoqué le rôle principal, une idée d'acceptation du changement de rôle émerge.

- Senior 1 : « Je relativise de plus en plus mes rapports avec les autres. Par exemple aujourd'hui, je n'ai pas honte de dire que mes enfants, c'est ma vie. »
- Senior 2 : « Il est vrai qu'à cette époque j'accordais une priorité à mon environnement social. Or quand j'y pense le principal vecteur de mon environnement social, c'était le travail. Je m'y suis fait mes amis, mon statut. C'était ma vie. »
- Senior 3 : « Alors qu'autrefois, je peux vous affirmer que j'y accordais beaucoup plus d'importance. Les autres aussi, il faut bien le dire, m'influençaient beaucoup plus. Mais, à mon âge, on a moins de contraintes sociales. »

Ainsi, cette évolution de rôle est revendiquée et acceptée par les personnes en sentiment de fin de vie professionnelle.

4. **Une évolution des objectifs de vie**. L'âge a provoqué chez les salariés des changements d'aspirations, de désirs et donc d'objectifs qui concernent désormais des domaines privés.
    - Senior 1 : « Maintenant, j'irais bien vivre dans ma maison de Rouen avec mon mari. Il est à la retraite. On n'attend que ça, s'occuper du jardin, voir nos amis, savourer la retraite. »

© Éditions d'Organisation

Senior 2 : « À mon âge, j'ai envie de faire ce que je n'ai pas pu faire auparavant. »

Senior 3 : « Oui vous comprenez, avant c'était la course au succès dans le travail. Je suis à un âge où l'on relativise ses succès et ses échecs. [...] Maintenant, ma priorité, c'est le bonheur de ma famille. »

Senior 4 : « Vous savez, on change dans la vie. Depuis quelques années, je n'ai qu'un rêve peindre ! »

5. **Une évolution vers l'intégrité**. Les individus travaillent sur l'acceptation de leur seul et unique cycle de vie et ils perçoivent ce travail comme étant en pleine évolution. Ce travail sur l'acceptation de la finitude de la vie est nouveau pour eux. Ceux qui se sentent en fin de vie professionnelle expliquent que la vieillesse est une de leurs grandes préoccupations. Certains l'ont acceptée. Les autres admettent qu'ils y travaillent. Ils ont pris – ou sont en train de prendre – conscience de leur relative vieillesse, soit à cause de leur condition physique qui se dégrade et des problèmes de santé qu'ils rencontrent (liés, selon eux, à l'âge), soit par le décès d'êtres proches. Ils détaillent longuement leur « déclin », tout en le relativisant par rapport au quatrième âge, « vraie vieillesse ». La mort fait partie intégrante de leur réflexion sur leur vieillissement.

Senior 1 : « On n'y coupe pas... Il faut essayer de l'accepter le mieux possible. Mais c'est vrai qu'avant la vieillesse, je n'y pensais pas. La mort, c'est pareil que la vieillesse. Elle n'est pas gênante pour moi, peut-être plus pour mes enfants. Sinon ça ne me dérange pas, en tout cas beaucoup moins que la maladie. Oui, j'accepte de plus en plus sûrement l'idée de mourir... »

Senior 2 : « À 50 ans, j'ai eu deux opérations importantes dans l'année. Et puis, j'ai eu la ménopause. J'ai pris du poids, j'étais plus fatiguée. J'ai réalisé que j'étais à la moitié de ma vie. Ce n'est pas que la vieillesse me fasse peur. Je suis un peu plus philosophe. Je suis plus fatiguée et j'ai envie de prendre mon temps. Je n'ai pas pris mon temps. Ni pour moi ni pour mes enfants. J'espère ne pas être trop mal en point. Profiter de ce qu'on n'a pas pu, à la vieillesse. Plus on avance en âge, plus on la voit loin, mais en vérité plus on la ressent. La mienne (la mort) je n'y pense pas et ça ne me fait pas peur. J'ai vécu ce que j'avais à vivre. »

Senior 3 : « J'espère ne pas être trop malade. Mais c'est une partie agréable de la vie : faire ce qu'on n'a pas pu faire pendant toute sa vie par manque de moyens, de temps, de tout un tas de choses. La vieillesse c'est dans la tête. C'est sûr, on a un visage plus usé, on a des rides et... mais c'est mignon les grands-mères qui ressemblent à une pomme d'api. Moi, je trouve ça mignon... Mais je ne pense jamais à ma mort. C'est peut-être parce que je suis mieux avec moi. J'ai vécu plein de choses. Ça ne me fait plus peur depuis quelque temps. »

Senior 4 : « Tout me dit que je suis dans la vieillesse : mon corps, mon entreprise. Oui ! C'est évident même si je me sens encore jeune, je suis entrée dans la vieillesse. Vous n'avez qu'à voir la tête de mes copains (et la mienne). Je crois que je suis obligée de passer par là : vous verrez, on ne s'y fait pas trop mal et puis on se prépare à la vraie vieillesse, au quatrième âge. Avant, je n'y pensais pas. Et puis des êtres proches sont partis. J'ai gambergé pendant pas mal de temps. Maintenant, je me dis : vivons... [...] Mes petits-enfants me font vivre. Et les voir grandir, c'est me rapprocher de la mort. Vue sous cet angle-là, on l'accepte. »

Senior 5 : « Un matin, après la mort de ma mère qui a été très soudaine pour moi, je me suis réveillé et j'ai réalisé que la prochaine fois, ce serait mon tour. Être le prochain sur la liste, ça fait réfléchir. Au début, ça a été terrible de se dire : je fais partie des prochains qui vont disparaître, je fais partie des vieux... Oui, il y a le quatrième âge avant moi. Mais, dans ma famille, je suis maintenant le plus âgé. Alors je me suis dit, mais ça m'a pris du temps : il va falloir essayer de le vivre, d'en profiter sans désespérer. Vous comprenez et vous convenez que pour attendre la mort, il y a mieux que le travail. Alors, vivement ma vieillesse dans la retraite. Mais c'est vrai qu'il m'a fallu du temps pour accepter cette image de moi : je suis le dernier, le vieux de la famille. Une fois qu'on l'a acceptée, on accepte sa mort. Enfin, je crois. »

Senior 6 : « C'est le travail qui me fait vieillir et qui est la source de mon stress et de mon hypertension. Non ! Mais c'est vrai qu'après un cancer, on mûrit. Je n'attends plus grand-chose de la vie. C'est peut-être ça la vieillesse : juste être paisible avant la mort. Avec mes problèmes de santé, je sais que je vis une vieillesse difficile et que ça va empirer. Et je voudrais avoir du temps pour me consacrer à moi et à ma famille. C'est pour ça que je veux prendre du temps libre avant ma retraite. »

6. **Une acceptation de son âge.** Les individus en sentiment de fin de vie professionnelle s'aperçoivent qu'ils appartiennent désormais à un autre groupe d'âge. Ils sentent donc une évolution de l'image de leur âge, et donc d'eux-mêmes. Reprenons quelques phrases du discours de ceux qui se sentent en fin de vie professionnelle :

Senior 1 : « Rassurez-vous, aujourd'hui mon âge ne pose plus aucun problème. Il est vrai que ce n'était pas le cas quand j'ai fêté mes 50 ans. Je ne les ai d'ailleurs pas fêtés. »

Senior 2 : « On accepte son âge, il me semble qu'on arrive à accepter le déclin de ses capacités physiques et sa maladie, si on en a une. »

Senior 3 : « J'appartiens désormais à la catégorie des ménagères de plus de 50 ans (rire). Non malheureusement pas ménagère. Mais j'aimerais bien. »

Ceux qui n'ont pas encore le sentiment de fin de vie professionnelle ne se sentent pas concernés par leur âge et par la vieillesse. Ils n'y pensent pas. Elle est à la rigueur synonyme de quatrième âge. Ils admettent qu'ils se fatiguent « un peu plus vite que par le passé », mais cela n'a pas d'influence sur leur travail. Cette fatigue est compensée par leur expérience et leur maturité. La mort, comme la perception de la vieillesse et de la retraite, est loin d'être acceptée. Ils refusent de s'attarder à y penser et ils n'en parlent pas spontanément. Quand le thème de la vieillesse est abordé, ils le relient à la mort. Mais ils parlent toujours de la mort des autres et non de leur propre mort. Tous expliquent que le travail leur permet d'éviter ce qu'ils ne peuvent pas, pour l'instant, accepter : « Si vous continuez à travailler, vous n'y pensez pas ». Ils précisent tous que leur perception de la retraite, de la mort et de la vieillesse n'a pas évolué au cours de leur vie. Les autres thèmes ne sont pas abordés par ces salariés qui désirent rester engagés dans la sphère organisationnelle.

TABLEAU 23 – LES DIMENSIONS
DU SENTIMENT DE FIN DE VIE PROFESSIONNELLE

Dimensions du sentiment de fin de vie professionnelle	Explication
Un désengagement au travail	Ce désengagement du travail semble être lié à leur étape de vie.
Un recentrage sur soi	Ils désirent revenir à ce qu'ils considèrent comme essentiel. C'est-à-dire que leur bien-être passe désormais par une volonté d'écouter leurs désirs. Ils estiment que cette écoute d'eux-mêmes est nouvelle.
Une évolution de ses objectifs de vie	Ils ont d'autres priorités dans leur vie qu'ils n'avaient pas auparavant et qui sont liées au recentrage sur soi.
Une évolution des rôles sociaux	Les individus expliquent que s'ils privilégient aujourd'hui des rôles familiaux, ou en tout cas qui ne concernent pas le travail, c'est parce qu'ils accordent moins d'importance aux autres grâce à leur expérience.
Une évolution vers l'intégrité	C'est-à-dire l'acception de son seul et unique cycle de vie : l'acceptation de sa mort et donc évidemment de sa vieillesse.
Une acceptation de son âge	Ils ont senti leur évolution vers l'appartenance à une autre catégorie d'âge. Et ils acceptent l'image de leur âge.

Ces manifestations sont extrêmement liées entre elles. Ces composantes du sentiment de fin de vie professionnelle seraient des tâches correspondant à une nouvelle phase du développement de l'adulte. Le salarié déplacerait son engagement dans une autre sphère sociale, une autre communauté, sa famille ou lui-même. À la différence du concept de fin de carrière, ce désengagement est fortement lié à un développement individuel hors de la sphère organisationnelle. Ce sentiment n'est donc pas lié à une baisse de compétence au travail et à un âge fixe. Il correspond, dans le cycle de vie, à une phase de volonté de réalisation de soi.

Pourquoi les *vingtagénaires*, *trentagénaires* ne seraient-ils pas touchés par le sentiment de fin de vie professionnelle ? La jeune femme qui désire s'arrêter temporairement pour s'investir un an dans une activité humanitaire, le jeune homme qui désire prendre un congé parental pour s'occuper de ses enfants, ne sont-ils pas eux aussi en sentiment de fin de vie professionnelle (provisoire) ? Ils se désengagent certainement de leur travail. Ils vivent une évolution de leur rôle et de leur objectif de vie. Ils éprouvent donc trois des dimensions du sentiment de fin de vie professionnelle. En revanche, les dimensions recentrage sur soi, acceptation de son âge et évolution vers l'intégrité ne les concernent pas ou les concernent différemment. Le trentagénaire par exemple n'effectuera pas le même travail sur son seul et unique cycle de vie (sa mort) que le quinquagénaire, car ils sont dans des étapes de vie différentes. Si le trentagénaire essaye de se recentrer sur soi (un des objectifs du développement de l'adulte) il sera encore soumis à de fortes contraintes externes. En effet, dans cette étape de vie, son orientation est externe (l'individu s'attache aux jugements des autres) alors que celle du quinqua sera interne (il valorise ses références intimes). Il existe donc certainement un sentiment de fin de vie professionnelle à tous les âges, mais qui ne se définirait pas par les mêmes dimensions et qui ne serait pas provoqué par les mêmes causes.

Avoir ou ne pas avoir le sentiment de fin de vie professionnelle ?

Chaque salarié se développe à son rythme au travers d'expériences individuelles et donc différentes. Certains pourraient ne jamais avoir ce sentiment, par exemple ceux qui ont placé le travail au centre de leur vie : artisans, artistes, chercheurs, hommes, politiques, experts. Ceux qui ont construit leur vie professionnelle autour d'une passion ne considèrent pas leur métier comme un travail mais comme une activité viscérale !

Ceux qui n'auront pas le SFVP considèrent le travail comme un élément central et fondamental de leur bien-être psychologique et donc de leur bien-être dans les autres sphères sociales. D'ailleurs, lorsque ces salariés évoquent la relation entre travail et vie privée, ils expliquent que le travail est encore l'ossature de leur vie privée : si le travail disparaît, la vie en dehors du travail n'a plus de raison d'être. Leur définition de la vieillesse est très révélatrice du fait qu'ils ne se considèrent pas en fin de vie professionnelle. Selon eux, la vieillesse est créée par la société et l'entreprise qui donnent une image professionnelle de la vieillesse désastreuse.

D'autres n'ont pas encore le SFVP. Ceux qui n'ont pas encore le sentiment de fin de vie professionnelle et qui ne vivent pas uniquement par le travail l'auront certainement un jour. Quand ? Cette question est aussi cruciale pour l'individu que pour l'entreprise ! L'organisation a intérêt à comprendre les facteurs qui déclenchent ce sentiment. S'il n'est pas fonction de l'âge[1], quels sont ses déterminants ?

Lorsque ce sentiment arrive à l'heure de la retraite, le salarié, comme l'entreprise, est satisfait. Si ce sentiment arrive avant le départ, le salarié souffre d'une insatisfaction et se trouve dans une situation psychologique insupportable. Alors que son seul désir est de quitter l'entreprise, il ne peut la quitter sous peine de se voir dans une situation défavorable avant de percevoir sa retraite et malgré des années de cotisations. Quant à l'entreprise, elle ne peut supporter le coût de salariés non engagés ! L'objectif commun des seniors et des entreprises est donc d'éviter le sentiment précoce de fin de vie professionnelle (SPFVP). La notion de sentiment précoce étant utilisée lorsqu'il apparaît avant l'âge effectif de départ à la retraite.

Avoir ou ne pas avoir le SPFVP n'est donc pas une question d'âge ! Mais la question qui nous semble intrinsèquement liée à ce sentiment, est celle de ses origines. Pourquoi certaines personnes l'ont ? Pourquoi certaines ne l'ont pas ? Est-ce dû à des stades de développement personnel différent, mais qui ne dépendent pas de l'âge ? Est-ce dû à leur travail ? Est-ce dû aux politiques de ressources humaines de leur entreprise ? La définition de cette notion n'a d'utilité pour les entreprises que si les facteurs qui provoquent ce sentiment sont connus.

---

1. Les âges n'étant plus normés.

© Éditions d'Organisation

L'engagement des seniors qui n'ont pas le sentiment de fin de vie professionnelle

Senior 1 : « Alors pour moi le travail est une valeur qui est assez fondamentale, j'aurais pu partir en préretraite, mais… Je ne me vois pas sans travail. Ma vie privée, disons que pour moi c'est les moments où je me ressource un peu, de temps en temps, quand j'ai le temps. Je veux dire que ce n'est pas un élément fondamental de ma vie. »

Senior 2 : « J'ai toujours travaillé pour gagner ma vie puis pour élever mon fils. C'est 60 %, voire 80 % de ma vie. Sans le travail, rien n'est possible. J'ai toujours beaucoup sacrifié pour mon travail. »

Senior 3 : « L'épanouissement, c'est avoir une vie professionnelle chaleureuse et sympathique avec des objectifs, une vie à côté qui pouvait être menée correctement, un salaire, une certaine sécurité de l'emploi. J'ai essayé de privilégier la famille autant que le travail. Ça n'a pas toujours été faisable […] Concrètement mon travail est passé et passe avant, mais ça m'a permis un certain équilibre. »

Senior 3 : « Le travail, c'est l'élément essentiel pour se lever le matin : sinon je végète et c'est facile. C'est un mal indispensable. »

Senior 4 : « Essentiel… pour mon bien-être psychologique. C'est très prenant et mobilisateur. »

Senior 5 : « Mon travail a toujours et sera toujours une grande partie de ma vie. »

Senior 6 : « Oui, c'est le travail qui me fait tenir mentalement. Ça m'a toujours permis de vaincre ce dont j'ai le plus peur, la routine. »

161

2. Allonger la vie professionnelle et éviter le sentiment précoce de fin de vie professionnelle

Le lecteur pourrait penser que le passage par l'étape de sentiment de fin de vie professionnelle est « naturel » dans le cycle de vie d'un adulte. On pourrait croire que le stade de vie dans lequel se trouve l'individu, c'est-à-dire l'intégrité, provoque le sentiment de fin de vie professionnelle. Il n'en est rien. Le sentiment de fin de vie professionnelle est provoqué par des perceptions provenant de la sphère organisationnelle, telles que :

- des situations de travail dévalorisantes pour le salarié vieillissant ;
- des politiques de GRH discriminantes à l'égard des seniors ;
- des pratiques de management inadéquates.

Des situations ou perspectives de travail dévalorisantes

Le contenu du travail, la mobilité horizontale ou verticale, le poste de travail et le rôle primordial du manager sont des facteurs qui provoquent ou influencent le SFVP. Chacun de ces facteurs comporte des risques de dévalorisation pour le senior, qu'il faut identifier et s'efforcer de réduire.

Les risques liés à l'intérêt du travail

La motivation au travail est extrêmement liée à la perception de l'intérêt et de la richesse du travail[1]. Le besoin des seniors d'avoir un travail utile pour l'organisation, c'est-à-dire qui ait du sens, est extrêmement fort. Un salarié, qui n'aurait pas de travail « intéressant », aurait l'impression que l'organisation n'attend plus rien de lui : « il finirait par s'y résigner et attendre sa

---

1. J. Hackman, G. Oldham, *Work redesign, Reading, MA : Addison-Wesley, 1980. D. Karp,* « *Professionals beyond midlife : some observations on work satisfaction in the fifty-to-sixty Decade* », *Journal of Aging Studies, vol. 1 (3), 1987. M. Zetlin,* « *Older and wiser : Tips to motivate the 50's crowd* », *Management Review, August 1992.*

retraite passivement[1] ». Par intérêt du travail nous entendons richesse et autonomie. Il convient de rappeler que le vieillissement peut être caractérisé par une accentuation du besoin d'autonomie. Si ce besoin n'est pas satisfait, le senior va chercher cette satisfaction ailleurs, en dehors de la sphère organisationnelle, et se désengage.

Concernant l'intérêt du travail (variété et autonomie), en matière de politique de ressources humaines, deux pratiques peuvent être recommandées :

* l'une concerne la variété du travail. Il faut noter que la perception d'une impossibilité d'enrichissement de son poste est très corrélée à l'intérêt du travail. Des politiques d'accès équitable à la mobilité et de valorisation de l'enrichissement des tâches peuvent donc être prônées ;
* en matière d'autonomie, celle-ci ne dépend pas directement du D.R.H... En revanche, la perception d'avoir une certaine autonomie vient du supérieur hiérarchique. L'encadrement doit être fortement interpellé sur cette question en expliquant qu'un manque d'autonomie provoque, chez les plus âgés, un sentiment de fin de vie professionnelle.

Les risques liés à la mobilité horizontale

Certains seniors, contrairement aux idées reçues, souhaitent changer de poste, soit parce qu'ils connaissent trop bien leur travail, soit parce qu'ils ont vécu tout au long de leur vie professionnelle de nombreux changements et qu'ils souhaitent conserver ce rythme qui les satisfait toujours et auquel ils se sont habitués. Lorsque l'individu connaît trop bien son travail, il n'a plus rien à apprendre. Il commence à s'ennuyer. Il désirerait que l'entreprise l'investisse de nouvelles missions ou lui propose un changement de poste. Dans certains cas, le senior, parallèlement à sa mise à l'écart informel de projets, s'aperçoit que l'entreprise propose de la mobilité à d'autres, souvent plus jeunes. Pour ne pas se retrouver en position d'échec, le senior commence à mettre en place la parade que représente le sentiment de fin de vie professionnelle.

---

1. T. Saba, G. Guérin, T. Wils, « Gérer l'étape de fin de carrière », *Gestion 2000,* Janvier-février, 1997.

Est-il possible d'éviter la perception d'un plafonnement horizontal par des politiques d'entreprises adaptées ?

Le plafonnement horizontal est perçu lorsque l'individu estime qu'il ne pourra pas accéder à une mobilité horizontale. Même si cela dépend beaucoup du poste et donc du niveau hiérarchique, si l'entreprise valorisait l'apprentissage et la mise en pratique de nouvelles techniques, si elle développait la rotation des postes à un même niveau hiérarchique, elle diminuerait le nombre de personnes se sentant en plateau. Elle réduirait donc le nombre de personnes en sentiment de fin de vie professionnelle. Certains rétorqueront que, pour certains niveaux hiérarchiques, il n'est pas possible d'avoir un fort taux de mobilité horizontale. Mais est-ce courant dans toutes les entreprises de faire changer de poste les non-cadres tous les 5 ans ? Il n'existe pas d'argument valable contre cette préconisation. L'introduction de plus en plus systéma-tique d'une gestion par les compétences en GRH facilite et encou-rage cette mobilité.

Les risques liés à la mobilité verticale

Une des principales inquiétudes des cadres après 50 ans est liée au plafonnement de carrière. C'est-à-dire que le salarié redoute de ne plus pouvoir progresser hiérarchiquement. Le manque de capacité ou de volonté à gérer sa carrière, comme le fait de ne pas répondre au bon moment à une proposition, peut expliquer un sentiment de plafonnement chez l'individu. Mais le fait que les promotions soient réservées aux plus jeunes pour les retenir, influence égale-ment le sentiment de fin de vie professionnelle. Les salariés plafonnés ont une forte aspiration à l'avancement et le travail repré-sente tout dans leur vie. Ils misent sur leur aspiration à l'avance-ment et vivent par elle. S'ils ne trouvent plus cette satisfaction, source de valorisation dans leur travail, ils ne peuvent plus se contenter du rôle de salariés et ils cherchent d'autres satisfactions en dehors de la sphère organisationnelle.

Dans de nombreux cas, les entreprises sont incapables aujourd'hui d'assurer au salarié une progression hiérarchique. Toutefois, l'image de la progression hiérarchique peut être réévaluée. L'entre-prise peut relativiser la valorisation que cette progression apporte à l'individu, surtout pour les seniors et, d'un autre côté, valoriser les rôles de coordinateur, consultant interne, formateur ou mentor, proposés par les Québécois[1]. Allonger la période d'apprentissage, retarder les mobilités tout en les rendant plus systématiques, intégrer des temps de formation (sur le tas et traditionnelles) permettra d'assurer une gestion des compétences sur le long terme et une mobilité hiérarchique équitable à tout âge.

Les risques liés aux postes de travail[2]

Le poste de travail peut être source de risques majeurs pour le salarié senior. La pénibilité du poste peut entraver les facultés du salarié. Malgré toute sa bonne volonté et malgré ses efforts à vouloir compenser son vieillissement, il sent diminuer sa performance. Cette baisse de performance réelle peut également être sanctionnée. Face à la double crainte du déclin physique et de la moindre reconnaissance de son travail par le manager et les collègues de travail, le salarié, pour se protéger, utilisera la parade du sentiment de fin de vie professionnelle.

Le deuxième risque est lié à la modernisation ou la modification des outils de travail. Les travaux du Creapt (Centre de recherches et d'études sur l'âge et les populations au travail) montrent que si le salarié âgé n'est pas associé à l'élaboration des changements, il aura de grandes difficultés à les vivre. Généralement, parce qu'il n'en comprend pas les raisons, il a du mal à abandonner son ancienne manière de faire. Plus le salarié fera des efforts pour trouver ses nouveaux repères, plus il y a de probabilité pour qu'il commence à se désengager et qu'il cherche une valorisation à l'extérieur de l'entreprise. Il sera en sentiment de fin de vie professionnelle.

Pour que le vieillissement n'ait pas d'impact sur les capacités physiques et mentales des salariés, et donc sur leur sentiment de fin de vie professionnelle, il faudrait :

---

1. G. Guérin, T. Wils, T. Saba « La mobilisation des professionnels de 50 ans et plus », *Actes de l'AGRH,* 1996.
2. Cette partie repose sur les travaux du Creapt et sont revisités. En effet, dans nos enquêtes nous n'avons jamais testé le lien pénibilité et travail, puisque les sondés étaient tous soit cadres, soit etams (employés, techniciens, agents de maîtrise), soit travailleurs indépendants. Cette partie repose donc sur une intuition qui a émergé lors des riches entretiens avec Serge Volkoff, directeur du Creapt.

- associer le personnel à la modernisation de l'appareil de production et à la mise en place des nouvelles procédures ;
- associer systématiquement gestion des ressources humaines et ergonomie préventive[1].

Des conditions de travail bien adaptées peuvent avoir un effet protecteur vis-à-vis de certaines dégradations de la santé. Il peut donc être recommandé d'anticiper l'adaptation des postes de travail en y impliquant les acteurs concernés.

Si le salarié se sent dévalorisé dans et par son travail, il ira chercher ailleurs cette valorisation. Il préférera devenir un heureux retraité actif plutôt que de rester un triste actif en retrait : c'est le sentiment de fin de vie professionnelle qui permettra le passage d'un état à un autre.

Des pratiques ressources humaines discriminantes

Les politiques de ressources humaines qui permettent de retenir un senior heureux au travail possèdent un dénominateur commun : elles ne doivent pas être perçues par les seniors comme discriminatoires. Les discriminations par l'âge sont ressenties par les salariés expérimentés comme dévalorisantes. Cette perception provoque le désengagement au travail et la transition vers une autre phase de vie. Concrètement, non seulement le senior se désengage, mais il réévalue également l'influence que peut avoir le milieu (l'extérieur) sur ses propres désirs dont les facteurs déterminants deviennent plus internes qu'externes. Leurs désirs personnels apparaissent plus pressants. Le senior amorce alors sa transition vers l'intégrité par le sentiment de fin de vie professionnelle. Les politiques discriminatoires qui déclenchent le SPFVP[2] s'incarnent dans les pratiques suivantes :

---

1. L'expression « ergonomie préventive » ferait bondir les ergonomes avec raison. Cette redondance a pour objet de sensibiliser le lecteur sur le fait que le vieillissement par le travail peut être ralenti si les conditions de travail sont améliorées et ce, pour tous les postes et pour tous les âges.
2. Sentiment de fin de vie professionnelle précoce : le SFVP survient alors que le salarié n'a pas atteint l'âge de sa retraite.

Les risques liés à l'entretien annuel d'évaluation

Lors de l'entretien annuel d'évaluation, trois acteurs sont en jeu le senior, son manager et la DRH. Ces trois acteurs sont facteurs de risque de déclenchement du SPFVP.

- Le senior *rebelle*. Dans certains cas, à partir d'une certaine expérience (et non d'un certain âge), les salariés expérimentés considèrent ces entretiens comme dépassés. Soit ils estiment que ces entretiens ne sont pas utiles (parce qu'ils n'auront pas d'effet sur leur avenir organisationnel) soit ils estiment qu'à plus de 50 ans, il n'est plus nécessaire d'évaluer leur travail et leurs compétences. Le salarié est certainement déjà en sentiment de fin de vie professionnelle.

- Le manager *junior assassin*. Les seniors peuvent mal vivre un entretien avec un supérieur qui a 20 ans d'expérience de moins qu'eux. Et pourtant, si un brassage de génération est espéré, ces situations devront devenir de plus en plus courantes. Sensibiliser les managers à la façon dont ils élaborent leurs représentations des âges paraît un bon remède.

- La DRH *insouciante*. Les salariés, qui pensent que l'entretien peut encore avoir un impact sur leur avenir, désirent continuer à se prêter à l'exercice. La DRH doit confirmer cette perception par des pratiques de valorisation adaptée et pas nécessairement financière. Certes, comme leur âge les place dans la partie haute des rémunérations, l'entretien n'aura probablement pas d'incidence sur leurs revenus. En revanche, il pourrait en avoir sur d'autres composantes de la rétribution (formation, mobilité, périphériques de rémunération non monétaire).

Si les seniors perçoivent, soit de la part de leur manager, soit du service ressources humaines, une iniquité lors des décisions de rétribution en matière d'âge, ils développeront un SPFVP.

Ainsi, il peut être recommandé aux ressources humaines de :

- former les jeunes managers à l'évaluation des seniors, ce qui peut parfois être mal vécu par le senior !
- veiller à ce que l'entretien soit destiné à tous ;
- veiller à ce que les critères d'évaluation ne soient pas discriminants en matière d'âge.

Les risques liés aux départs anticipés

Si l'entreprise veut éviter de provoquer le SPFVP, il faut qu'elle cesse immédiatement toute politique de départ anticipé. L'individu associe les pratiques de départ anticipé à une pression sur son futur départ, qu'il soit immédiatement concerné ou non. Dès qu'un salarié bénéficie d'une mesure de départ anticipé, les autres salariés se préparent à en bénéficier et baissent leur engagement au travail. En changeant d'objectifs de vie, ils entrent dans une autre phase de vie. Il y a une intériorisation et une appropriation de la part des salariés restants de cette règle de départ précoce. L'appropriation est d'autant plus facile que la représentation sociétale de la retraite est idéalisée (*cf.* chapitre I). Si l'entreprise veut éviter de provoquer le SPFVP, les politiques de départ anticipé doivent donc être supprimées.

Bien que la loi du 21 août 2003 ait eu également pour finalité de donner un coup d'arrêt au départ anticipé, certaines entreprises préfèrent encore les financer : habitude culturelle ou incapacité de prolonger la vie professionnelle ! Quoi qu'il en soit, ces pratiques de départs anticipés influencent les désirs des quadragénaires et quinquagénaires et leur motivation, alors qu'ils devront rester obligatoirement plusieurs années de plus que leurs aînés dans l'entreprise.

La gestion des temps au départ est également un élément important dans la lutte contre le sentiment précoce de fin de vie professionnelle. Les préretraites progressives peuvent donner au senior le sentiment de n'être pas traité comme tout le monde. Lorsque cet aménagement est perçu comme réservé aux fins de carrière, il provoque chez le salarié un questionnement sur son âge et une réévaluation de celui-ci. On peut supposer que le salarié perçoit une discrimination dans cet aménagement.

Dans les entreprises où la réduction du temps de travail n'est pas perçue par les salariés, comme synonyme d'exclusion et de mise à l'écart des politiques de gestion sous prétexte d'un moindre temps passé au travail, les politiques d'aménagement des temps au départ n'enclenchent pas le SPFVP. Dans de telles entreprises, les préretraites progressives sont alors extrêmement bien vécues par les seniors.

La DRH doit être partie prenante dans la nécessaire modification de l'image du temps partiel en France. Celui-ci, même s'il est choisi, est souvent considéré comme étant lié à une nécessaire mise à l'écart des pratiques de rétribution de l'entreprise[1]. La communication sur l'aménagement des temps de travail, et notamment en termes d'équité en matière de gestion de carrière, doit être suffisamment explicite pour que le choix d'un temps partiel n'ait pas d'influence sur le SPFVP de ces seniors.

Puisque la perception des politiques d'aménagement des temps au départ est bien accueillie par les seniors, bien que la loi du 21 août 2003 ait supprimé cette possibilité[2], l'entreprise peut valoriser le choix du temps partiel. Les seniors pourront choisir de réduire leur temps de travail pour ne pas être envahis par le SPFVP. À cette fin, un effort de communication, concernant les bénéficiaires et les règles d'aménagement des temps, est préconisé.

Les risques liés à la transmission des compétences

Les entreprises devront faire un diagnostic précis de leur gestion prévisionnelle des emplois et des compétences des seniors. Il faut connaître pour anticiper. Les outils de diagnostic existent tant pour les hommes que pour les emplois. La prospective des métiers par famille professionnelle donne des résultats intéressants. Il est possible d'intégrer la dimension « âge » dans la gestion anticipatrice des emplois et des compétences.

Une problématique majeure du baby-boom réside dans la transmission des savoirs et des compétences. Il est primordial de rappeler que la transmission des savoirs n'est possible que si le collectif y trouve son compte.

---

1. Dans certaines entreprises, le temps de travail est indissociable de la notion de performance et de productivité. Même si la possibilité est donnée au salarié de réduire son temps de travail pour préparer son départ en retraite, cette réduction serait vécue par le salarié comme une exclusion du système de production et donc de ses rétributions. Dans les organisations qui ne discriminent pas les salariés en fonction de leur temps de travail, les salariés ne sentent pas d'iniquité dans leur accès aux politiques de promotion, de mutation, et aux systèmes de rétribution, qu'ils travaillent à plein temps ou non.
2. Dans les pays où les salariés ont la possibilité de prendre une préretraite progressive (Suède, Danemark), elle est très appréciée par les seniors. Il est vrai que les politiques publiques et les entreprises de ces pays valorisent le temps partiel.

Pueyo-Venezia[1] relève les éléments qui nuisent à la collaboration et à la transmission de savoir-faire :

- « L'isolement des opérateurs : les équipes très éclatées entravent l'apprentissage ;
- l'organisation de travail, qui tend à réduire les effectifs dans les ateliers : ceux qui restent sont moins disponibles pour aider les jeunes ;
- la non-organisation de l'accueil des apprentis ;
- la dureté des métiers et des épreuves initiales ;
- la santé au travail : avec des gens fragilisés et des stratégies de préservation qui ne marchent pas bien, les plus anciens ont tendance à se protéger et à privilégier leur propre préservation ;
- des équipes instables qui n'incitent pas les anciens à former les plus jeunes qui vont partir ;
- des outils pédagogiques négligés ;
- un temps limité d'acquisition du métier. »

La transmission des compétences ne peut se faire que par la formalisation et la reconnaissance de la part de l'entreprise des temps d'apprentissage du métier. Il est nécessaire que le service de gestion des ressources humaines reconnaisse et valorise la transmission des savoirs de manière formelle. Rappelons que la prise en compte du temps d'acquisition et de transmission est indispensable. Chez les compagnons, le savoir se transmet en trois ou quatre ans : la temporalité de l'acquisition des métiers n'est-elle pas à revoir ?

Mais pour transmettre son savoir, le salarié doit être conscient de ses compétences. À cet effet, il faut que l'entreprise identifie au sein des collectifs de travail les compétences à transférer, puis que les détenteurs de ces compétences soient incités à les transmettre. Il est donc indispensable de leur donner du temps afin qu'ils formalisent et capitalisent leurs savoirs. Il faut ensuite consacrer également du temps et des efforts à la formation des jeunes.

L'organisation ne peut envisager de répondre à la question du mode de transfert des compétences sans prendre en compte les évolutions

---

1. V. Pueyo-Venezia, « Comment intégrer l'allongement de la vie professionnelle dans la gestion des ressources humaines », *Cahier de recherche de l'Anvie,* 26 novembre 2003, p. 30.

technologiques. Les opérateurs devraient participer aux changements de plus en plus rapides dans la conception des outils de travail, ce qui leur permettrait de transférer plus facilement leurs compétences. La gestion des ressources humaines doit s'appuyer sur les compétences réelles (et non prescrites) des opérateurs, ainsi que sur leurs stratégies d'expériences qui participent à la viabilité du travail. L'entreprise enclenche un processus d'exclusion des salariés vieillissants lorsqu'elle ne prend pas en compte les activités réelles de travail dans les projets de conception. Les résistances aux changements, comme les transferts de compétences, sont tout autant déterminées par les modes de conceptions de ces changements, ou les modes d'élaboration du transfert de compétence, que par les relations humaines installées par le collectif du travail. Plus les seniors seront associés à la mise en place de nouveaux process, plus ils s'y adapteront rapidement.

Les risques liés à la formation

La formation est une des conditions d'une adaptation efficace aux changements techniques et organisationnels. Or, le consensus sur les temps sociaux en France conduit plutôt à considérer qu'aucune formation n'est possible après la cinquantaine. La même attitude s'exprime quant aux capacités d'adaptation et donc de mobilité à cet âge. Plus des deux tiers des salariés formés en France ont moins de 45 ans. Sans formation, le cercle vicieux de la baisse de performance et du potentiel des salariés est amorcé, et plus rien ne peut le briser.

Ce processus est aggravé par le fait que les travailleurs âgés ont repris à leur compte les stéréotypes qui les concernent. Lorsque l'attitude face aux changements entre les jeunes et les personnes plus âgées est analysée, la conclusion est sans appel[1]. La résistance au changement attribuée aux quinquagénaires repose sur le fait qu'ils sont moins confrontés aux occasions de changement que les plus jeunes. Mais ils sont en réalité tout aussi ouverts que leurs cadets. Les stéréotypes sociaux modifient donc la perception du vieillissement et influencent ainsi ses effets.

Enfin, il nous semble que l'entreprise doit se poser deux questions primordiales en matière de formation.

---

1. T.R. Tyler, R. Schuler, « Aging and attitude change », *Journal of Personality and Social Psychology,* vol. 61 (5), 1991.

- Est-il moins risqué et moins coûteux pour l'organisation de former et recruter des jeunes « pleins d'avenir » que des quinquagénaires qui sont proches de l'âge de la retraite ? À court terme, l'opération semble rentable. Mais un jeune n'a-t-il pas plus de chance d'être débauché après sa formation qu'une personne qui n'est qu'à 5 ou 10 ans de l'âge de la retraite ? Il semble qu'à plus long terme le retour sur investissement de la formation soit meilleur pour le futur retraité âgé que pour le jeune en début de carrière.
- Quel est l'objectif premier de la formation professionnelle continue ? Si chaque entreprise a une réponse individualisée, il semble logique que celle-ci soit destinée à augmenter le niveau de compétences de ses salariés et leur adaptabilité. Or la formation en France est réservée aux plus jeunes, considérés comme les plus adaptables et les plus formés ! Le tableau suivant le montre.

TABLEAU 24 – TAUX D'ACCÈS À LA FORMATION CONTINUE

Selon le niveau d'étude	Taux d'accès	Part dans la population
Bac + 3 et plus	51,3 %	9,6 %
Bac + 2	46,8 %	10,9 %
Bac	36,8 %	13,2 %
CAP, BEP	25 %	28,6 %
BEPC	25,9 %	7,2 %
Certificat d'étude ou aucun diplôme	12,9 %	30,3 %
Non réponse	19,3 %	Non significatif
Selon les catégories socioprofessionnelles		
Agriculteurs exploitants	12,4 %	2,8 %
Artisans, commerçants, chefs d'entreprise	16,3 %	6,8 %
Cadres, prof. intel. supérieures	53,8 %	12,5 %
Professions intermédiaires	48,8 %	21,1 %
Employés	32,3 %	28,9 %
Ouvriers	21,3 %	27,5 %

Source : Céreq, *période janvier 1999 à février 2000.*

Dès que le senior perçoit que, parce qu'il a plus de 45 ans, il n'aura plus droit à la formation, il se sent discriminé et se désengage. Le schéma suivant permet de visualiser cette discrimination alarmante en matière d'accès à la formation.

FIGURE 15 – TAUX D'ACCÈS À LA FORMATION CONTINUE
SELON L'ÂGE ET LA QUALIFICATION

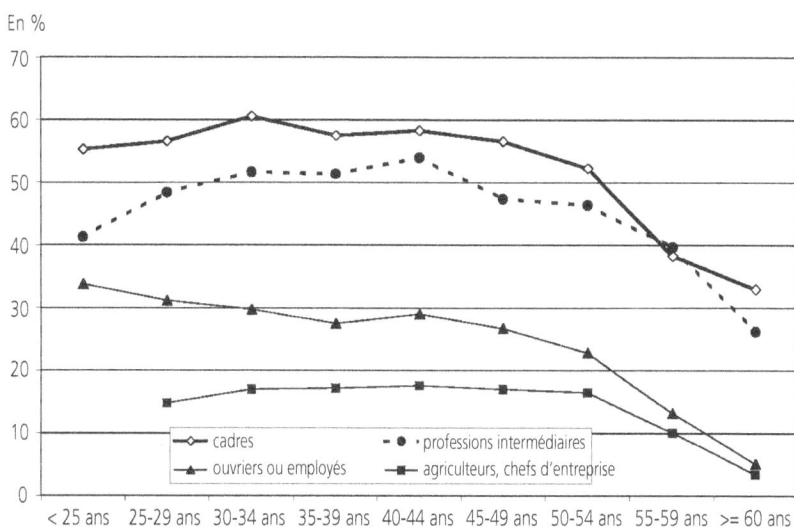

Source : Enquête « formation continue 2000 » ; traitement : DARES.

Il se peut que le taux d'accès à la formation des seniors, bien que nettement inférieur à celui des moins de 45 ans, reflète non pas un refus de l'employeur mais le fait que les seniors soient moins demandeurs en formation. Si les seniors manifestent une plus faible demande de formation, n'est-ce pas parce qu'ils s'estiment assez compétents dans leur poste, compte tenu de leur perspective de rétribution et d'évolution ?

L'ingénierie de formation doit également être revisitée. Il est prouvé que s'il n'y a pas de différence dans les performances d'apprentissage des jeunes et des anciens, s'ils ont été formés régulièrement, les voies d'apprentissage ne sont pas les mêmes : pourquoi ne pas revisiter l'ingénierie de formation à l'égard de seniors ?

Pour maintenir l'employabilité des seniors, il faut leur ouvrir largement l'accès à la formation en choisissant des modalités adaptées à leurs attentes et à leurs capacités d'apprentissage.

Les risques liés à la rémunération

Les pratiques de rémunération sont les plus sensibles autant pour les seniors que pour les entreprises. Un senior coûte plus cher qu'un junior ! Si, incontestablement les salaires de base sont incomparables, l'entreprise oublie bien souvent de prendre en compte la productivité réelle !

Or Volkoff, Jolivet et Molinié[1] se demandent si les indicateurs usuels de productivité sont pertinents pour évaluer l'apport des salariés à différents âges. Les entreprises ne savent pas calculer la valeur ajoutée réelle de chaque salarié ou son coût réel. De plus, si une recherche parvenait à démontrer qu'un salarié âgé est source de pertes pour l'entreprise, les chercheurs expliquent que celles-ci seraient la conséquence des choix effectués dans le passé par les entreprises : pas d'apprentissage de l'adaptabilité, pas de valorisation de la mobilité, pas d'aide à l'employabilité ! Il serait donc possible d'éviter à l'entreprise de générer ces coûts en anticipant leurs effets.

Le coût salarial n'est pas le seul coût déterminant et important pour l'entreprise. Les autres coûts peuvent être listés de façon non exhaustive : coût de reclassement, coût d'aménagement des conditions de travail, coût de recherche des nouveaux salariés, coût de formation, coût des indemnités de départ et coût de gestion des flux de main-d'œuvre. Malheureusement ces coûts sont peu quantifiés.

Il faudrait aujourd'hui analyser et calculer précisément ces coûts de rupture. La tendance est à la hausse. Les dispositions légales évoluent, les incitations institutionnelles cessent et les pouvoirs publics prennent de moins en moins ces coûts en charge. Parallèlement, l'État met en place un dispositif répressif. L'amendement Delalande instaure une cotisation pour toutes les entreprises qui licencieraient un salarié de plus de quarante-cinq ans. Les organisations ont donc un moindre intérêt financier à user de ces mesures d'âge.

---

1. S. Volkoff, A-F. Molinié, A. Jolivet, « Efficace à tout âge ? » *Centre d'études de l'emploi,* dossier 16, 2000.

L'âge, en France, est rémunéré parce qu'il est d'abord synonyme d'ancienneté. Cependant, la rémunération à l'ancienneté a été créée dans la perspective de fidéliser les salariés dans un contexte de croissance taylorienne. Aujourd'hui, l'entreprise ne peut se permettre de supporter un coût spécifiquement lié à l'âge : le coût de productivité. Au niveau individuel, les effets du vieillissement sur le salaire sont assez mineurs mais, au niveau collectif, le ratio productivité moyenne sur salaire moyen peut alourdir rapidement la masse salariale de l'entreprise dans notre contexte démographique. La rémunération à l'ancienneté se justifie-t-elle encore ? Ne pourrait-on pas la remplacer par un système de rétribution de l'ancienneté, autre que la rémunération, ce qui aurait l'avantage de ne pas alourdir la masse salariale ?

La nature de ces rétributions reste à inventer. Elles pourraient prendre la forme d'avantages en termes d'aménagement des temps de fin de carrière ou d'intérêts procurés par le compte épargne-temps rémunéré à l'ancienneté ?

La mise en place de l'individualisation des augmentations de salaires dans les années quatre-vingt, a permis de remettre en question la rémunération à l'ancienneté. Le passage aux 35 heures a quelquefois permis de casser le poids des automatismes historiques. Dans les entreprises qui ont mis en place des matrices d'augmentations individualisées en fonction du niveau de rémunération, les juniors bénéficient, ainsi, plus que les seniors des augmentations individuelles.

TABLEAU 25 – EXEMPLE DE MATRICE D'AUGMENTATION
EN FONCTION DU NIVEAU DE RÉMUNÉRATION ET DE LA PERFORMANCE

Niveau de rémunération	Performance			
	Excellente	Très bonne	Bonne	Passable
De – 20 à – 12	5	4	3	2
De – 12 à – 8	4	3	2	1
De – 4 à + 4	3	2	1	0
De + 4 à 12	2	1	0	0
De 12 à 20	1	0	0	0

Ce système d'augmentation individualisée défavorise ceux dont le salaire est proche du maximum de la fourchette salariale pour un poste et une qualification donnés. Quand un collaborateur est parmi les mieux payés, il doit être parfaitement performant, s'il veut être augmenté. Or, aujourd'hui, ce maximum salarial est généralement atteint par les seniors. Ce système est donc une excellente parade à toutes les questions soulevées à la minimisation du coût salarial du senior.

Si ces politiques d'individualisation sont efficaces, elles posent le problème crucial du plafonnement salarial. La stagnation du salaire peut être ressentie par le senior comme une privation de récompense et même comme une non-récompense de son expérience. L'introduction d'une partie variable, réversible et différée dans la rémunération permettrait de compenser cette perception négative de l'individualisation des rémunérations éprouvée par certains collaborateurs. Les seniors sont attirés par des éléments de rémunération différés qui leur permettraient de construire un patrimoine pour leur retraite. Le risque serait aussi diminué si la politique de rémunération s'harmonisait avec les politiques de gestion des carrières et de formation.

Quoi qu'il en soit, les politiques de rémunération doivent s'adapter au vieillissement de la pyramide des âges. Les salariés ayant généralement atteint un niveau de salaire proche du maximum de la fourchette de leur poste ne bénéficient plus, ou presque, d'augmentations individualisées de leur salaire fixe. Ils sont d'autant plus attentifs au fait que leur pouvoir d'achat ne soit pas trop écorné par l'inflation et aux autres rétributions (formation, mobilité...).

Le manager au cœur de la valorisation des seniors

Le manager est l'acteur central de la mise en œuvre de ces pratiques équitables de gestion des ressources humaines. En effet, le manager a un rôle important parce qu'il est le premier à véhiculer les pratiques de ressources humaines, et qu'il est le seul à pouvoir les mettre en œuvre. De grandes entreprises, qui depuis quelques années avaient revisité leurs pratiques de gestion des seniors pour qu'ils ne se sentent pas discriminés, se sont aperçu, que malgré la bonne volonté de tous, les résistances culturelles étaient très fortes. Ainsi, même s'il avait été recommandé de former, de recruter en interne des seniors, de ne pas les exclure des primes, sous prétexte de leurs âges, les salariés vieillissants, avaient toujours un sentiment de discrimination parce qu'ils ne voyaient aucun changement concret malgré les accords signés et la volonté de la direction. Il faut donc que le manager soit le relais opérationnel de la politique suivie en matière de ressources humaines. Mais pour qu'il puisse être le relais de la mise en place de ces nouvelles pratiques, encore faut-il que les managers aient pris conscience de leur représentation des âges. Or, même les managers seniors ont intégré les stéréotypes qui les concernaient ! Nous sommes tellement prisonniers des schémas, inconsciemment véhiculés depuis trente ans que, chaque fois qu'il s'agit de recruter un senior en interne ou un jeune, notre choix se portera immanquablement sur le plus jeune. Mais les représentations de l'âge sont des construits sociaux. Pour les « déconstruire », encore faut-il les connaître. Les discours sur l'âge ne pourront se modifier que par une sensibilisation sur le sujet. Une fois que les stéréotypes seront mis en lumière et les réflexes culturels concernant les seniors réalisés et formalisés, alors les managers pourront manager leur équipe en toute équité.

Veiller à valoriser

Le manager est le premier vecteur de valorisation de l'individu au travail. Ainsi, si les pratiques organisationnelles, qui créent les conditions de valorisation de l'individu de plus de 50 ans, jouent sur la non-perception du SPFVP, c'est par l'intermédiaire du manager qu'elles seront mises en pratique et que le senior percevra cette valorisation. Pour valoriser un senior, il nous semble que trois éléments doivent être pris en compte :

- le besoin de faire quelque chose d'utile. Ainsi il ne faut pas mettre le senior dans des situations dévalorisantes pour éviter de provoquer chez lui un SPFVP ;
- le besoin de reconnaissance. « Ce besoin est trop négligé par les entreprises, mais il est important dans la mesure où l'on n'existe que par le regard des autres[1]. » Deux facteurs favorisent la satisfaction de ce besoin de reconnaissance : la qualité des relations

---

1. J. Roy, « Jeunesse/Compétences/Entreprises », IAS, Arforghe, Tunis, mai 2001.

interpersonnelles qui se nouent sur le lieu de travail avec les collègues et celles qui se créent avec le supérieur hiérarchique ;
• le besoin de visibilité et de lisibilité de l'entreprise. L'entreprise doit afficher des politiques équitables et transparentes.

Thévenet[1] propose une lecture de la valorisation dans le cadre de l'entreprise. Le citer permettra de lier les idées de développement, d'implication et de valorisation. « Pour qu'il y ait implication, engagement personnel, l'individu doit y trouver quelque chose en échange et ce qu'il y trouve ressortit à cet ordre, ce moyen de réconcilier l'image de soi et ce qui est vécu. » À cette fin, il indique qu'il y a une nécessité de réciprocité entre l'entreprise et l'individu : « Il ne s'agit pas uniquement de rémunération, mais d'un minimum de respect et de la reconnaissance que tout être humain est en droit d'attendre... »

Les seniors sont très sensibles à toutes les marques de reconnaissance. La perception de leur niveau d'équité dépend très largement des signes de reconnaissance qu'ils reçoivent. Tout comportement managérial dévalorisant l'âge et l'expérience crée de la souffrance chez les quinquagénaires. Parmi les marques de reconnaissance appréciées par les salariés âgés, la « liberté de choix » a une grande valeur. Ainsi « l'approche cafétéria », développée ces dernières années dans le domaine des rémunérations, apparaît adaptée aux quinquagénaires. Elle peut être utilement développée dans tous les domaines de la GRH

Veiller à respecter les attentes des seniors

L'hétérogénéité des attentes exprimées par les quinquagénaires est fonction de leur qualification, de leur poste, de leur sexe, de la distance entre leurs lieux de travail et de logement, de la situation familiale (en prenant en compte non seulement les enfants mais aussi les parents âgés), de leurs engagements professionnels et de leurs loisirs. Le manager est le seul à connaître tous ces éléments déterminant les attentes des seniors. La nécessité d'une approche cafétéria, offrant une grande liberté de choix, s'impose. Elle est d'autant plus recommandée que les salariés âgés expriment un haut

---

1. M. Thévenet, *Le plaisir de travailler. Favoriser l'implication des personnes*, Éditions d'Organisation, 2000.

niveau d'appartenance à leur entreprise. Ils ont une préoccupation forte de prendre en compte les contraintes de leur entreprise. Ils seraient donc sensibles à ce que l'entreprise elle aussi, via le manager, prenne en compte leurs attentes.

Le schéma suivant permettra de visualiser les pratiques qui influencent négativement ou positivement le SPFVP. Rappelons que celles-ci doivent être cohérentes entre elles.

FIGURE 16 – LES DÉTERMINANTS DU SENTIMENT
DE FIN DE VIE PROFESSIONNELLE

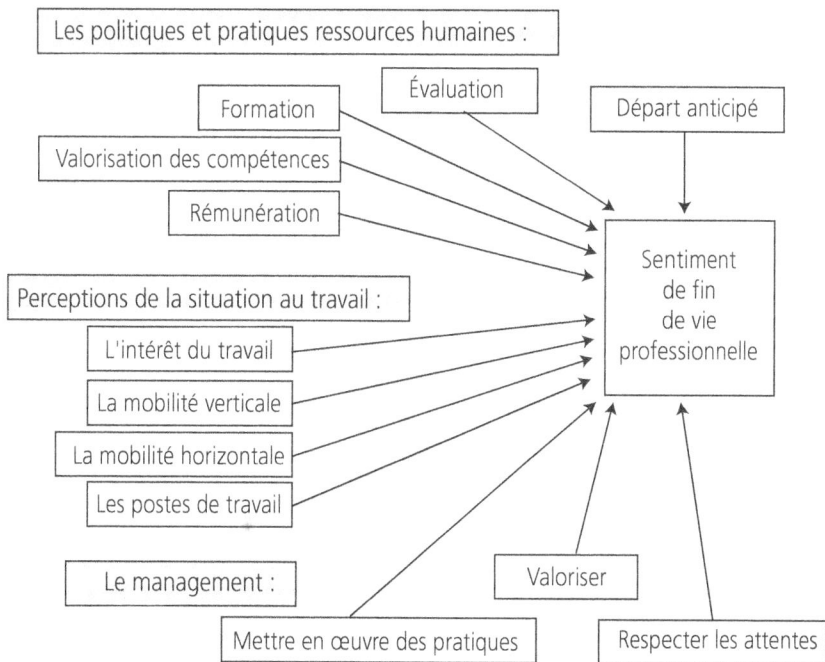

L'apparition du sentiment de fin de vie professionnelle peut facilement être retardée. En effet, ces pratiques ne nécessitent pas d'investissement coûteux, il suffit bien souvent :

- d'étendre les pratiques de GRH destinées aux 30/49 ans à la tranche d'âge supérieure (les plus de 50 ans) ;
- de sensibiliser les acteurs de l'entreprise sur les dangers psychologiques de la discrimination par l'âge ;

179

- de responsabiliser tous les acteurs de l'entreprise à la mise en œuvre de pratiques de gestion des ressources humaines non discriminatoires.

Ces mesures valorisantes permettront aux seniors de combattre les stéréotypes de leur déclin qu'ils ont intégrés. Elles auront également le mérite, même si elles ne changeront pas leur vision idyllique de la retraite, de leur permettre de l'atteindre en étant heureux au travail.

3. Le sentiment d'insertion dans la vie professionnelle

La notion de sentiment d'insertion dans la vie professionnelle est une invention de notre part, qu'il faudrait définir par des entretiens et valider par une échelle de mesure[1]. Si la notion mérite une étude plus approfondie, il est possible d'essayer de la définir et de recenser les pratiques des ressources humaines qui pourraient la mettre en valeur. Cette notion prendrait source, comme le sentiment de fin de vie professionnelle, dans les théories du développement psychosocial de l'adulte et s'appuierait sur la notion d'étape de carrière.

Ce sentiment de début de vie professionnelle correspondrait à l'étape de socialisation dans la sphère professionnelle, sociale, familiale, etc. (cf. chapitre II). Cette étape de vie serait celle de la création de son identité professionnelle. L'étape de carrière liée à cette étape de vie est celle de la socialisation (*cf.* chapitre IV). Les processus de socialisation dans chacune de ces sphères seraient extrêmement liés. Nous ne nous intéresserons dans cette partie qu'à l'étape de socialisation au travail.

---

1. Comme la notion de sentiment de fin de vie professionnelle.

L'étape de socialisation

L'insertion dans la vie professionnelle, ou phase de socialisation, serait composée de trois sous-étapes, indispensables au succès de l'intégration du jeune : la socialisation anticipée, l'intégration et le management de son rôle[1].

- **La socialisation anticipée** est censée être effectuée avant l'entrée dans l'organisation par la formation initiale. Elle existera pour certaines professions comme les médecins, les avocats... Elle concerne toutes les formations qui sont centrées sur une identité de métier. Par exemple, le jeune qui commence son CAP de boulanger passe par cette phase de socialisation anticipée au contact des formateurs professionnels, même avant d'avoir mis... la main à la pâte. Les prémices des formations professionnalisantes permettent aux jeunes de se sentir solidaires de leurs camarades par l'intermédiaire de leur métier et de leur objectif commun, par les relations avec des professionnels (formateurs, artisans, spécialistes, etc.) qu'ils rencontrent et qui leur donneront les clés des normes et des comportements culturels qui régissent le métier. Si le junior, au cours de ses études, n'a pas été confronté à cette socialisation anticipée, il revient à l'entreprise de lui faire passer cette étape.
- **L'étape d'intégration** se déroule au sein de l'organisation. Cette phase est cruciale dans l'émergence rapide et durable du sentiment d'insertion dans la vie professionnelle.
- **La période d'intégration** se termine, comme chaque étape de vie ou de carrière, par une remise en cause ou une crise. Des questions émergent quant à la façon de gérer son statut et son rôle au sein de l'entreprise. Le jeune s'aperçoit des contradictions et des tensions que son rôle lui procure et il essaye d'y faire face.

Cette étape de socialisation se reproduit à chaque changement d'emploi et d'entreprise. Mais ces périodes d'adaptation seront plus courtes grâce à l'expérience et à la maturité acquise. Nommer la première étape d'entrée dans le monde organisationnel

---

1. D.-C. Feldman, « A contingency theory of socialization », *Administrative Science Quaterly,* vol. 21, September 1976.

« sentiment d'insertion dans la vie professionnelle », permet de la distinguer des nombreuses autres étapes d'intégration que le salarié vivra lors de changement de poste ou d'entreprise.

Les tâches à effectuer pour réussir son début de vie professionnelle

Il y aurait quatre principales tâches à effectuer pour passer avec succès cette étape[1] :

- apprendre à connaître son entreprise. Le jeune doit se familiariser avec les règles formelles de fonctionnement de l'entreprise mais également ses règles informelles, la culture et la valeur de l'entreprise. C'est aussi pour le junior l'occasion de comprendre les composantes de sa rémunération et des autres rétributions. Enfin, lors de cette étape, il sera initié au langage spécifique de l'entreprise ;
- apprendre à travailler dans son équipe. Le jeune découvre le comportement de ses collègues et essaye de s'y adapter pour se faire accepter. Il commence à se familiariser avec les relations de pouvoir qui existent au sein d'une organisation et à cerner les intérêts et motivations de chacun de ses membres ;
- apprendre à réaliser son travail. Cet apprentissage commence par la découverte des tâches à accomplir et se termine lorsqu'elles sont maîtrisées. Il faut comprendre les règles, la façon de faire, le jargon du travail. Il est nécessaire de développer des savoirs et savoir-faire ou de les créer pour pouvoir effectuer ce nouveau travail ;
- apprendre à faire évoluer son identité. L'identité du junior se modifie lorsque celui-ci apprend ce nouveau rôle. Le jeune doit accepter cette évolution et modifier ses comportements en conséquence. Cette tâche est difficile à réaliser car elle remet en cause un certain nombre de certitudes, qu'il avait élaborées difficilement lors de son adolescence et qui lui servaient de repères. Il doit accepter de *déconstruire* ses repères et d'en

---

1. D. Lacaze, « La socialisation des nouveaux salariés dans l'entreprise : un apprentissage interactif », in *La gestion des carrières, enjeux et perspectives,* sous la direction de S. Guerrero et al., Vuibert, 2004.

créer de nouveaux. Ces repères concernent tout à la fois le sens de la vie, celui du travail, les rapports aux autres. Les résistances au changement, lors de cet apprentissage, peuvent donc être fortes.

Si le jeune est l'acteur de sa socialisation, les politiques de ressources humaines peuvent l'aider à franchir cette étape avec succès.

Permettre l'émergence du sentiment d'insertion dans la vie professionnelle

L'entreprise, par la mise en place de procédures d'intégration, peut faciliter et accélérer l'intégration du junior. La formalisation du processus d'intégration est extrêmement importante car elle permet de sensibiliser tous les acteurs à l'importance de cette étape.

Établir un process d'intégration

Ce processus, qui doit commencer dès le recrutement, passe par l'accueil, la formation et devrait se conclure par un rite d'intégration.

- Redorer l'image de l'entreprise dès le recrutement. Sensibiliser les acteurs du recrutement (DRH, managers, collaborateurs) est primordial. En effet, ceux-ci donnent à la fois une image de l'entreprise auprès du junior lors des entretiens de recrutement et créent des attentes chez les juniors. Les entretiens d'embauches doivent donc être réalistes pour ne pas générer des attentes qui provoqueront de l'insatisfaction une fois dans l'entreprise. Et donc des départs ;

- L'accueil. La visite du site et la remise du livret d'accueil permettent une première et indispensable sensibilisation du jeune à l'entreprise. Ces diverses présentations de l'entreprise doivent être vécues en groupe (lorsqu'il y a plusieurs recrutés). En effet, ces pratiques collectives favorisent l'acquisition rapide du rôle et l'identification à l'organisation, diminuent le stress des débuts et développent la loyauté envers l'entreprise[1]. Or

---

1. S.J. Ashforth, A.M. Saks « Socialization Tactics : Longitudinal effects on newcomer adjustment », *Academy of Management Review,* vol. 39, 1996.

combien de jeunes n'ont visité, au bout d'un an, que l'étage dans lequel ils travaillent ? Connaître les locaux et les grandes fonctions de l'entreprise permet de se situer, certes, d'abord géographiquement et hiérarchiquement, mais aussi fonctionnellement. C'est-à-dire de répondre aux questions inhérentes à tout processus de socialisation : à quoi je sers ? Quelle est ma place ? Quel est mon rôle ? Ces rites d'accueil (visite et livret) permettent de donner rapidement des repères et donc du sens, conditions nécessaires mais non suffisantes à la maîtrise de son travail.

Et ce qui précède est d'autant plus important si le jeune n'a pas été confronté à la socialisation anticipée. Or c'est de plus en plus généralement le cas.

- La formation. La formation, lors de l'étape de socialisation, peut contenir deux volets : les séminaires d'intégration et un plan de formation personnalisé, accompagnant la période d'intégration. L'entreprise, peut mettre en place des séminaires d'intégration, pour accélérer la période d'apprentissage de l'entreprise par le junior. Ces séminaires ne doivent pas être considérés à la légère. Ils doivent permettre aux jeunes de connaître l'histoire de l'entreprise, ses anecdotes, sa culture et ses règles de fonctionnement. Le plan de formation, qui peut se poursuivre par des cessions de formations théoriques et pratiques en alternance avec des retours en poste. Ce plan de formation donne une visibilité aux juniors. Elle indique un sens de progression et de développement pour le jeune. Ce qui lui permet de se fixer des objectifs. En outre, une politique active de formation envers les juniors leur permet de comprendre que leur performance est importante pour l'entreprise et de fixer des normes de performance.

  Durant le processus de formation, des étapes balises peuvent être organisées avec le manager.

- Le rite d'intégration. Les juniors dans l'entreprise sont discriminés par rapport aux seniors : s'il y a beaucoup de pots d'adieu, il y a peu de pots d'accueil. Le « pot » est un rite de passage important dans le processus de socialisation ou de désocialisation. Ce pot pourrait avoir lieu au début de la période d'intégration, lors de l'achèvement de la période d'essai par exemple. À la fin de la phase de socialisation, après le premier entretien annuel, un repas avec l'équipe pourrait être organisé. Si ces pratiques semblent triviales, elles sont essentielles à la socialisation. Les rites ne doivent pas obligatoirement rassasier les sens gustatifs, ils peuvent rétribuer le jeune de bien d'autres manières. L'important n'étant pas l'événement en lui-même, mais son sens. Si les rites ne sont pas restaurés, le jeune tâtonne pour trouver des repères, il n'est pas motivé pour accéder à la phase suivante et il s'implique peu dans la recherche de performance.

* Élaborer des fiches de poste, qui soient un guide au premier pas dans le travail. L'emploi doit être présenté au nouveau venu. Il ne doit pas perdre de temps à découvrir la finalité de son travail et le rôle qu'on attend de lui. Cette situation serait source d'anxiété pour le junior et de contre-performance pour l'entreprise. Cette procédure est peut-être un coût pour l'entreprise, mais cet investissement est vite rentabilisé. Les juniors n'auront pas à découvrir seuls, et donc lentement, les procédures efficaces pour bien faire leur travail.

Favoriser la prise de risque

Si le processus d'intégration est la partie émergée de l'iceberg, une véritable culture de l'intégration, la partie immergée, doit en être le socle. La sensibilisation des acteurs à l'importance du processus d'intégration permettra de développer cette culture. Elle repose sur une valeur indissociable de l'intégration, celle du droit à l'erreur. Cette valeur doit être prise en compte par les responsables des ressources humaines.

Apprendre par l'expérimentation est une méthode idéale. Mais cette méthode d'apprentissage repose sur des essais et des erreurs. Ces erreurs sont source d'anxiété pour les juniors. La performance de l'équipe peut en être affectée, la qualité du service rendu au client peut l'être également. Si c'est au manager de rassurer le jeune, c'est à la direction des ressources humaines de mettre en place des pratiques d'évaluation, de rémunération qui permettent aux managers d'avoir la latitude de laisser le jeune tâtonner.

En effet, si le manager est sanctionné pour les contre-performances, (obligatoires et indispensables au début de la vie professionnelle du jeune), il ne laissera aucune autonomie au nouvel arrivant et ira même jusqu'à le cantonner à des tâches secondaires et triviales, qui n'affectent pas la performance de l'équipe. En reléguant le jeune à des activités accessoires, le manager ralentira son processus de socialisation et l'apprentissage de son travail.

Si le parcours d'intégration doit être le même pour tous, leur personnalisation grâce au manager et (ou) à un mentor est indispensable à une appropriation rapide et efficace des repères culturels et économiques nécessaires à l'accomplissement du travail.

Le rôle primordial des managers : premier lien entre le jeune et l'entreprise

Le processus d'intégration doit également être individualisé. Cette tâche sera dévolue au manager ou à un référent. Pourquoi pas un senior ? L'individualisation de l'intégration favorise la performance individuelle du junior, sa satisfaction, son engagement au travail et l'innovation dans son rôle[1]. Le manager facilite l'apprentissage du travail mais également l'intégration sociale du junior.

* L'intégration sociale. Le junior, dans sa phase de socialisation, apprend à s'intégrer dans un tissu social et à développer des relations interpersonnelles. S'intégrer au groupe en créant des relations avec ses collègues influence le désir de rester, la fidélité à l'entreprise et l'implication dans l'organisation[2]. Ainsi, si la présentation de l'entreprise est dévolue au service des ressources humaines, la présentation à la hiérarchie et aux collègues est réservée au manager, qui par l'intermédiaire de cette visite, pourra sensibiliser le jeune à la culture et aux modes de fonctionnement de son équipe. Le rôle du manager est aussi de sensibiliser ses collaborateurs à l'accueil du jeune. En effet, l'entourage immédiat du junior, ses collègues, influencent très fortement son attitude. Les comportements des collègues du junior impactent sa satisfaction au travail et son engagement envers l'organisation. Parallèlement, le junior pourra trouver chez ses collaborateurs une aide pour diminuer son anxiété. Les

---

1. D. Nelson, « Organizational socialization : a stress perspective », *Journal of Occupational Behavior,* vol. 8, 1987.
2. Lacaze, *op. cit.*

collègues sont à la source de l'intention de rester ou de partir du junior[1].

L'intégration sociale sera plus rapide et aisée si les collègues et le manager la soutiennent. La recherche d'information du junior pour accéder à la maîtrise de son travail sera facilitée par ces bonnes relations. Le cercle vertueux de l'insertion est ainsi enclenché.

• L'apprentissage dans l'emploi. Cet apprentissage dans l'emploi a pour finalité de maîtriser les aspects techniques du travail et de comprendre l'organisation du travail dans l'entreprise. Cet apprentissage passe par la recherche d'informations, la compréhension et l'intériorisation des objectifs à réaliser et l'expérimentation. Le respect de ce processus d'apprentissage influencera la rapidité avec laquelle le junior atteindra ses objectifs et leur qualité. Le junior utilise deux techniques pour transformer les sources d'informations en compétences. Il observe un tiers (collègue ou manager) et met en pratique son observation.

À l'« adulescence » la socialisation fonctionne par la stimulation de la découverte, de l'expérimentation et du réconfort, c'est-à-dire la curiosité de faire ensemble en cas de difficulté. Cet apprentissage par l'expérimentation est le plus efficace et le plus riche. Le manager doit donc la favoriser. Cette source d'apprentissage laisse une large place au doute, à l'essai et à l'erreur. Mais ces tâtonnements permettent d'apprendre. Le manager doit donc accepter ces erreurs, permettre les essais, les ratages et ne pas les sanctionner. Bien évidemment, son rôle est aussi capital en termes de correction. Cette pratique d'encadrement, composée d'encouragement et d'écoute, réduit l'anxiété liée aux difficultés d'apprentissage.

L'atteinte des objectifs doit être valorisée. Pour récompenser les comportements et inciter le junior à les reproduire. Cette réaction est indispensable pour que le jeune prenne confiance en lui et devienne de plus en plus autonome.

• Le réfèrent, mentor ou parrain. Nommer un mentor ou parrain, qui ne soit pas le manager, peut faciliter l'intégration. Le supérieur hiérarchique, qui a l'avantage de connaître parfaitement le

© Éditions d'Organisation

---

1. Lacaze, *op. cit.*

travail du jeune, peut involontairement cacher des sources d'information ou des savoir-faire sous prétexte qu'ils lui paraissent évidents. Le rôle du parrain ou mentor serait de pallier cette involontaire rétention de renseignements et aiderait le jeune à trouver les informations, à poser les bonnes questions à son supérieur. Sans lien hiérarchique ce binôme permettrait de rassurer le jeune, de le décomplexer face à son ignorance. Si le parrain est un senior, une relation contractuelle pourrait être instaurée avec le junior. La relation d'échange pourrait porter sur les nouvelles technologies. Ainsi, à HEC Québec, certains professeurs ont demandé que des étudiants soient leurs parrains NTIC afin qu'ils s'ajustent aux évolutions d'Internet. Cet échange de savoir dans le binôme facilite et valorise l'apprentissage des cocontractants. Le parrain aurait pour but de soutenir le jeune dans son étape d'intégration, car tous les jeunes, dès leur entrée dans l'entreprise, sont confrontés à certaines difficultés :

▷ Des désillusions. Il est inévitable qu'un décalage apparaisse entre ce que le jeune projetait de l'organisation et la réalité qu'il découvre. Le mentor peut être présent pour réduire la déstabilisation du jeune et l'aider à donner du sens à la situation fragilisante qu'il rencontre.

▷ Le jugement des autres. Il ne « sait pas à quelle sauce il va être mangé ». S'il doit rapidement comprendre ce qu'on attend de lui, il doit également savoir comment il va être évalué. Ce manque de connaissance provoque de l'anxiété. Pour y faire face, il peut développer une attitude de distanciation et de retrait. Cette attitude affectera directement sa performance. Le manager doit anticiper ces questions préciser les objectifs et les résultats à atteindre. Le parrain serait là en cas de doute du junior.

▷ Trouver l'information. Le manager ou le mentor peut aider le jeune à trouver les bonnes sources d'information en lui indiquant quelles en sont les sources *humaines* (supérieurs managers, experts) et les *localisations*. Le parrain peut suppléer aux lacunes du manager, dues aux manques de temps ou de savoir, et permettre au jeune de se libérer de sa peur de poser des questions.

Un parcours d'intégration qui permettrait de fidéliser les jeunes cadres

Une enquête de l'Institut de l'entreprise révèle que les jeunes cadres sont à la recherche d'un équilibre entre vie privée et vie professionnelle et explique que cette attente n'est pas nouvelle puisqu'elle remonte à une trentaine d'années. En revanche, les revendications individuelles ont supplanté les revendications collectives. Leur développement personnel est leur principale préoccupation.

Ils ont créé une logique particulière de contrat psychologique. Le contrat repose sur la perspective de développement personnel. Leur fidélisation à l'entreprise dépend du respect de ce contrat à court terme. Ils accordent une extrême importance à un échange équitable avec l'entreprise. Cette équité doit être immédiate puisqu'ils sont prêts à être infidèles à l'entreprise. Ils exigent des ressources humaines et de leurs managers qu'ils communiquent et qu'ils soient réactifs par rapport à leurs attentes individualisées.

Leur attente de réciprocité est extrêmement exigeante : « Les jeunes cadres sont prêts à travailler beaucoup, mais attendent beaucoup en retour. Ils sont aussi très exigeants quant aux moyens mis à leur disposition pour effectuer leur travail[1]. »

Aux yeux des jeunes, le travail doit être intéressant. Aussi désirent-ils rendre plus explicites les termes du contrat et voudraient que leurs managers soient mieux formés pour permettre la conduite de ce contrat. Ils ont une exigence de transparence, c'est-à-dire qu'ils veulent une expression claire de la politique menée – en termes de ressources humaines – qui doit être cohérente avec la stratégie d'entreprise.

D'une manière générale, les jeunes cadres ont des attentes, renforcées par leurs diplômes, qui bousculent les représentations de l'entreprise et remettent en cause ses formes traditionnelles de rétribution. Les entreprises doivent donc personnaliser leur intégration, si elles veulent fidéliser les jeunes cadres.

© Éditions d'Organisation

---

1. Étude de l'Institut de l'Entreprise.

Un parcours d'intégration qui devrait permettre de répondre aux attentes des juniors

La nouvelle génération semble considérer l'entreprise comme un produit consommable. Si l'organisation apporte satisfaction, le jeune est prêt à en payer le prix ; si l'entreprise ne procure aucune sensation, elle est « rejetée ». Le consumérisme prôné par les entreprises risque de se retourner contre elles si elles n'appliquent pas leurs propres règles. La personnalisation du processus d'insertion dans la vie professionnelle, qui vient d'être développé devrait permettre de répondre à ce besoin consumériste et surtout à leurs attentes.

Les jeunes attendent d'une entreprise qu'elle fournisse des CDI, de bons salaires et une protection sociale. Ils veulent pouvoir maîtriser leur travail dans son moyen et dans ses fins et ne pas être cantonnés à des postes d'exécution pure et simple. Ils souhaitent que la *hiérarchie* ne soit pas un poids trop lourd. Ils cherchent un équilibre entre vie professionnelle et vie privée en alternant des périodes de travail et de non-travail.

Certaines de ces attentes ne paraissent pas très éloignées de celles des seniors. Ces pratiques, qui facilitent l'intégration des jeunes, ne sont absolument pas contradictoires avec celles qui favorisent la rétention des seniors. Elles favorisent même la cohérence de la gestion de la vie professionnelle. Le socle de cette cohérence est la valorisation de l'individu, de son apprentissage et de son expérience et ce, à tous les âges de la vie.

Accueillir ou garder des juniors et seniors performants au travail n'exige pas un investissement lourd pour l'entreprise. S'il n'existe pas de recette miracle pour allonger la vie professionnelle à ses extrêmes, les pistes proposées ont l'avantage de remettre en question les pratiques ressources humaines visant uniquement les 30-45 ans.

CHAPITRE VI

DES PRATIQUES D'ENTREPRISES INNOVANTES

Le chapitre précédent a posé les fondements théoriques de la notion de sentiment de vie professionnelle. Les pratiques de gestion des ressources humaines qui permettent de gérer équitablement la vie au travail à tout âge ont été décrites. Certaines sont déjà utilisées avec succès par les entreprises. Ce chapitre vise à illustrer la gestion du sentiment de vie professionnelle, grâce à des exemples de gestion des ressources humaines mises en place par des entreprises françaises ou étrangères pour allonger la vie professionnelle à ses extrêmes.

Si les exemples en matière d'intégration des juniors sont riches, nombreux et variés, les pratiques concernant les seniors sont plus rares. Incontestablement, le taux d'emploi des salariés âgés est le plus élevé dans les pays où la part du secteur des services est le plus important (Danemark, Royaume-Uni, Suède). Quel que soit le secteur d'activité dominant, dans chaque pays développé, les stratégies d'entreprises vis-à-vis de cette population peuvent se classer en trois groupes :

* stratégie d'externalisation de la main-d'œuvre âgée ;
* stratégie ancienne de rétention ;
* stratégie récente de rétention.

Ces deux dernières stratégies sont loin d'être observées à grande échelle[1]. Les exemples sont épars et peu d'études les concernent. Pourtant certaines entreprises ont, depuis plus ou moins longtemps, mis en place certaines pratiques de gestion des ressources humaines et passé des accords pour allonger les vies professionnelles à ses extrêmes. Visitons certaines de ces pratiques innovantes au regard de la gestion du sentiment de vie professionnelle.

1. Une gestion des départs

Reculer l'âge de cessation d'activité doit passer par un coût d'arrêt des départs anticipés. C'est la seule façon de changer durablement les mentalités et de rendre crédible la reforme des retraites aux yeux de tous les acteurs ! Si la loi ne dit pas comment allonger la vie professionnelle, certaines entreprises innovent et aménagent le temps de travail avant la cessation définitive d'activité.

Mettre fin aux départs anticipés

Il s'agit là d'une condition nécessaire mais non suffisante à l'allongement de la vie professionnelle. Nous avons montré plus haut que, dès qu'un salarié bénéficie d'une mesure de départ anticipé, les autres se préparent à en bénéficier et diminuent leur engagement au travail. Et pourtant, lorsque le lecteur lira ces lignes, plus d'un an après la loi Fillon, l'actualité sociale lui donnera certainement un exemple de plan social, dont les plus âgés seront les principaux et heureux bénéficiaires[2] et l'acceptation sociale de l'allongement de la vie professionnelle la principale victime.

Plus perverses sont les pratiques des départs anticipées qui stipulent qu'en échange d'un certain nombre de départs, des embauches seront effectuées. La communication d'entreprise, généralement relayée par la presse, sur le bien-fondé de cette pratique est désastreuse. Elle

---

1. À l'exception des PME dont la stratégie de rétention des salariés anciens a toujours existé.
2. En octobre 2004, Nesle prévoit des départs anticipés soutenus par le ministère de l'économie !

© Éditions d'Organisation

renforce l'idée dominante et erronée que le départ anticipé est un droit acquis et légitimisé par la bonne cause : « Donner sa place à un jeune ». Les propos suivants appartiennent à des seniors d'une grande enseigne de la distribution.

- Senior 1 : « Je dirais à un moment donné, il est normal qu'on arrête de bosser, parce que les jeunes arrivent et puis, qu'à un moment, on a suffisamment donné et qu'il faut voir la vie autrement [...] se tourner vers soi, vers son ego, vers sa satisfaction personnelle. »
- Senior 2 : « Mais maintenant, je pense qu'il faut laisser la place, aux plus jeunes et profiter de la vie aussi. »
- Senior 3 : « Pouvoir en profiter, pouvoir être des grands-parents jeunes, pouvoir laisser sa place à ses enfants ! C'est important ! »
- Senior 4 : « Je vais vous dire, honnêtement, je ne me projette pas, mais je prendrai ma retraite. Pourquoi ? Parce que les jeunes ont besoin de travailler, je ne voudrais pas prendre la place d'un jeune. Et je trouve que de la mettre à 65 ans, ce n'est pas bien, parce que quand on parle du chômage des jeunes, qu'on dit que le chômage des jeunes augmente de plus en plus, ça ne fera que l'augmenter. »

N'en déplaise à ces seniors, cet argument macro-économique est faux. L'éviction des seniors n'a pas d'impact sur l'entrée des juniors sur le marché du travail. Certes, un accord local peut prôner l'embauche d'un salarié pour deux employés âgés sortants. Mais ces accords ne sont pas majoritaires. En revanche, et malheureusement, l'impact de ces accords, par leur médiatisation est national. Éradiquons les idées reçues et erronées qui légitiment et, dans certains cas, provoquent le sentiment de fin de vie professionnelle. Le départ anticipé des seniors n'a pas d'influence sur le taux d'emploi des jeunes. Partir précocement ne doit plus être revendiqué par l'entreprise, les salariés ou les syndicats comme un acte citoyen. À l'inverse, le prolongement de sa vie professionnelle est un acte citoyen puisqu'il permet la survie de nos systèmes de protection sociale.

Certes, l'entreprise, face à la nécessité des plans sociaux, préférera licencier les plus âgés. Paix sociale oblige. Ce choix sera soutenu par les syndicats et les salariés. Même si cela semble difficilement acceptable *a priori* face à la force des représentations mentales sur ce principe parfaitement approprié par tous, il faut changer ce réflexe. Aujourd'hui, il existe un risque majeur, pour l'équilibre de nos fondamentaux économiques, à faire porter sur une seule classe d'âge l'activité. Licencier les travailleurs âgés ne sera plus un facteur de paix sociale, mais un facteur de déstabilisation sociale. Si l'État se dégage de la prise en charge des plus anciens par la restriction de l'accès aux dispenses de recherche d'emploi à partir de 57 ans ou par la révision des critères d'invalidité, lesdits salariés, une fois licenciés, seront soumis à la précarité.

Les organisations syndicales ont-elles besoin d'un autre argument pour s'en convaincre ? Les adhérents des syndicats vieillissent. Ils auront de fortes attentes quant à l'obtention d'une pension sans décotes et missionneront leurs représentants pour être traités équitablement ! Parallèlement, les entreprises ne doivent plus évincer les salariés âgés pour deux raisons. Les plans de préretraites maison coûtent, depuis la loi Fillon, plus chers. N'ayant plus la possibilité de proposer des sorties dorées à moindre coût financier et humain, si elles licencient les plus âgés, elles s'attireront les foudres des salariés et des syndicats, face à cette précarité imposée.

Pourquoi ne pas oublier le critère de l'âge dans le choix des salariés à licencier ? Les critères de performances et (ou) d'ancienneté semblent préférables. Ainsi, le critère de l'ancienneté ne défavorisera pas forcément les plus jeunes si la mobilité externe de l'entreprise est forte et à tous les âges : un salarié senior pourra être licencié comme un junior, s'il est le moins ancien.

En Angleterre, chez Peugeot Motor Automobile, les salariés les plus jeunes ont été licenciés en vertu du principe LIFO (*last in, first out* ou dernier entré, premier sorti). L'entreprise organise des séminaires destinés aux plus de 55 ans et à leur épouse pour qu'ils réfléchissent à leur avenir à la fois sur le plan professionnel et personnel, qu'ils réévaluent leurs possibilités de loisirs, qu'ils conçoivent des plans de financement pour leur retraite. Par cette réflexion l'entreprise donne à l'individu les moyens de gérer son avenir et de réfléchir sur le lien entre sa vie personnelle et sa vie professionnelle.

Lorsque l'entreprise française a besoin de se séparer de son personnel pour des raisons stratégiques, pourquoi n'appliquerait-elle pas la règle du *dernier entré, premier sorti* ?

Adapter les temps de travail

Une telle adaptation devrait se faire en fonction du sentiment de vie professionnelle. Dans certaines entreprises, le temps de travail est indissociable de la notion de performance et de productivité. Même si la possibilité est donnée au salarié de réduire son temps de travail pour préparer son départ en retraite, cette réduction sera vécue par le salarié comme une exclusion du système de production et donc de ses rétributions. Quel que soit l'âge, dans les organisations qui ne discriminent pas les salariés en fonction de leur temps de travail, les salariés jeunes et âgés ne sentent pas d'iniquité dans leur accès aux politiques de promotion, de mutation et aux systèmes de rétribution, qu'ils travaillent à plein temps ou non. Les seniors en retraite progressive ne s'estiment donc pas exclus et ne se désengagent pas.

Dans les entreprises néerlandaises, le temps partiel est considéré comme une norme de travail, aussi valorisant et valorisé que le temps plein. Il concerne aujourd'hui 56 % des 56/64 ans. Il est possible de cumuler le travail à temps partiel et la retraite à temps partiel sans limiter le montant de sa retraite et sans être exclu des récompenses organisationnelles. Les salariés seniors qui choisissent le temps partiel ne se sentent pas stigmatisés en raison de leur âge puisqu'une grande partie de la population le choisit. Les pouvoirs publics ont valorisé le choix du temps partiel, notamment par la garantie juridique d'un retour à temps plein si le salarié le désire. Les seniors qui choisissent le temps partiel ne se mettront donc pas en sentiment de fin de vie professionnelle pour combattre un sentiment de discrimination. La gestion par les âges interpelle toutes les valeurs associées au travail et aux représentations sociétales.

Pour faire face à la cessation des dispositifs publics de départ anticipé, Arcelor, par accord, propose aux salariés nés avant le 31 décembre 1950 deux types de temps partiels : la réduction du temps d'activité (aux mêmes conditions que les autres salariés) et le temps partiel de fin de carrière (temps d'activité dégressif 80/50/20, et conservation des avantages réservés au temps plein). L'entreprise individualise ainsi sa gestion des âges :

- soit le salarié n'est pas en fin de vie professionnelle, et il décide de ne pas réduire sont temps de travail ;
- soit le salarié n'est pas en sentiment de fin de vie professionnelle mais, pour des raisons personnelles, il choisit de réduire son temps de travail, sachant qu'il ne sera pas exclu des rétributions de l'entreprise ;
- soit le salarié est en sentiment de fin de vie professionnelle et le temps partiel de fin de carrière lui permet de vivre cette transition en douceur.

L'intérêt de cet accord est qu'il prend en compte la spécificité des fins de carrière tout en ne les stéréotypant pas. L'accord précise : « Le manager et le salarié rechercheront les aménagements à apporter, en termes de formation, modalités de travail et évolution de carrière, les mieux à même de rendre ces cinq dernières années avant la retraite attractives et profitables tant au salarié qu'à son entreprise. »

2. La gestion des recrutements, des carrières et des compétences

Ces trois thèmes sont regroupés parce que, pour les entreprises qui mettent en place des pratiques innovantes, l'allongement de la vie professionnelle, à ses extrêmes, passe par une modification de toutes les pratiques ressources humaines, selon le principe de cohérence. Une cohérence particulière entre le recrutement des juniors et des seniors, le management de l'intégration et la gestion des carrières et des compétences s'impose.

Vers un recrutement de tous les âges ?

Le recrutement à tous les âges doit devenir une évidence dans l'esprit de tous les acteurs. Le recrutement des juniors doit permettre de leur insuffler durablement le sentiment de vie professionnelle. Le recrutement des seniors doit devenir banal afin que

© Éditions d'Organisation

ceux-ci retrouvent leur place sur le marché du travail et évitent un sentiment précoce de fin de vie professionnelle.

Recruter des jeunes et valoriser leur intégration

Le recrutement a une importance primordiale dans l'allongement de la vie professionnelle à ses extrêmes. La perception de la vie professionnelle s'élabore dès les premières phases du recrutement. Parallèlement, la question de l'intégration et de la fidélisation des plus jeunes ne peut se traiter sans avoir une vision de l'équilibre souhaitée des âges dans l'entreprise. Pour comprendre comment la gestion de la vie professionnelle peut contribuer, de façon performante, à la stratégie de l'entreprise, citons l'exemple réussi de l'intégration des jeunes et des moins jeunes dans une entreprise de distribution d'engins de travaux publics.

Une intégration réussie

L'entreprise X a 75 ans d'existence et compte un peu moins de 2000 salariés. Leader sur le marché, son actionnariat est familial. Cette entreprise de distribution vend et assure le service après-vente d'engins de chantiers. 75 % du personnel travaille dans le service après-vente. L'entretien et la réparation des machines sont assurés par des mécaniciens d'ateliers et des dépanneurs. Dans un contexte fluctuant, la stratégie ressources humaines la plus simple et la plus usuelle aurait été de jouer sur la flexibilité de la main-d'œuvre pour faire face à une activité cyclique. Mais mettre en œuvre une telle politique de flexibilité aurait été désastreux. En effet, la pénurie de la main-d'œuvre dans ce secteur est forte et de nombreux départs en retraite sont à prévoir. Comme tout le secteur d'activité, l'entreprise rencontre des difficultés à recruter des mécaniciens d'ateliers et des dépanneurs d'engins de travaux publics. Parallèlement, la performance de ces mécaniciens et dépanneurs repose sur l'expérience. De nombreuses années d'apprentissage sont nécessaires à la maîtrise de la technique. L'entreprise préfère donc garder son personnel pour qu'il acquière de l'expérience, plutôt que de perdre ses ressources, qu'elle aura du mal à retrouver, faute de nombreux départs en retraite et d'une pénurie de jeunes dans cette profession. Soyons plus précis, l'entreprise, face à son contexte externe, a compris, contrairement à beaucoup d'autres, mais heureusement pas toutes, que sa main-d'œuvre constituait sa principale valeur ajoutée. Son directeur du développement RH précise : « Lorsqu'on est dans le cycle bas de l'activité, on n'ajuste pas nos frais de personnel. On le garde précieusement, on fait des économies ailleurs ! On sait faire ! Pour qu'un mécanicien aille chez le client pour réparer correctement son engin, il lui faut passer 4/5/6 ans en atelier. L'autonomie et la technique électronique ne s'acquièrent pas en un jour. »

Revenir sur les raisons de cette pénurie, permettra d'illustrer l'incohérence de l'orientation des jeunes dans la société française (*cf.* chapitres I et IV). Le manque de main-d'œuvre, dans ce secteur, est dû à l'image du métier manuel en France. Les métiers qui font vivre une société dans son quotidien sont dévalorisés. Par qui ? Pourquoi ? Dans ce secteur, les réponses semblent claires : l'aveuglement des parents sur l'avenir professionnel de leurs enfants et des conseillers d'orientations. Que les enfants mouillent leurs chemises et ils les croient destinés à entrer dans des couches sociales défavorisées. La réalité est tout autre. Dans ces métiers, un jeune de 19 ans a cinq offres d'emploi, à la sortie de son BEP ou de son BTS. Pour faire face à cette image dévalorisée, l'entreprise s'est associée à ses concurrentes pour mener des actions de sensibilisation dans les établissements d'enseignement professionnel. Elles permettent, de montrer aux parents et aux conseillers d'orientation la réalité des métiers. Si le travail de dépannage et de réparation des engins de travaux publics est physique, il n'a plus rien à voir avec le passé : beaucoup moins de *main dans le cambouis*, une maîtrise de l'électronique est nécessaire pour réparer un engin. Ils font donc appel à des savoirs de pointe extrêmement techniques.

Des outils d'intégration simples, peu coûteux et efficaces ont été mis en place :

• Le carnet d'intégration. Ce document se présente sous la forme d'un triptyque, au format de poche, qui permet au jeune intégré d'avoir des repères sur ses cinq premières semaines d'intégration.

Il lui est demandé d'y indiquer son poste, le nom de ses collègues de travail, de son responsable et de son parrain. La deuxième partie permet aux juniors de décrire « les principales étapes de travail accompli » au cours de chacune des cinq premières semaines d'intégration. Chaque semaine, il doit être visé par le parrain et le supérieur hiérarchique. Une partie est consacrée à la formation sécurité. La dernière page du triptyque, qui est signée par le parrain et le responsable hiérarchique, conclut : « [...] Nous le reconnaissons apte à être un bon professionnel travaillant en sécurité avec un bon esprit d'équipe. »

- Le parcours d'intégration. Ce parcours, qui accélère et favorise une intégration réussie, a trois objectifs annoncés en toute transparence par l'entreprise : « Permettre de rencontrer les personnes avec lesquelles le jeune travaillera d'une manière régulière, donner des informations précises sur son activité et donner aux jeunes les bons réflexes pour prendre son poste avec efficacité. » Concrètement, le jeune doit rencontrer, dans le mois qui suit son embauche, un certain nombre de salariés. Ces salariés sont choisis en fonction de leur intérêt pour l'apprentissage du jeune et la compréhension de son travail et de l'entreprise. Un carnet de rendez-vous lui est remis. Les salariés sont familiarisés avec cette coutume d'intégration et se prêtent au jeu du rendez-vous avec intérêt, puisque celui-ci a facilité leur propre intégration quelques années auparavant.

- Le séminaire d'intégration. Ce troisième outil renforce le sentiment de début de vie professionnelle[1]. Le séminaire est composé de la visite des sites-clefs, de l'usine du fournisseur et des rencontres avec la direction générale. L'objectif de ce séminaire est atteint selon le directeur du développement RH si le jeune :
  - a replacé et compris le sens de son métier et l'a lié au sens du développement de l'entreprise ;
  - perçoit l'extrême complexité de la gestion d'une entreprise et des contraintes qui pèsent sur elle ;
  - a un début de vision de son utilité pour l'entreprise et de la possibilité d'évolution qu'elle lui offre sur le long terme. Pour le directeur du développement, la meilleure preuve de

© Éditions d'Organisation

1. *Cf.* chapitre précédent.

la réussite de ce séminaire est cette remarque faite par un jeune : « Ce séminaire a donné des ailes à mon ambition ».

Cet exemple illustre parfaitement la façon dont une entreprise peut favoriser l'acquisition du sentiment de vie professionnelle et le développement du jeune adulte. L'entreprise crée un lien social entre juniors et seniors à travers le parrainage et renforce la cohésion du collectif du travail, des mécaniciens aux directeurs. Le lien transversal, et primordial, entre tous ces outils efficaces est le don de sens pour le jeune. Sens indispensable à tout développement humain et organisationnel.

Certaines entreprises qui recrutent une main-d'œuvre non socialisée n'hésitent pas à former leurs jeunes recrues sur les comportements sociaux nécessaires et indispensables à la vie en communauté et à ériger en valeurs quelques principes fondamentaux : « Soyez à l'heure, soyez toujours propres, respectez l'ambiance de l'entreprise et soyez toujours corrects ». Face à ce type d'intégration, l'entreprise doit effectuer un double travail de socialisation : sociétale et organisationnelle. Dans ce cas, l'entreprise fait face à deux principales difficultés : l'absentéisme et l'incivilité. Ces entreprises prennent en charge les exclus du système scolaire. Cette socialisation passe par « les petits boulots » aux yeux de la société dans son ensemble, mais pour les jeunes en question ce premier emploi est souvent salvateur. Loin de nous l'idée de sacraliser les entreprises de restauration rapide, de *phoning* ou de distribution, mais force est de constater que, sans leur intervention, un certain nombre de jeunes, rejetés du système scolaire, seraient encore en voie de désocialisation. Si ces entreprises ne les avaient pas accueillis, ces juniors seraient encore en manque de repère pour s'intégrer dans la société. La première mission de ce genre d'entreprises, qui devrait, certes, être normalement sous la tutelle de la responsabilité collective, est de donner du sens et des repères à ces jeunes. Or, pour les métiers à faible valeur ajoutée, dont la main-d'œuvre est facilement substituable et à bas coût, il est difficile de donner du sens, sauf à « montrer qu'il faut quand même un certain talent pour venir travailler[1] ». Ces organisations doivent réapprendre les valeurs de base du fonctionnement d'une société : « fierté de faire son travail et de le faire mieux tous les jours ».

---

1. Phrase du DRH d'une entreprise de phoning.

À partir de quelques exemples, des éléments essentiels à la socialisation des jeunes, qui en ont besoin, peuvent être prescrits :

- Remplacer l'agressivité par le dialogue. Dans une usine automobile de la région parisienne, le recrutement de 1 500 jeunes en 1999 a engendré de sérieux problèmes humains : « Nous avons vu débouler dans l'usine, les problèmes des banlieues environnantes[1] ». Le DRH a dû faire face à des comportements violents ou agressifs : « insultes, altercations, dégradations dans les vestiaires, feux dans les poubelles et même trafics en tout genre ». L'autorité des encadrants était ébranlée par des menaces physiques et les sanctions n'y changeaient rien. En faisant appel à un éducateur spécialisé[2], qui estime que la violence des jeunes est conditionnée par l'incohérence des adultes, le dialogue entre les agents de maîtrise et les jeunes a été renoué. L'éducateur forme donc les encadrants. « Pendant trois jours, ils ont découvert quelques secrets pour établir le dialogue : répondre à la violence en adoptant une attitude positive, recentrer la discussion sur le problème (pièce mal faite...), mettre l'accent sur l'importance du travail (un client attend). Ne jamais condamner l'individu, mais son action ou son geste. Lors d'une agression verbale, faire comprendre que le jeune n'insulte pas Dupond, mais l'autorité. » Parallèlement, les nouveaux embauchés suivent un stage d'intégration de trois jours, où l'accent est mis sur le respect des procédures, de la qualité et sur l'importance des comportements au travail. Grâce à cette méthode, ces problèmes ont disparu. Renouer le dialogue, ce n'est pas changer le jeune, c'est donner aux managers les clés de son mal-être, de son incompréhension et sa vision du monde.
- Donner du sens, partagé et respecté par tous. Une entreprise spécialisée dans l'expédition de mailings rencontre des difficultés avec ses jeunes intérimaires ou en contrats précaires. « Nous avons dû faire face à des situations nouvelles : certains

© Éditions d'Organisation

---

1. Gérard Castori, DRH du site industriel de PSA à Poissy (78), cité dans www.lentreprise.com
2. Jean-Marie Petitclerc, polytechnicien devenu éducateur et spécialiste reconnu des actions dans les quartiers difficiles.

en venaient aux mains, d'autres agressaient verbalement, cassaient les vestiaires ou les distributeurs de boissons. Quant aux absences injustifiées, aux retards ou au *je m'en-foutisme*, c'était monnaie courante[1]. » Après avoir formé l'encadrement, la direction met en place une charte de valeur. Lors du recrutement, les valeurs sont longuement expliquées. Il est ensuite demandé aux juniors d'y adhérer s'ils veulent être recrutés.

Le système a aujourd'hui fait ses preuves et a permis d'intégrer de nombreux jeunes. Certains font d'ailleurs carrière dans l'entreprise. « Ma plus grande satisfaction, c'est que les jeunes qui ont réussi sont devenus les premiers intégrateurs. Ils parlent de leur expérience à leurs copains et nombre de recrutements se font par cooptation. Nous avons réussi à basculer dans une logique complètement différente[2] ! ».

Ces valeurs, qui engendrent des normes de comportement sont indispensables à la vie du collectif. Elles permettent aux juniors d'avoir des repères pour se développer. Lorsque valeurs et pratiques de gestion sont cohérentes, le contrat psychologique passé avec le jeune a toutes les chances de succès. Non seulement la socialisation sera plus rapide, mais également le junior deviendra un excellent vecteur d'intégration pour les futurs embauchés. Certaines organisations ont même mis en place un système cohérent et harmonieux de rétribution/sanction pour accélérer leur intégration :

- sanction lorsque le principe d'autorité n'est pas respecté. Dès qu'un dérapage est remarqué dans les comportements, un avertissement est donné ;
- récompense pour stimuler l'adoption de comportements adéquats. Un système de primes individuelles et collectives, fondées sur le respect des délais, la ponctualité peut être mis en place.

La socialisation des jeunes mis au banc de la société est particulière. Elle devrait dépendre de la responsabilité collective. Force est de constater que pour un certain nombre de juniors, cette socialisation

---

1. Gérard Pouzoulet, directeur général d'Inter Routage.
2. Gérard Pouzoulet.

entrepreneuriale est salvatrice face à l'incapacité sociétale à prendre en charge l'accompagnement et le développement de ces jeunes. Donner le sentiment d'existence et de reconnaissance sociale passera par l'entreprise, si la société est incapable de donner du sens à ces jeunes.

Quelles que soient les caractéristiques du salarié recruté (sexe, âge, fonction, etc.), le processus de recrutement doit être institutionnalisé. Il doit comporter un ensemble de règles partagées par tous, afin de garantir la satisfaction des intérêts de la collectivité, c'est-à-dire de l'entreprise, de ses collaborateurs et de ses nouvelles recrues. Grâce à cette institutionnalisation, le sentiment de vie professionnelle sera renforcé par l'intermédiaire des rôles que les salariés doivent jouer. Le terme de rôle ne doit pas être pris à la légère : construire une identité au travail via son rôle de salarié est indispensable au développement de l'adulte et ce, quel que soit son âge.

Il convient de respecter quelques principes incontournables nécessairement intégrés dans le processus de recrutement et partagés par tous afin que se développe et se renforce le sentiment de vie professionnelle :

- l'accueil doit commencer dès le recrutement. C'est-à-dire que les promesses non tenues, et l'idéalisation de la réalité doivent être éradiquées du discours des recruteurs ;
- la DRH doit sensibiliser le supérieur hiérarchique et (ou) le parrain sur les raisons et l'importance de leur disponibilité pour le jeune recruté ;
- la DRH doit s'assurer que les collaborateurs ont, à l'égard des nouveaux embauchés, de la patience, de la compréhension et de la disponibilité. Une nouvelle recrue quel que soit son âge ne peut pas être opérationnelle à 100 % immédiatement. De plus, la nouvelle recrue sera d'autant plus rapidement opérationnelle qu'elle recevra des informations claires et rapides de la part de ses collègues ;
- les salariés doivent connaître les différentes séquences du processus de recrutement, dont celle, primordiale, de l'intégration, pour adhérer à la finalité de ces séquences.

La fidélisation des jeunes ne passera que par un processus de recrutement et une intégration de qualité. Tous les acteurs de l'entreprise doivent être sensibilisés sur le sens de ce processus. La socialisation permet :

- d'intérioriser les normes et valeurs de l'entreprise ;
- de construire son identité sociale ;
- de contribuer au développement et à l'équilibre psychosociologique de l'individu ;
- de concourir à la cohésion sociale des salariés. Même si l'individualisme dominant de notre société tente de le faire oublier, le collectif d'une entreprise est sa première valeur ajoutée.

Si la DRH doit achever le processus d'intégration par un rituel, évaluation ou séminaire d'intégration, les salariés doivent être convaincus que la socialisation est un processus, qui se déroule tout au long de la vie. Si la famille et l'école sont les premiers moteurs de la socialisation, l'entreprise est un espace de vie nécessaire à la poursuite du développement de l'adulte.

Les outils de la formation professionnelle et de l'insertion professionnelle

La loi du 20 décembre 1993 a reconnu le droit à la formation professionnelle en proclamant : « Tout jeune doit se voir offrir, avant sa sortie du système éducatif et quel que soit le niveau d'enseignement qu'il a atteint, une formation professionnelle. »

L'APPRENTISSAGE

Il a pour finalité « d'apprendre un métier et obtenir un diplôme de l'enseignement professionnel ou technologique ou par un titre homologué ». Les bénéficiaires sont les jeunes de 16 à 26 ans. Le contrat est de 1 à 3 ans. La formation est assurée en entreprise et en CFA (centre de formation d'apprentis) pour un minimum de 400 heures par an. Tout employeur peut engager un apprenti s'il procède à une déclaration notifiée à la DDTEFP (direction départementale du travail, de l'emploi et de la formation professionnelle). Outre la faible rémunération de l'apprenti, l'employeur va bénéficier de certains avantages. Par exemple, une partie du salaire est exonérée de toute charge fiscale et sociale. Il bénéficie aussi d'aides comme l'aide à l'embauche (915 euros). Il bénéficie d'indemnité de soutien à l'effort de formation (1 525 euros).

LE CONTRAT DE QUALIFICATION

C'est un contrat de travail particulier par lequel un employeur s'engage à assurer au jeune à la fois un emploi et une formation qualifiante c'est-à-dire reconnue dans l'enseignement technologique ou dans la branche professionnelle. Il s'agit d'un contrat d'insertion en alternance pour les jeunes de 16 à 25 ans, sortant du système scolaire sans qualification ou avec une qualification ne leur permettant pas d'obtenir un emploi. La durée de la formation doit au moins être égale à 25 % de la durée du contrat. Elle est dispensée par un organisme de formation dans le cadre de la convention passée entre celui-ci et l'entreprise. Un tuteur est responsable de la formation du jeune. L'entreprise va bénéficier de certains avantages tels que l'exonération de la totalité des cotisations patronales d'assurances sociales, d'allocations familiales et d'accident du travail. Les autres cotisations sont à la charge de l'employeur en totalité. Une aide forfaitaire de 763 euros est octroyée pour un contrat d'une durée inférieure ou égale à 18 mois. Cette aide est portée à 1 068 euros si la durée de formation est plus longue.

LE CONTRAT D'ADAPTATION

Il sert à former un jeune à un emploi spécifique à l'entreprise. Il s'adresse aux jeunes demandeurs d'emploi âgés de 16 à 25 ans possédant déjà une qualification professionnelle les rendant susceptibles d'occuper rapidement un poste de travail. Tout employeur affilié à l'UNEDIC peut signer ce type de contrat. La durée de la formation est d'au moins 200 heures. L'employeur ne bénéficie pas d'exonération de charges sociales, mais dispose d'une aide à la formation (remboursement de 7,62 euros par heure de formation).

LE CONTRAT D'ORIENTATION

Il sert à « acquérir une première expérience professionnelle et confirmer un projet professionnel ». Il est réservé à deux types de populations :

- les jeunes de moins de 22 ans, non titulaires d'un diplôme de l'enseignement technologique ou professionnel et qui n'ont pas achevé leur second cycle de l'enseignement général ;

- les jeunes de moins de 25 ans titulaires du bac mais non titulaires d'un diplôme de l'enseignement professionnel et ayant abandonné leurs études supérieures sans avoir obtenu un DEUG.

Ce contrat peut être utilisé par toute entreprise affiliée à l'UNEDIC. Le jeune doit avoir au minimum 32 heures de formation par mois pour l'élaboration d'un projet professionnel. Pendant la durée du contrat, l'entreprise doit le faire participer à des actions d'orientation qui vont permettre au jeune d'acquérir une qualification L'employeur se voit exonérer des cotisations patronales d'assurances sociales, d'accident du travail, et d'allocations familiales jusqu'au terme du CDD. Une partie de la formation est prise en charge.

Source : www.emploi-solidarite.gouv.fr

Recruter des seniors

Tant que les recrutements ne concerneront pas les plus de 50 ans, les seniors se sentiront stigmatisés et différents des autres populations au travail. Pour faciliter la sensibilisation des entreprises françaises sur le sujet, ne faudrait-il pas interdire les mentions d'âge sur le curriculum vitæ ?

Face aux résistances culturelles françaises, seule une pénurie de main-d'œuvre (ou une prise de conscience collective miraculeuse !) permettra de changer les comportements de recrutement des seniors. À cet effet, il est utile de laisser s'exprimer un senior chargé des recrutements non cadres, et principalement des vendeuses, dans un grand groupe français de distribution.

Propos d'un recruteur

Senior recruteur : « C'est vrai que lorsqu'on présente des candidats qui ont plus de 50 ans, on ne peut pas dire que ce soit un accueil très favorable. Pas de la part de la DRH, mais de l'utilisateur, de la personne qui est demandeur. [...] Alors que bien souvent, par rapport à quelqu'un qui est jeune et même si c'est une population féminine, on peut se dire que quand on recrute des personnes jeunes, on va être confronté davantage à des périodes de maternité et autres. Donc, je me dis [que] aussi au niveau employeur, il peut aussi y avoir des craintes à embaucher des jeunes, c'est une population où il y a beaucoup de turn-over, beaucoup d'absences aussi. Alors qu'avec les personnes de plus de 50 ans, il n'y a pas cet aspect, bien qu'on me dise qu'il y avait davantage de personnes en maladie de plus de 50 ans, mais je n'y crois pas. Je ne sais pas d'où sortent les sondages, mais je ne crois pas, qu'il y ait plus d'absences chez les personnes de plus de 50 ans.

– C'est vous qui triez les CV ? »

Senior recruteur : « Oui.

– Vous regardez l'âge ? »

Senior recruteur : « Honnêtement oui. Parce que j'ai le vécu du service recrutement et je sais que c'est quelque chose qui pose problème. Aujourd'hui, ce n'est pas entré dans les mœurs de notre groupe et dans l'esprit des managers. Par contre pour les infirmières, ça ne pose pas de problème C'est une population particulière, les infirmières. Ça m'est arrivé de recruter des femmes de plus de 50 ans. Ça ne posait aucun problème. Sur une population où on demande de l'expérience, ce sont des femmes qui ont travaillé longtemps dans le milieu hospitalier et qui souhaitent rejoindre un service médical en entreprise. Mais c'est vrai que pour les autres postes, c'est plus dur ou alors sur des postes temporaires parce que ça fait moins peur au manager. »

Tant que nos représentations individuelles et, *a fortiori,* celles des décideurs, direction, DRH et managers ne modifieront pas leurs représentations liées à l'âge, le recrutement des seniors restera une utopie. Pourquoi l'expérience d'une infirmière lui apporterait de la valeur ajoutée aux regards de l'entreprise, alors que pour une vendeuse, elle serait signe d'obsolescence ! Les deux ont une connaissance accrue du fonctionnement humain grâce à leur expérience. Pour exercer ces deux métiers, cette connaissance de l'humain est une réelle valeur ajoutée. Pour que les acteurs de l'entreprise en prennent conscience, peut-être faudrait-il lors de la définition des fonctions de chaque métier ou de la mise en place d'une référence compétence, analyser le rôle de l'expérience dans la maîtrise du poste !

Dans certains pays, la pénurie de main-d'œuvre se fait déjà sentir. Les entreprises doivent innover dans leurs recrutements. Ainsi, aux États-Unis, certaines entreprises payent des bourses d'études pour les enfants des seniors recrutés. Elles se rapprochent de toutes les organisations ou associations qui pourraient connaître des seniors à embaucher : chambres de commerce locales, églises et associations de retraités.

Le recrutement des seniors se révèle même être un avantage compétitif sur un marché de consommateurs vieillissants. Ainsi, B et Q bricolage est le plus grand détaillant de bricolage du Royaume-Uni : 23 000 personnes dont 15 % plus de 50 ans et 10 % plus de 55 ans. Sa principale problématique résidait dans l'instabilité de son personnel : le taux de turn-over y était élevé et l'absentéisme fort. En recrutant des plus de 50 ans, elle a réussi à rendre son personnel plus stable. Parallèlement, les enquêtes marketing montrent que les salariés expérimentés répondent mieux aux besoins des clients. Selon cette entreprise, les travailleurs plus âgés savent mieux travailler en équipe, s'adaptent bien à la culture de l'entreprise et disposent d'excellentes qualités relationnelles. Les plus de 60 ans ont la possibilité de travailler moins et d'aménager leurs horaires de travail. Les travailleurs de plus de 50 ans ont les mêmes possibilités de promotion interne et de formation que les autres salariés. Une telle politique constitue un véritable avantage compétitif. « Dans un de ses magasins, l'entreprise a décidé de recruter uniquement des salariés de plus 50 ans. Une telle politique de recrutement lui a permis d'augmenter son profit de 18 %, de réduire son taux d'absentéisme de 39 % et d'augmenter le taux de satisfaction de ses clients de manière significative[1]. »

Au Danemark, une chaîne de supermarché a pris deux initiatives pour retenir et attirer les seniors, dont les effets positifs se cumulent :

• Créer des « seniors supermarkets ». Dans ces magasins, les salariés ont une moyenne d'âge élevée, qui contraste avec le profil d'âge beaucoup plus jeune des employés de la chaîne. Les clients âgés aiment avoir à faire à des employés de leur âge. Les trois magasins seniors font aujourd'hui partie des plus performants de la chaîne. Les frais de personnel sont relativement plus élevés que dans les magasins « normaux » du fait d'un grand recours au temps partiel et à des arrangements spécifiques. Cependant, le coût des arrêts maladie est bien plus faible. La satisfaction et la consommation des clients sont très élevées dans ces trois magasins.

• Recruter dans tous les magasins des profils qui représentent toutes les catégories d'âge. Ce recrutement de la diversité optimise, selon la direction la satisfaction des clients et elle est source de profit.

L'argument consumériste qui consiste à employer des personnes d'un certain âge parce qu'elles apportent une réelle valeur ajoutée à la satisfaction des clients du même âge doit être utilisé avec parcimonie sous peine de tomber dans l'excès inverse : créer des groupes d'âges sclérosants et des conflits générationnels ! En revanche, s'appuyer sur la proximité des valeurs entre les âges et le lien générationnel, en étant conscient des limites de l'effet d'âge et des générations, peut être source de performance pour l'entreprise.

La gestion de la mobilité à tout âge

La gestion de la mobilité doit s'intégrer dans une stratégie des ressources humaines prenant en compte :

• le marché sectoriel et local du travail, et notamment le risque plus ou moins programmé selon le secteur de la pénurie de main-d'œuvre ;

© Éditions d'Organisation

---

1. Cité dans le rapport Brunhes (2001).

- le besoin pour l'entreprise d'un personnel performant rapidement tout en intégrant la prise en compte du temps d'apprentissage des métiers et le nécessaire ralentissement des mobilités ascendantes chez les plus jeunes pour qu'elles deviennent équitables à tout âge ;
- le besoin de repères du salarié pour se développer et être performant. Si les évolutions du marché dictent une temporalité, contraire à la temporalité biologique, la gestion des ressources humaines peut mettre en place des pratiques qui soient protectrices et respectent un minimum le rythme de développement de chaque individu. La mobilité externe tend à devenir une norme (mobilité dans différentes entreprises), ces ruptures fragilisent les notions d'appartenance et de reconnaissance au travail. Au lieu de critiquer cet état de fait, il semble nécessaire de rappeler que ces besoins sont d'autant plus sensibles que la stabilité du salarié est faible. Si la construction d'une identité professionnelle peut passer par plusieurs entreprises, sa réussite sera renforcée par la sensibilisation de tous les acteurs sur ce besoin d'identité.

Pour faire face à l'incertitude économique, l'entreprise ne peut, sous peine de contre-performance à moyen terme, utiliser systématiquement l'éviction des seniors et la précarité des contrats de travail des juniors comme leviers de gestion. À cette fin, affiner sa gestion des mobilités lui permettra de faire face aux fluctuations du marché sans mettre à mal le sentiment d'appartenance de la main-d'œuvre et dévaloriser l'image de l'inexpérience ou de l'expérience, qui est partie prenante du sentiment de vie professionnelle.

La mobilité à tout âge doit intégrer les temps d'apprentissage. Ainsi, une entreprise pétrolière s'apercevant qu'elle s'étouffait elle-même en réservant les promotions et la gestion des carrières aux 30/45 ans a décidé de redéfinir le rythme d'apprentissage et donc de mobilité. La temporalité des carrières internes a été revue pour prendre en compte le temps nécessaire à la maîtrise du poste et créer les mêmes opportunités de mobilité même dans les tranches d'âge les plus nombreuses. Allonger la période d'apprentissage, retarder les mobilités tout en les rendant plus systématiques, intégrer des temps de formation (*sur le tas* et traditionnelles) permettent ainsi d'assurer une gestion des compétences sur le long terme et une mobilité hiérarchique équitable à tout âge.

Une expérience intéressante a été testée dans un hôpital d'Espagne pour permettre aux plus âgés de travailler plus longtemps sans que cela prive les plus jeunes de leurs ambitions et de leurs promotions. Le plus grand hôpital public de Catalogne (Hospital clinico de Barcelone) a mis en place une pratique originale qui devrait retenir l'attention de toutes les entreprises. Les médecins voulaient prolonger leur activité professionnelle au-delà de 65 ans. Par accord, ils en ont désormais le droit à condition de réduire leur temps de travail et d'abandonner leur poste à responsabilité.

La gestion des compétences, une façon de dépasser la barrière de l'âge

La mise en place d'une gestion par les compétences peut avoir un effet intégrateur et même être source de coopération intergénérationnelle. D'abord, parce qu'une bonne gestion des compétences interroge systématiquement le rapport entre travail individuel et coopération collective. Ensuite, parce que si on sait que le temps, et donc l'âge, permet d'acquérir des compétences, on sait également que les compétences ne sont pas propres à l'âge. Les savoir-être se repartissent de façon différente entre les âges et les générations, mais tous sont indispensables à la performance collective. Enfin, la gestion par les compétences permet de valoriser l'activité de tutorat et de reconnaître l'incompétence des débutants. Or, la reconnaissance de la part de l'entreprise et des salariés de la non-maîtrise de certains savoir-faire, agir ou être, des nouvelles recrues est nécessaire au développement des compétences, c'est-à-dire à leur apprentissage.

Illustrons ce propos par un exemple typiquement français. Tous les étudiants, qui sortent d'une grande école prétendent avoir les capacités de management. Cette prétention repose non sur leur orgueil, mais sur l'enseignement qu'ils ont reçu pendant leurs trois années d'école. Ce credo n'est généralement pas contredit par les entreprises qui projettent sur le jeune diplômé et recruté cette compétence managériale. Elle lui donne généralement la responsabilité, si ce n'est d'une équipe, au moins d'une personne. Or, la compétence managériale ne s'acquiert qu'avec l'expérience. La capacité à appréhender l'autre avec discernement ne s'apprend qu'avec l'épreuve du parcours de vie. Le savoir académique peut enrichir l'apprentissage de la compétence managériale et même l'éclairer. Mais l'apprentissage du management en salle de cours est une hérésie : on ne forme pas au management, il s'apprend sur le tas. Certes, il existe toujours des exceptions. Un jeune manager peut être bon mais il ne sera pas complètement expérimenté sur la gestion de l'humain. L'art du management gagnerait en qualité s'il prenait en compte le développement de l'adulte. Parallèlement, il permettrait d'éviter des conflits générationnels inutiles. Ainsi, dans un grand groupe de distribution, les propos des seniors sont très clairs. Aucun n'est gêné pas le jeune âge de leur manager s'il est compétent. Tous sont scandalisés d'avoir un manager jeune, qui d'abord ne connaît pas la nature de leur travail, puisque son diplôme lui a tout de suite permis d'accéder à ce statut et qui, ensuite, n'a aucune expérience du management et notamment des seniors.

- Senior 1 : « Les jeunes chefs de rayons ! Ah ! c'est sûr ! Ils ont des diplômes, mais je ne crois pas qu'ils ont le diplôme de la diplomatie… Ils arrivent tout frais, tout neufs, tout beaux… et ils appliquent ce qu'on leur a appris à l'école. Qu'on soit là ou pas là, ça ne change rien ! Moi mon ancienne chef de rayon, elle était jeune mais elle avait pris le temps de nous connaître : elle savait qu'il y avait des filles qui aimaient plus faire tel ou tel travail que d'autres. »
- Senior 2 : « Franchement j'ai eu une jeune chef de rayon super ! Au départ elle était perdue, alors on lui a expliqué les ficelles du métier. Je suis restée deux ans avec elle, mais à chaque fois qu'on se croise, elle est contente de me voir. Moi aussi. Vous comprenez, pour apprendre, elle nous a suivis, alors que ce n'était pas son rôle. Non franchement, elle s'est comportée avec respect. Pas comme celle que j'ai maintenant. Elle ne sait rien et elle s'en fiche de ne pas savoir… de toute manière, elle ne fait rien ! Je vais vous dire entre nous : on l'appelle miss dents longues ! »
- Senior 3 : « Vous avez des chefs de rayons, ceux qui sortent des écoles, ils croient tout savoir. Mais ils ont oublié une chose : nous considérer. On est des êtres humains pas des produits. Remarquez, il y a des jeunes qui sont bien, […] c'est ceux qui veulent comprendre, ce qu'on fait, pourquoi et

comment on le fait. Mais je ne suis pas sûre que ceux-là sortent des meilleures écoles ! »

- Senior 4 : « Le rôle d'une responsable de rayon ! Il est très chargé, maintenant. Elle a quand même en charge toute une équipe, dont elle est garante de l'unité, parce que c'est primordial. Comme justement, sur la surface, il n'y a personne pour donner le ton, si la responsable de rayon elle-même ne le donnait pas au départ, ne créait pas une certaine unité, ça ne pourrait pas fonctionner sur la surface. Il faut que dans un groupe, il y ait de l'entente, que ce soit lié, que ce soit assez cohérent sur la surface, puisqu'il n'y a personne au quotidien. Elle n'a pas le temps de venir parce qu'elle découvre son travail : elle est toute jeune, c'est son premier poste. Elle a donc ce rôle-là... Mais pour l'instant je la remplace. Elle est sûre que s'il y a des choses particulières dont elle n'a pas le temps de s'occuper, il suffit qu'elle me le dise. Après, elle n'a plus à s'en occuper. Donc pour elle, c'est tranquillisant, parce que ça peut être de n'importe quel ordre. Et elle sait, en plus, que ce sera fait sans heurts, parce que j'ai un très bon relationnel avec les filles. Puis avec le temps, elle aura plus de temps pour reprendre ce rôle. »

Ainsi, l'accès à un poste de management ne devrait pas être confié immédiatement à des juniors. Il n'en a généralement pas les qualités humaines, quel que soit son niveau de développement. Un accès plus tardif à un poste de management, permettrait de créer un appel d'air dans les parcours de carrière et d'éviter les plateaux de carrière, qui arrivent souvent vers la trentaine. La responsabilité managériale pourrait, dans certains cas, être confiée rapidement à un junior, mais après que celui-ci a passé quelques semaines ou mois au sein de l'équipe.

La gestion des compétences permet aussi de prendre en compte les capacités ou incapacités individuelles à tous les âges. Par exemple, aux Pays-Bas, *The environnement Service Department* (ESD) de Groningen, a pour but de collecter les déchets, de nettoyer les endroits publics, de contrôler la pollution de l'air, du bruit et la contamination de sols. Un employé sur deux a plus de 40 ans. La politique de l'emploi mise en place est simple : le salarié a droit à un emploi à vie, mais l'entreprise a un droit total sur la mobilité des salariés. Le travail des employés pourra varier en fonction des circonstances et des événements. L'employabilité interne du personnel est donc centrale. Une attention considérable est donnée au management pour qu'il prenne en compte les besoins et les capacités des plus anciens et qu'il anticipe leur mobilité si elle est nécessaire.

Pour maintenir l'employabilité, la DRH utilise plusieurs instruments :

- une formation constante est proposée aux employées pour les responsabiliser à leur propre développement, leur formation, leur avancement de carrière dans le dessein qu'ils investissent sur leur propre futur ;
- une attention régulière est portée au développement individuel grâce au supérieur hiérarchique ;
- si une personne n'a pas temporairement les capacités de faire son travail, un autre emploi, qui répond mieux à ses capacités, lui est attribué immédiatement. Ce nouveau travail n'est pas artificiel puisqu'il aura pour but de réduire la surcharge de travail temporaire d'un autre département. Les managers sont donc formés à l'évaluation, la détection et la communication de leur besoin en travail temporaire ;
- Si un des salariés n'a définitivement plus les capacités de faire son travail, il est formé pour devenir « coach » et intégrer l'encadrement d'une équipe, chargée de la propreté.

L'entretien d'orientation

Un entretien de carrière ou d'orientation doit également être mis en place pour les plus de 45 ans qui entament leur deuxième carrière. La majorité d'entre eux ont atteint à cet âge le milieu de leur carrière. Il leur reste 20 ans de travail devant eux. Sans perspective au travail, les conditions de démotivation et d'exclusion sont réunies. Cet entretien est d'abord un processus de réassurance. Il s'agit de redynamiser la carrière, de combattre les *a priori* contre l'âge que chacun peut avoir intégrés malgré lui, avant d'élaborer un projet professionnel. La gestion des carrières doit être la même pour tous, mais la communication peut être individualisée pour les plus de 45 ans.

Entretiens d'orientation

ARCELOR a mis en place un entretien d'orientation. « Durant l'année 2004, tous les salariés nés au plus tard le 31 décembre 1950 seront reçus par leur manager. Cet entretien sera l'occasion d'échanger sur les souhaits et attentes des salariés en matière d'activité, de parcours professionnel, de retraite, incluant ou non le bénéfice d'une retraite pour « une longue carrière et les opportunités qui se présentent à lui, compte tenu du contexte et des besoins de l'entreprise dans le type d'emploi occupé, que le manager lui expliquera de façon concrète[1]. » L'accord insiste sur cet entretien qui « est un acte managérial fort, important pour les deux parties, s'inscrivant dans la perspective d'une politique de gestion des seniors ».

Le Crédit Lyonnais a mis en œuvre des rendez-vous de carrière systématiques pour les 45-48 ans et les a ouverts aux plus de 48 ans qui le demandent. Cet entretien définit 48 compétences et 30 aptitudes spécifiques et permet de recueillir les motivations du salarié. Un document de synthèse lui est adressé avec une boussole d'orientation qui détaille les pistes d'évolutions possibles.

Chez Air France, l'accord pour progresser ensemble, conclu en juillet 2002, prévoit un point carrière. Il se déroule sur 5 jours en petit groupe sous la direction d'un coach.

Les entretiens de carrières, comme les bilans de compétence, ne devraient pas être mis en place en fonction de l'âge du salarié mais en fonction de son ancienneté dans l'entreprise : 5, 10, 15, 20, 30 et 40 ans. Cet entretien quinquennal permettrait aux juniors comme aux seniors d'avoir une vision de leur avenir au sein de l'entreprise, de décider d'y rester ou d'en changer, en toute connaissance de cause et, en dernier lieu, de faire un point sur son sentiment de vie professionnelle.

---

1. Article 2-1.

3. La formation

Avant d'évoquer des bonnes pratiques d'entreprises, rappelons que les représentations culturelles sont à changer. Selon un rapport conjoint de la Commission et du Conseil européen (2002), les plus de 50 ans sont beaucoup moins formés que leurs cadets et c'est encore plus vrai pour les moins qualifiés. Par exemple moins de 15 % des plus de 50 ans participent à des formations, dont seulement 7 % pour les moins qualifiés contre 25 % pour les plus qualifiés. Dès que le senior perçoit que, parce qu'il a plus de 45 ans, il n'aura plus droit à la formation, il se sent discriminé et se désengage.

Pour maintenir l'employabilité des seniors, il faut leur ouvrir largement l'accès à la formation en choisissant des modalités adaptées à leurs attentes et à leurs capacités d'apprentissage. Aux États-Unis, les formations destinées aux seniors utilisent souvent une pédagogie adaptée.

En Finlande, pays qui a la culture de la formation professionnelle la plus développée du monde, la formation se déroule le plus souvent sur les lieux de travail. Ce type de formation correspond aux besoins des seniors comme l'illustrent les recherches sur le sujet mais aussi les propos suivants. Tous les seniors interrogés dans ce groupe de distribution expliquent qu'ils ont un réel besoin de formation mais que celle-ci doit être adaptée à leur expérience.

- Senior 1 : « Le dernier module ! Moi, jouer à la marchande et à la vendeuse, vous savez, je fais ça quand même depuis l'âge de 17 ans, donc pour moi, ça ne m'a pas apporté grand-chose. »
- Senior 2 : « Les formations management ! Je ne veux pas dire qu'on en a tous les 15 jours, mais c'est souvent. Ça devient même lassant à la fin. Ça ne nous apporte rien du tout. Ces formations sont peut-être très bien quand on a une trentaine d'années, mais bon..., avoir des formations management de façon régulière et assez souvent, aujourd'hui, à 54 ans, ça ne m'apporte plus grand-chose. [...] le management tel qu'on l'entend, savoir encadrer, diriger du personnel, je pense que j'en ai fait le tour aujourd'hui. Je ne pense pas qu'il y ait des milliers et des milliers de façons de diriger les équipes. C'est

bien que, à certaines phases de sa vie, on ait des clés pour vous permettre de vous en sortir un peu mieux. Quand on a des gens à encadrer, ça me semble tout à fait normal, plutôt que de laisser des gens se débrouiller tout seul. Mais maintenant, je pense en avoir fait le tour. »

Senior 3 : « En revanche, il y a eu une formation chef de projet et là, j'ai trouvé qu'elle n'avait pas été très bien menée. Alors, en effet, dans l'entreprise, il y a des personnes qui n'ont jamais eu ce rôle de chef de projet et qui ne maîtrisent pas justement les différentes structures du groupe. Et quand vous en maîtrisez les différentes structures, vous voyez que c'est inutile. Je trouvais que la formation n'apportait pas grand-chose parce qu'elle était très abstraite et pas concrète. Donc vous ressortez avec un bon dossier, mais vous ne savez pas très bien quoi faire. Quand vous savez le faire, elle n'apporte pas grand-chose, et quand vous ne savez pas le faire, c'était très abstrait. »

Senior 4 : « On a eu une formation unitaire qui est tout informatisée donc, ce n'est pas évident parce que c'est deux heures de bourrage de crâne avec une personne qui connaît par cœur son boulot. Ce sont des petits appareils. C'est très intéressant. Mais après, il faut le mettre en application. Le formateur aurait mieux fait de nous montrer le travail dans le rayon : ça aurait peut-être servi ! »

Un grand groupe pétrolier a mis en place un séminaire de formation nommée « Managing experience » destiné aux seniors à des postes élevés. En effet, ce groupe a constaté que des formations existaient pour les seuls hauts potentiels ou pour la population des futurs dirigeants. Ce groupe a pris le parti de cibler cette population avec une formation spécifique. Cette formation offre l'avantage au salarié d'élargir son réseau et de recevoir une très forte marque de reconnaissance. Le groupe reste toutefois attentif à ce que ce stage ne soit pas le stage de ceux qui ne sont pas dirigeants, mais il constate déjà un fort succès dans la demande d'inscription. Comme le constate le responsable du département développement et méthodes de ce groupe : « statistiquement on sait que la majorité des gens qui deviennent dirigeants le sont avant 50 ans, il faut donc donner autre chose aux autres afin de leur montrer qu'on a besoin d'eux[1] ». Les méthodes pédagogiques utilisées sont adaptées au public senior : prendre du recul sur son expérience, comprendre les évolutions économiques et faire le point sur les modes de management.

Si les formations sont primordiales à tout âge, elles ne doivent pas avoir le même contenu et la même pédagogie. En termes de formation, prendre en compte l'hétérogénéité des âges, c'est individualiser les réponses formation en fonction de l'expérience de chacun.

Le Droit Individuel à la Formation (DIF)

CE QUE DISENT LES TEXTES :

Il permet aux salariés de bénéficier de 20 heures de formation par an, qui peuvent être cumulées sur six ans pour aboutir à un total de 120 heures. Tous les salariés ont un égal droit à la formation, quel que soit leur âge.

L'accord prévoit aussi que tout salarié puisse bénéficier, après 20 ans d'activité professionnelle, et, en tout état de cause, à compter de son 45e anniversaire (sous réserve d'un an d'ancienneté dans l'entreprise), d'un bilan de compétences.

Si leur « qualification est insuffisante au regard de l'évolution des technologies et des organisations », les mêmes salariés pourront bénéficier, « afin de consolider la seconde partie de leur carrière professionnelle » d'une période de professionnalisation. Cette période aura pour objet de permettre l'acquisition par le salarié d'un diplôme ou d'une qualification professionnelle reconnue, ou le suivi d'actions de formation.

ET SI LE DIF PERMETTAIT AUX SENIORS DE SE SENTIR À L'AISE AVEC L'INFORMATIQUE ?

Lors de nos nombreuses interviews de seniors dans différentes entreprises, tous, des employés aux cadres ont revendiqué leurs faiblesses en informatique. Beaucoup s'y sont mis sur le tas et considèrent ne pas la maîtriser suffisamment même s'ils l'utilisent quotidiennement.

---

1. *Cahiers de l'Anvie*, 2003.

Ces lacunes les renvoient à leur âge et notamment à cause du regard de leurs enfants ou petits-enfants. Or, n'oublions pas que toute référence à l'âge renvoie à un écart de génération et peut provoquer le sentiment de fin de vie professionnelle. Consacrer des heures du DIF à l'apprentissage de l'informatique permettrait aux salariés, même ceux qui n'en ont pas l'usage dans l'entreprise, de se sentir encore « dans le vent ». L'entreprise en retirera deux avantages : éviter le sentiment précoce de fin de vie professionnelle et valoriser de façon peu coûteuse le salarié, comme ceux-ci l'expliquent.

- Senior 1 : « Une formation, surtout au niveau informatique, parce que j'avoue que je fais vraiment le strict minimum. Je ne m'embête pas trop parce que je ne connais pas. J'ai appris l'informatique sur le tas. En fait, on nous dit : "Tu cliques là, tu fais ça, tu fais ça." Bon, ça va, lire les messages, remplir mes tableaux, etc. Mais dire que je vais faire un tableau moi-même, je ne sais pas. Alors, je n'en fais pas. Lorsque je veux faire une réponse par mail, je vais répondre. Mais comme je ne suis pas bien sûr que la personne l'ait eu ou de l'avoir bien envoyé à tout le monde, j'appelle la personne, bien souvent après : "Est-ce que tu as reçu ma réponse ?" »

- Senior 2 : « Une formation informatique, ça fait dix ans qu'on l'a demandée et qu'on attend toujours. Ce n'est pas une critique, parce que je reconnais que les formations, ça coûte cher pour un groupe. Mais je pense que celle-là, elle est essentielle. »

- Senior 3 : « Moi, je suis de la génération où, quand j'ai commencé à travailler, il n'y avait pas d'ordinateur et il y a plein de choses qui me manquent dans ce domaine-là. »

- Senior 4 : « Alors, j'ai un point faible, et c'est la grosse critique que je fais au groupe, mais la grosse, c'est que je ne me trouve pas balèze en informatique. Le problème, c'est que, j'ai posé encore la question il n'y a pas très longtemps. J'ai dit : "Vous voulez que les gens soient performants, mais il n'y a jamais eu de stage", enfin moi, en l'occurrence, je n'ai jamais été proposé pour un stage informatique. C'est bien, l'outil informatique. Je suis le premier à dire que c'est bien, je ne fais pas partie de ces gens qui disent : "Oh là là !" mais le minimum, c'est d'avoir un apprentissage. »

- Senior 5 : « Ça ne me dérange pas, d'apprendre. Mon regret, c'est de ne pas avoir d'ordinateur chez moi. J'aimerais bien apprendre. Ça ne me gêne pas du tout. Il y a peut-être des personnes qui seraient un peu réticentes. Je vois, nous, on a débuté, je vous dis, c'était encore plus manuel que maintenant, parce que maintenant, avec la technique, on s'y met. Il suffit de nous apprendre. Et puis ça me permettrait de ne pas me sentir bête face à mes petits-enfants. »

- Senior 6 : « Il a évolué mon travail, c'est certain. Il a évolué parce que je ne touchais pas tant à l'informatique que j'y touche maintenant. Je ne suis quand même pas d'une génération où on a appris l'informatique à l'école ou en fac. Je n'avais pas cette formation-là. Tout ce que j'ai appris ici, c'est sur le tas. Je n'ai jamais été en formation, jamais, jamais. Alors que ma fille, elle fait tous ses devoirs sur son ordinateur : vous voyez la différence ! »

4. La rémunération

Peu d'exemples d'accords d'entreprise innovants sur ce thème existent à notre connaissance.

En revanche, il existe des ratios qui permettent de s'assurer que les augmentations ne sont pas attribuées en fonction de l'âge, mais bien en fonction de la performance et de la compétence.

Si le ratio $\dfrac{\text{Taux moyen d'augmentation individuelle des seniors}}{\text{Taux moyen d'augmentation individuelle}}$ est inférieur à 0,5, il existe une discrimination par l'âge.

Enfin, une attention particulière doit être portée aux augmentations ou bonus accordés aux quadras et quinquagénaires dans les entreprises qui ont supprimé la rémunération à l'ancienneté. En effet, dans certains cas, la suppression de l'ancienneté provoque directement le sentiment de fin de vie professionnelle chez les seniors. Selon eux, la disparition de l'ancienneté crée de l'iniquité.

- Senior 1 : « Par exemple, la prime d'ancienneté, ce n'était pas grand-chose, c'était tous les trois ans, mais enfin, c'était toujours ça. Maintenant, ça n'existe plus. Ce qui veut dire que maintenant, si vous rentrez au SMIC, vous pouvez repartir au SMIC. »

Senior 2 : « La jeune qui entre est à la catégorie 6, elle gagne comme vous. (Rires). C'est ça qui est un petit peu... parce que je trouve qu'on acquiert une expérience avec le temps et on n'a pas ça à côté. On devrait augmenter de grille par rapport aux années où vous êtes. Ce qui ne se passe pas du tout. »

Senior 3 : « C'est tous les trois ans les augmentations, ça a été gelé, il y a eu de nouvelles conventions. Je touche 6 910 francs. Moi après 35 ans de maison, je touche 100 euros de plus que ma jeune collègue ! Y'a de quoi avoir envie de laisser tomber, non ! »

Le thème de la rémunération est un sujet aussi sensible pour les salariés que pour l'entreprise. Toutes les entreprises ont une obligation de maîtrise de leur masse salariale. Elles pourraient contourner le problème, sans toucher au montant des rémunérations, en jouant sur les temps de travail.

5. Les conditions de travail

Adapter les postes de travail, aménager les horaires et préserver l'intérêt et l'autonomie au travail sont les trois éléments nécessaires, mais bien évidemment non suffisants, à l'entretien du sentiment de vie professionnelle.

Adapter les postes de travail

Au sein de l'OCDE, ce sont les pays scandinaves qui sont en pointe. Sur ce terrain, la France apparaît clairement en retard. Seules quelques grandes entreprises industrielles (Renault, PSA Peugeot-Citroën, Arcelor...) font appel de manière systématique à des ergonomes lors des changements dans l'organisation du travail. C'est à eux qu'il revient de faire la synthèse entre les exigences de productivité organisationnelle et la prise en compte des limites physiologiques des salariés.

Chez Volvo-Torslanverken, en Suède, un nombre important d'ouvriers atteignait la cinquantaine. Beaucoup d'entre eux ne parvenaient plus à suivre le rythme imposé par la chaîne de

© Éditions d'Organisation

montage, ce qui entraînait beaucoup d'absentéisme et d'arrêts maladie. Il a été créé une chaîne de montage spécifique pour les seniors dont le rythme est plus lent. Ceci a permis d'employer les seniors pleinement en fonction de leur capacité. Deux départements furent créés pour le personnel vieillissant : 60 personnes qui ont plus de 50 ans ou qui ont des difficultés médicales y sont employés. 90 % d'entre eux souffrent d'incapacité. Dans ces deux départements, ils n'effectuent plus un travail pénible. Soit ils se consacrent à une activité de service, comme le traitement des réclamations, soit ils préparent le travail pour la chaîne.

Retenir les seniors a permis d'éviter des coûts de recrutement et de préretraite. Les seniors ne sont pas en compétition directe avec les jeunes qui utilisent leur force physique, car leur travail est plus spécialisé. Si au début, les jeunes dévalorisaient systématiquement le travail des plus âgés, cette attitude a été bien vite abandonnée lorsqu'ils se sont aperçus que l'expérience des plus anciens leur était d'une grande utilité. Dans cette usine, une meilleure intégration des âges au travail a créé un sentiment d'appartenance, de bien-être et de sécurité. Les départs pour maladie ont été réduits.

Les critères ergonomiques devraient être systématiquement pris en compte dans les décisions concernant l'organisation du travail et les politiques RH. En matière de prévention du vieillissement, les situations de travail suivantes doivent être examinées en priorité :

- le travail de nuit et le travail en horaires alternants ;
- le travail à la chaîne et le travail soumis à des cadences imposées ;
- l'exposition au bruit ;
- l'exposition à la chaleur ;
- l'exposition aux agents chimiques, bactériologiques, ou radioactifs ;
- les efforts physiques intenses (port de charges lourdes, positions pénibles).

Certaines entreprises proposent aux plus anciens de choisir en premier lieu leurs horaires de travail. D'autres offrent la possibilité de réduire le temps de travail après 60 ans.

Aménager les temps de travail

Dans la même usine, Volvo-Torslanverken, de courtes pauses, des horaires variés et choisis ont été aménagés pour les salariés âgés.

Les anciens n'ont pas un travail aussi rythmé que leurs cadets, mais il est à plus forte valeur ajoutée. N'oublions pas qu'en Suède les employeurs sont tenus de fournir un emploi à temps partiel à ceux qui en font la demande : 32 % des personnes ayant un emploi travaillent à temps partiel contre 17 % en France et 24 % en moyenne dans l'Union européenne. Dans les pays scandinaves, le temps partiel n'est pas culturellement associé à l'avancée en âge. La culture du temps partiel rend aussi plus banale l'adaptation de l'organisation du travail. La répartition la plus communément choisie est un mi-temps de 20 heures et se traduit par la répartition de deux personnes sur un même poste. La formule est relativement adaptée aux contraintes de l'organisation du travail. La retraite partielle a remporté un grand nombre d'adhésions dans ce pays de la part des salariés mais aussi des employeurs car elle constitue un élément de flexibilité du coût salarial, du fait de la baisse du temps de travail.

Entretenir l'intérêt et l'autonomie au travail

Quel que soit le métier exercé, l'autonomie dans le travail est considérée comme indispensable et primordiale pour les seniors. Lorsqu'un senior se sent autonome, qu'il perçoit que son travail est riche et varié, il n'a pas le sentiment de fin de vie professionnelle. Les propos suivants proviennent de seniors qui ont tous l'impression que leur poste est unique, qu'ils l'ont créé sur mesure. Ils en sont d'autant plus satisfaits et épanouis.

> Senior 1 : « C'est dans ce sens que je dis que c'est aussi un travail d'équipe, tout en étant un travail indépendant. On a des préconisations qui nous viennent de Paris. Ces préconisations, on les suit en fonction de nos univers. On n'a pas tous les mêmes vitrines et les mêmes dimensions. On ne nous dit pas : "Mettez tel produit à tel endroit", mais on nous donne quand même un schéma. On a des petits books et des schémas nous expliquant éventuellement une silhouette, une stèle. Ça, on le suit précisément. Mais, pour le reste, on fait ce qu'on veut, C'est pour ça qu'on peut dire qu'on est créatifs. »

> Senior 2 : « L'intérêt de mon travail, c'est d'être complètement autonome. »

> Senior 3 : « [...] On me fait confiance et on me laisse entière liberté dans l'organisation de mes journées. Sauf s'il y a des

réunions ou des choses comme ça. Mais on me laisse pas mal de liberté par rapport à ça. Bien sûr, je dois des retours à ma hiérarchie. Mais je suis très autonome, c'est ce qui me plaît. »

Senior 4 : « On est assez libre, je pense, dans le travail. Je vous dis, entre la direction, l'encadrement, on ne nous embête pas, on travaille très bien. On ne nous embête pas. »

Senior 5 : « Moi j'ai la chance, depuis des années, de travailler avec des gens avec qui ça se passe, sur le plan relationnel, très, très bien, qui me laissent une autonomie importante. Des instructions, est-ce qu'on nous en donne vraiment ! Non... »

Senior 6 : « Donc moi, ce qui me plaît, c'est que je fais tout de A jusqu'à Z. Je suis indépendante. C'est la liberté qui me plaît beaucoup, parce que je suis quand même quelqu'un qui a de la rigueur. Donc, je n'ai pas besoin d'avoir quelqu'un derrière moi pour suivre ce que je fais. »

L'autonomie est synonyme d'indépendance dans son travail et de marge de manœuvre pour atteindre les résultats. Elle permet de se libérer de la pression temporelle. Tout salarié sait qu'il a des objectifs à atteindre, des règles et des procédures à respecter et il les accepte d'autant mieux que son manager, le siège et ses collègues, le laissent atteindre ses objectifs en toute indépendance et à sa façon.

6. La sensibilisation du management

Les seniors sont très sensibles à toutes les marques de reconnaissance de l'entreprise à leur égard. La perception de leur sens de l'équité dépend très largement des signes de reconnaissance qu'ils reçoivent. Tout comportement managérial dévalorisant l'âge et l'expérience crée de la souffrance chez les quinquagénaires. Parmi les marques de reconnaissance appréciées par les salariés âgés, la « liberté de choix » a une grande valeur. Ainsi « l'approche cafétéria », développée ces dernières années dans le domaine des rémunérations, apparaît adaptée aux quinquagénaires. Elle peut être utilement développée dans tous les domaines de la GRH.

Certains employeurs américains sensibilisent les jeunes managers encadrant des salariés qui pourraient être leurs parents à surmonter leurs difficultés relationnelles. Un argument de poids peut être utilisé pour sensibiliser le management à la gestion de seniors : leur performance commerciale. Les seniors aiment être conseillés par leurs pairs, à qui ils font beaucoup plus confiance. Ainsi, dans les pays nordiques, employer une main-d'œuvre âgée pour les fonctions commerciales est une pratique qui se répand de plus en plus car elle est source de performance.

L'emploi des seniors est fortement valorisé par les entreprises américaines car ils sont un bon vecteur marketing auprès des clients seniors qui représentent un potentiel de consommation et une part de marché non négligeable dans une société vieillissante.

Si les vingtagénaires, trentagénaires, quadragénaires et quinquagénaires n'ont pas les mêmes attentes vis-à-vis de l'entreprise, ils ont une frustration commune : le management par la pression et la course à la performance[1]. Les *trentas* attendent de leur hiérarchie, qu'elle les sollicite sur leur créativité. Les quadras espèrent ne pas se sentir délaissés par leur manager au profit de plus jeunes. Les quinquas attendent une reconnaissance de leur expérience. Le manager ne doit plus avoir une vision fragmentée de son équipe. Il doit développer une vision transversale des générations en fonction de l'expérience et des attentes individuelles.

À travers ces exemples, une évidence s'impose. Les actions à entreprendre sont nombreuses, très diverses et peu coûteuses. Chaque entreprise peut et doit identifier les mesures prioritaires et pertinentes. Si la France se caractérise par un taux d'emploi des seniors particulièrement faible, sa marge de progression est donc bien plus grande que dans les autres pays. Les mesures qui peuvent être mises en place au sein des entreprises sont souvent économiques. Encore faut-il que les acteurs aient la volonté de changer leur regard sur le lien entre âge et travail. Chefs d'entreprises, DRH, salariés, managers, et représentants du personnel doivent faire évoluer leurs représentations culturelles et mettre concrètement en place des pratiques qui favorisent le travail à tout âge.

---

1. Enquête Guillaume Tell tendances, Pôle de l'agence-conseil en marketing social, le 8 juin 2004 auprès de 400 managers : trentagénaires, quadras, quinquas, quel management face au futur choc démographique.

Dès que les pratiques ressources humaines sont considérées comme discriminatoires à l'égard de l'âge, les juniors et les seniors se désengagent du travail[1]. Éradiquer les pratiques RH, qui sont sources de discrimination doit permettre d'atteindre un objectif capital : ne plus avoir à gérer les salariés par les âges mais par leurs performances et leurs compétences. En effet, les politiques ressources humaines, qui visent les juniors et les seniors ne doivent pas défavoriser les autres classes d'âges. Elles doivent traiter équitablement tous les âges de la vie au travail afin de conserver l'engagement au travail de toutes les classes d'âge.

Les politiques ressources humaines devront concilier la considération du développement de l'adulte et la logique de performance de l'entreprise. Ces pratiques seront aussi profitables pour l'entreprise que pour l'individu. Les ressources humaines doivent être le lien entre les enjeux de flexibilité, d'individualisation des parcours et la sauvegarde d'espaces collectifs nécessaires à la performance, aux apprentissages, à la socialisation et au développement humain.

La fable du chasseur et du pêcheur

Dans une banque, la direction avait décidé que pour attirer de nouveaux clients, il fallait des commerciaux chasseurs. C'est-à-dire des individus capables d'avoir l'œil et l'esprit réactifs, un corps résistant au parcours de kilomètres et des bras solides et sans tremblement pour viser le client. Bref des juniors ! La direction remercia donc les seniors, qualifiés de pêcheurs, car ils étaient, certes, moins alertes mais plus patients pour attraper leur proie. Le poisson, à l'époque, étant moins nombreux, ils représentaient donc moins d'intérêt pour la direction. Le résultat ne tarda pas à se révéler catastrophique. D'abord parce que la direction de cette société avait oublié que pour vivre elle avait autant besoin de poisson que de viande. Ensuite, elle avait également oublié que son territoire était autant peuplé de poissons que de proies terrestres et que si elle voulait se nourrir, elle avait autant besoin des deux techniques. Elle réintégra donc des pêcheurs dans son équipe commerciale.

Source : Serge Volkoff

---

1. Cf. *op. cit.*

CONCLUSION

ASSUMER LA COMPLEXITÉ ET LA DIVERSITÉ DES ÂGES

Les âges de la vie deviennent aussi multiples que leurs sens. Cette diversité, qui est pourtant source d'enrichissement, est socialement rejetée sous prétexte que la complexité des âges pourrait provoquer une perte de sens. Or, la société cherche désespérément des normes et des repères pour se donner du sens. Mais ce besoin de sens ne pourra pas être satisfait sans intégrer toutes les classes d'âges, même celles qui perturbent les idées dominantes.

Les enjeux liés à l'évolution démographique dépassent ceux qui sont liés à la définition, au sens et aux représentations des âges et du vieillissement. Le vieillissement de la population interroge les fondamentaux de notre société, c'est-à-dire :

- ses valeurs, et notamment celles accordées au travail ;
- le rôle de ses institutions et notamment celui de l'État et des entreprises ;
- la place, les objectifs et la répartition des activités humaines ;
- le sens de la vie, et notamment celui du vieillissement.

Pour pouvoir répondre à ces interrogations, tous les acteurs sociaux, du salarié à l'individu, du patronat au syndicat, de l'entreprise à l'État, doivent effectuer des choix de société et affirmer

227

clairement leur position idéologique. Pour conclure cet ouvrage, revenons sur la responsabilité des cinq acteurs qui ont une influence sur la réintégration des âges extrêmes dans l'entreprise : l'État, l'entreprise, les salariés, les investisseurs et les citoyens. Tous doivent assumer leur responsabilité.

Il faut éliminer les obstacles à l'évolution des pratiques des entreprises à l'égard des âges extrêmes. Car ces obstacles ne sont pas principalement liés au coût mais au manque de temps des dirigeants et au manque de solutions concrètes pour mettre en œuvre de telles activités. L'État a son rôle à jouer en diffusant les bonnes pratiques. Après la réforme des retraites, une politique active pour l'emploi à tout âge doit être mise en place. La question du vieillissement démographique a été essentiellement traitée par les pouvoirs publics à travers la réforme du financement des régimes de retraite. La loi Fillon, qui a émergé de cette réflexion, n'a traité que du volet *cotisations*. Or, il aurait été souhaitable de se pencher d'abord sur la question de l'emploi et de son aménagement, en prenant mieux en compte la diversité croissante des parcours professionnels. Il ne faut pas déconnecter les mesures qui s'appliquent aux seniors de celles qui s'appliquent à l'ensemble des actifs.

De même, peu de choses ont été dites sur la manière dont se définiront et s'articuleront les notions de formation, de vie active et de retraite. Pourtant, pour s'attaquer de front à la culture de l'entrée tardive et de la sortie précoce du marché du travail, il apparaît indispensable d'ajouter, en complément de la réforme des retraites, un volet « emploi », qui traiterait à la fois de la problématique des salariés vieillissants et de la problématique de l'entrée des jeunes sur le marché du travail. Les deux enjeux apparaissent en effet liés : s'il faut en finir avec les sorties précoces, ne faut-il pas également rompre avec la pratique des entrées tardives sur le marché du travail ? Traiter cette question permet de réfléchir aux enjeux liés à la création et à la promotion d'un marché du travail pour les jeunes et les vieillissants.

D'ailleurs, les pays qui ont mis en place des politiques de vieillissement actif, respectant les nouveaux parcours individuels, et donc qui ne déclinent pas ces politiques en fonction de l'âge, ont des taux d'emploi à tous les âges de la vie plus élevés que les autres.

Parallèlement, ces pays ont communiqué sur la nouvelle réalité des âges et des parcours individuels. Ces mesures de communication visent à faire prendre conscience aux employeurs des potentiels de chaque âge. Le slogan finlandais est : « L'expérience est notre richesse nationale ». Le Danemark met en place un plan d'action global pour l'emploi, et communique sur le thème *« more people at work » (davantage de monde au travail)*. Le gouvernement britannique conteste les hypothèses traditionnelles concernant le modèle de vie active ainsi que la séparation nette entre le travail et la retraite. Les pouvoirs publics britanniques essayent de faire passer aux entreprises et aux citoyens, un message fort : les pensionnés « ne devraient pas être considérés comme un segment distinct de la population dont la vie productive a pris fin[1] ».

Tout effort pour remonter le taux d'emploi aux âges extrêmes, doit être accompagné d'une remise en cause et d'une communication sur les stéréotypes liés aux salariés jeunes et âgés. Ainsi, en France, les représentations organisationnelles des salariés âgés sont aussi ancrées qu'erronées. Pour mettre en œuvre cette politique de l'emploi et sortir du paradigme français des mesures d'âges, ne faut-il pas prévoir un plan de communication nationale ?

Parallèlement, les relations professionnelles sont un facteur indirectement déterminant du taux d'emploi des travailleurs jeunes et âgés. La régulation du marché est la résultante d'une dynamique de jeu d'acteurs entre l'État, les administrations, les représentants des organisations professionnelles d'employeurs et de salariés. Cette dynamique est plus ou moins négociée, faites de compromis ou de conflits et évolue dans le temps. Les relations professionnelles, ou logiques d'acteurs, influencent le lien entre les politiques et les pratiques mises en place à l'égard des seniors et leur efficacité, pour deux raisons : d'une part, la dynamique sociale exerce une influence sur la définition ou la révision des règles et politiques institutionnelles, d'autre part, parce qu'elle agit sur la légitimité accordée à ces règles par les différents acteurs.

© Éditions d'Organisation

---

1. Rapport conjoint de la Commission européenne et du Conseil sur les pensions viables et adéquates, décembre 2002.

Or la performance d'une règle dépend de son acceptabilité par les acteurs et de son interprétation. Lorsque le consensus est fort, les règles sont parfaitement appliquées. Les dispositifs mis en place pour favoriser les cessations précoces d'activité ont été les résultats d'un « consensus paradoxal d'intérêts divergents[1] ». L'intérêt des pouvoirs publics était de réduire le chômage et de laisser la place aux jeunes ; celui des entreprises, de rajeunir à un coût social et économique avantageux, la pyramide des âges et de restructurer l'organisation du travail ; celui des salariés, de ne pas subir l'instabilité professionnelle des fins de carrière et, dans un second temps, un moyen de gagner en bien-être. Les mesures prises ont donc été parfaitement intégrées par les acteurs, puisqu'elles répondaient à l'intérêt de chacun de ces acteurs. Au travers de la logique d'acteur, ce n'est pas la qualité des mesures et leur efficacité qui sont évaluées mais leur nature consensuelle. Si la formule d'éviction des seniors, qui a dominé pendant trente ans, possédait une faible performance collective, elle s'est rapidement systématisée grâce à ce consensus social.

Cette lecture permet de comprendre pourquoi en France, les règles perdurent, même après leur révision. La loi Fillon n'a pas fait cesser les « préretraites maison » comme elle en avait l'objectif. Or le compromis social n'est pas à l'origine de la loi Fillon (21 août 2003). Quelle que soit la qualité de la loi, si celle-ci ne repose pas sur un consensus minimum, son application sera entravée.

Sous un angle entrepreneurial, il nous semble que les questions du vieillissement démographique renvoient à celle de la diversité. Comment gérer les diversités ? Les organisations, si elles veulent faire évoluer les comportements, les valeurs et les représentations liées à ces problématiques doivent d'abord effectuer une analyse de leurs comportements à l'égard des âges extrêmes et donc des représentations des âges qu'elles véhiculent. À cette fin, elles peuvent d'ores et déjà analyser leur pratique d'équité en matière de rémunération, d'évaluation, de « décrutement », de recrutement et de formation en fonction de chaque classe d'âge.

---

1. Gaullier, *op. cit.*

La mise en œuvre de pratiques équitables devra passer par un respect de trois principes fondamentaux :

- intégrer systématiquement l'ergonomie aux ressources humaines ;
- sensibiliser managers et salariés à leur représentation « manipulante » des âges ;
- surveiller les ratios d'équité intergénérationnelle.

Quels que soient la place et le rôle du salarié, celui-ci doit changer ses représentations des âges :

- les DRH ont à démontrer l'intérêt pour l'entreprise d'une gestion des âges valorisant la contribution de chaque âge ;
- les représentants du personnel ont deux responsabilités. Ils doivent, à la fois, résister à la tentation de privilégier les mesures d'âges, même s'ils constatent qu'elles demeurent populaires et revendiquer une véritable gestion des âges favorable au développement professionnel des seniors ;
- les supérieurs hiérarchiques ont un rôle primordial à jouer. Ils doivent être attentifs à l'intégration du junior, afin de le fidéliser. Ils doivent également veiller à proposer aux seniors un travail intéressant, des possibilités d'évolution, un développement des compétences et une réelle reconnaissance de leur contribution ;
- les salariés doivent revisiter la signification de leur âge et de celui de leurs collègues ;
- les chefs d'entreprise ont la responsabilité de revaloriser la contribution des juniors et seniors et de leur offrir des perspectives d'un début ou d'un prolongement de fin de vie professionnelle attrayante. Ils doivent considérer comme justifié l'investissement réalisé sur les jeunes et les anciens. Or les présupposés des dirigeants quant aux attentes et aux comportements des juniors et seniors constituent une barrière à l'évolution de la gestion des âges en entreprise. Tant que les compétences de la jeunesse seront déconsidérées et que celles des travailleurs âgés seront dévalorisées, le mode de gestion des ressources humaines centré sur un âge unique restera dominant. Faire bouger les représentations mentales des dirigeants est donc nécessaire.

Les actionnaires doivent, et peuvent, modifier leur appréciation des mesures d'âge en n'imposant pas aux entreprises des objectifs financiers à court terme favorisant le gaspillage des seniors. Les agences de notation sociale peuvent y contribuer en prenant en compte la gestion des âges. Les investisseurs responsables doivent privilégier les entreprises qui valorisent l'équité à tout âge. Les fonds de pension américains montrent la voie à suivre d'un investissement responsable à l'égard de l'âge.

Les responsables des juniors ont une importante responsabilité. Il faut rompre avec les préjugés de la société française du passé. Non, les métiers manuels ne sont pas débilitants ! Oui, on peut avoir une formation professionnelle qui enrichisse l'esprit ! Combien d'instituteurs, de professeurs, ont mis un jour les pieds dans un lieu de production ? Loin de nous l'idée de condamner leur analyse critique des fondamentaux sur lesquels reposent nos sociétés et leur enseignement, mais ne faudrait-il pas également enseigner le principe de réalité ? Face au chômage des jeunes, ne faut-il pas revoir les orientations scolaires en revisitant la valorisation accordée aux formations professionnalisantes ?

Amener 80 % d'une classe d'âge au bac n'a aucun intérêt si c'est pour satisfaire l'honneur des élites. Amener les jeunes à entrer techniquement armés et intellectuellement épanouis sur le marché du travail, paraît être un objectif tout aussi honorable, loin d'être contradictoire avec la vocation de l'Éducation nationale.

Les entreprises ont leur part de responsabilité dans ce mauvais traitement de la jeunesse. Jouer avec une telle désinvolture avec la précarité des juniors, ne leur donne pas une image favorable. Parallèlement, les entreprises pourraient systématiser, pour ceux qui entrent avec un faible niveau scolaire et sans diplôme, des formations diplômantes, dans lesquelles des matières non directement opérationnelles permettraient aux jeunes d'acquérir un esprit critique nécessaire à la citoyenneté.

Les seniors, enfin, ont une grande part de responsabilité à assumer. Ils doivent être convaincus de la nécessité de prolonger leur vie professionnelle en restant fortement engagés dans leur travail.

Quant à l'opinion du citoyen lambda à l'égard des seniors, elle doit également évoluer. Celui-ci doit comprendre que le salarié qui prolonge sa vie active contribue à accroître le bien-être collectif et à alléger la contrainte financière qui pèse sur les régimes de retraite. La prise de conscience de l'utilité sociale du départ reculé,

© Éditions d'Organisation

est nécessaire. Cette prise de conscience ne passera pour chacun d'entre nous que par une analyse de ce que représente le travail dans notre développement.

Incontestablement, le prolongement réussi de la vie professionnelle à ses extrêmes, repose sur la prise de conscience d'une évolution des représentations du sens du travail et des cycles de vie biologique et économique. Le relèvement du taux d'emploi des juniors et seniors passe par la prise en charge par tous les acteurs de leur part de responsabilité dans l'évolution de la gestion des âges de la vie et du travail. L'âge ne doit plus être un prétexte à l'exclusion. Il doit devenir un repère pour la gestion de la diversité, une variable de contrôle du respect de l'équité entre les générations. La prise de conscience de la manipulation idéologique, qui peut être attribuée à l'âge, permettra de relayer cette donnée biologique au rang d'un facteur identitaire, aussi dépourvu de sens et unique qu'une empreinte digitale. La société a toujours eu besoin de classifier, stratifier et classer. Mais, l'âge ne doit pas devenir une justification à la stratification sociale. L'âge dans une société peut autant être le reflet d'une classification sociale non formalisée et manipulante, que celui de la diversité acceptée. Avons-nous atteint l'âge de « raison » pour choisir son meilleur reflet ?

Des citations de tous les temps et de tous les âges !

« Un jeune, c'est celui qui n'a pas encore menti. » (Jules Renard)

« La vieillesse, c'est quand on commence à dire : " Jamais je ne me suis senti aussi jeune". » (Jules Renard)

« Je vois autant de vieillards révoltés contre la vieillesse que de jeunes gens révoltés contre la société. » (Jean Dutourd)

« Le signe de la bonté chez les jeunes, c'est d'aimer la vieillesse ; et chez les vieux, c'est d'aimer la jeunesse. » (E. Géruzez)

« Ils sont écrits pour les vieux, les magazines, pas pour les jeunes. Quant aux magazines pour les jeunes, ils sont quand même écrits par des vieux. » (Philippe Labro)

« Il y a déjà tellement de jeunes qui sont vieux que ce n'est pas la peine de rajouter des vieux qui veulent jouer les jeunes. » (Jacques Chirac)

« L'âge mûr est le plus beau de tous. On est assez vieux pour reconnaître ses erreurs passées, mais encore assez jeune pour en commettre de nouvelles. » (Maurice Chevalier)

« Tout jeune, on pousse. Adulte, on se pousse. Vieux, les autres vous poussent. » (Jacques Steinberg)

« On devient vieux à partir du moment ou on ne comprend plus les jeunes. » (Popeck)

« On ne peut s'empêcher de vieillir, mais on peut s'empêcher de devenir vieux. » (Henri Matisse)

« Il nous fallut bien du talent pour être vieux sans être adultes. » (Jacques Brel)

« Se moquer des vieux, c'est détruire la maison où on logera ce soir. » (Proverbe chinois)

« Si jeunesse savait, si vieillesse pouvait. » (Henri Estienne)

« Je suis venu trop tard dans un monde trop vieux. » (Alfred de Musset)

« La jeunesse a cela de beau qu'elle peut admirer sans comprendre. » (Anatole France)

« Un beau soir l'avenir s'appelle le passé. C'est alors qu'on se tourne et qu'on voit sa jeunesse. » (Louis Aragon)

« Qui n'a pas l'esprit de son âge, de son âge a tout le malheur. » (Voltaire)

« Chaque âge a ses plaisirs, son esprit et ses mœurs. » (Boileau)

« D'âge en âge, on ne fait que changer de folie. » (La Chaussée)

« Jeune homme on te maudit, on t'adore vieillard ! » (Victor Hugo)

« Consultant : Jeune diplômé que vous payez très cher pour qu'il vous délivre au bout de six mois des informations que vous connaissez déjà et qui ne vous servent à rien. » (Luc Fayard)

BIBLIOGRAPHIE

Algava E., Plane M., « Vieillissement et protection sociale : une projection comparée pour six pays de l'Union européenne », *Études et résultats*, Drees, n° 134, septembre 2001.

Ashforth S.J., Saks A.M., « Socialization Tactics : Longitudinal effects on newcomer adjustment », *Academy of Management Review*, vol. 39, 1996.

Attias-Donfus C., Clément F., Delbes C., Paillat P., *Passage de la vie active à la retraite*, Presses Universitaires de France, 1989.

Attias-Donfut C., *Sociologie des générations : l'empreinte du temps,* PUF, 1988.

Attias-Donfut C., « Le système de protection sociale créateur de lien social entre générations », *Retraite et société*, n° 18, 1997.

Attias-Donfut C., Segalen M., *Grands-parents : la famille à travers les générations*, Éditions Odile Jacob, 1998.

Beck M., « Learning organization – How to create them », *Industrial and commercial training*, vol. 21, n° 3, 1989, p. 21-28.

Becker G., « Investment in Human Capital : A Theoretical Analysis », *The Journal of Political Economy*, Vol. 70, n° 5, 1962, p. 9-49.

Bertillon J., « Parallélisme des mouvements de population dans les différents pays d'Europe », *Journal de la Société de Statistique de Paris*, n° 10, octobre 1904.

Bichot J., « La ronde des Générations », *Information Sociale*, n° 35-36, 1994.

Birren J.E., *Handbook of aging and the individual*, Chicago, University of Chicago Press, 1959.

Bourdelais P., *L'âge de la vieillesse*, Éditions Odile Jacob, 1993.

Bourdieu P., *Questions de sociologie*, Éditions de Minuit, 1980.

Boutinet S., *L'immaturité dans la vie adulte*, PUF, 1998.

Braudel F., *L'identité de la France – les hommes et les choses*, Éditions Arthaud, 1986.

Bujold C., Gingras M., *Choix professionnels et développement de carrière*, Gaëtan Morin éditeur, 2001.

Cadin L., Guérin F., et Pigeyre F., *Gestion des ressources humaines, pratiques et éléments de théories*, Dunod, 1997.

Cassou B., Deriennic F., Lecuyer G., Amphoux M., « Déficience, incapacité et handicap dans un groupe de retraités de la région parisienne en relation avec la catégorie socioprofessionnelle », *Épidémiologie et Santé publique*, vol. 34, 1986.

Cassou B., Desriaux F., « L'usure physique : vieillissement ou empreintes de la vie », in *Les Risques du travail*, La découverte, 1985.

Cassou B., Laville A., « Vieillissement et travail : cadre général de l'enquête ESTEV », in Derriennic F., Touranchet A., Volkoff S., *Âge, travail, santé, Études sur les salariés âgés de 37 à 52 ans, Enquête ESTEV 1990*, Les Éditions INSERM, 1996.

Cattell R.B., « The theory of fluid and crystallized intelligence : a critical experiment », *Journal of Educational Psychology*, vol. 54, 1963.

Chanlat J.-F., « Peut-on encore "faire carrière" ? » *Gestion*, septembre 1992.

Chassard Y., Singer V., Tessier M., « Les salariés seniors : quel avenir dans l'entreprise ? » *Bernard Brunhes Consultants*, Cahier n° 7, 2001.

Chesnais J.-C., *La transition démographique, Étapes, Formes, Implications économiques*, PUF, 1986.

CNAV, « Étude de la caisse nationale d'assurance-vieillesse : Activité et emploi après 50 ans », *Retraite et Société*, n° 36, 2002.

© Éditions d'Organisation

Cognalons-Nicolet M., *La Maturescence*, P.-M. Favre, Lausanne, 1989.

Cote M., « La gestion des personnes vieillissantes », in Bloin, R., (dir.), *Vingt-cinq ans de pratique en relations industrielles au Québec*, Éditions Yvon Blais, Cowansville, 1990.

Cron W., Slocum L., « Industrial salesperson development : a career stage perspective », *Journal of Marketing*, vol. 48, Fall 1984.

Cron W., Slocum L., « The influence of career stages on sales-people's job attitudes, work perceptions, and performance », *Journal of Marketing Research*, vol. 23, May 1987.

Cutler R.G., « Evolutionary biology of aging and longevity in mammalian species », in Johnson J.E., *Aging and cell function*, Plenum Press, 1984.

Dalton G., « Developmental view of careers in organizations », in Arthur M., Hall D.T., Lawrence B., *Handbook of career theory*, Cambridge University Press, 1989.

Dalton G., Thomson P., « Accelerating obsolescence of older engineers », *Harvard Business Review,* September-October 1972.

Dalton G., Thomson P., Price R., « The four stage of professional career », *Organizational Dynamics*, Summer 1971.

Davies D.R., Sparrow P.R., « Age and work behavior », in Charness N., *Aging and Human Performance*, John Wiley & Sons, 1985.

Delteil V., Redor, D., « L'emploi des salariés de plus de 55 ans en Europe du nord », Rapport de recherche commandité et financé par la DARES, 2003.

Derriennic F., Touranchet A., Volkoff S., « Âge, travail, santé, Études sur les salariés âgés de 37 à 52 ans », *Enquête ESTEV 1990*, Les Éditions INSERM, 1996.

Dubar C., *La Socialisation : Construction des identités sociales et professionnelles,* Armand Colin, 1996.

Dumont G.-F., Sauvy A., *La France ridée*, Hachette, 1979.

Elder G.H., Liker J.K., Jaworski B.J., « Hardship in lives : Depression influences from the 1930s to old age in post war

America », in McCluskey A.M., Reese H.W., *Life span developmental psychology, historical and generational effects*, Orlando, Academic Press, 1984, p. 161-201.

Épiphane D., Giret J.-F., Hallier P., Lopez A., Sigot J.-C., « Génération 98 : À qui a profité l'embellie économique ? » Céreq Bref, n° 181, décembre 2001.

Excousseau J.-L., *La mosaïque des générations*, Éditions d'Organisation, 2000.

Feldman D.C., « A contingency theory of socialization », *Administrative Science Quaterly*, September 1976, vol. 21.

Ference T.P., Stoner J.A., Warren E.K., « Managing the career plateau », *Academy of Management Review*, 1977, vol. 2 (4).

Ference, T.P., Stoner, J.A., Warren, E.K., « The case of the plateaued performer », *Harvard Business Review*, January-February 1975.

Fourgous J.-M., Lambert H.P., *Évaluer les hommes,* Éditions Liaisons, 1991.

Gaullier X., *L'avenir à reculons : chômage et retraite*, Éditions Ouvrières, 1982.

Gaullier X., *La seconde carrière*, Le Seuil, 1988.

Gaullier X., « Emploi, politiques sociales et gestion des âges », *Revue Française des Affaires Sociales,* vol. 1, 1994, p. 137-140.

Gaullier X., *Les temps de la vie : emploi et retraite*, Éditions Esprit, 1999.

Gaullier X., Thomas C., *Modernisation et gestion des âges*, CNRS, 1990.

Guérin F., Pigeyre F., Cadin L., *Gestion des ressources humaines*, Dunod, 1997.

Guérin G., Wils T., Saba T., « La mobilisation des professionnels de 50 ans et plus », *Actes de l'AGRH,* 1996.

Guérin S., *Le boom des seniors*, Economica, 2000.

Guérin S., *Le grand retour des seniors*, Eyrolles, 2002.

Guillemard A.-M., *L'âge de l'emploi*, Armand Colin, 2003.

Guiot D., « L'âge subjectif, peut-il prétendre au statut de variable de segmentation ? » 2e Journée de Recherche en Marketing de Bourgogne, (Ed.) Filser M., Lemoine J.-F., Dijon, IAE, 1998.

Hackman J., Oldham G., *Work redesign*, Reading, MA : Addison-Wesley, 1980.

Hall D.T., « Career sub identity development », *Organizational Behavior and Human Performance*, vol. 6, 1971.

Hall D.T., « Breaking career routines : Midcareer choice and identity development », in Hall D.T. and associates, *Career development in organizations*, San Francisco : Jossey-Bass, 1986.

Hall D.T., « Introduction : an overview of current career development theory, research », in Hall D.T. and associates, *Career development in organizations*, San Francisco : Jossey-Bass, 1986.

Hall D.T., « Project work as an antidote to career plateauing in a declining engineering organization » in *Human Resource Management*, vol. 24, 1989.

Hall D.T., Goodale J.-G., *Human Resource Management*, Scott Foresman Company1986.

Hall D.T., Mirvis P.H., « The new protean career : psychological success and the path with a heart », in Hall, D.T. and associates, *The career is dead — Long live the career*, San Francisco : Jossey-Bass, 1996, p. 9-45.

Hansen A. H., *The General Theory*, in Harris, editor, *New Economics,* 1947.

Havighurst R.J., « Successful Aging », in Williams R.H., Tibitts C., Donahue W., *Process of Aging*, New York, Atherton, vol. 1, 1963.

Havighurst R.J., « Youth in exploration and man emergent », in Borrow H., *Man in a world at work,* Boston : Houghton Mifflin, 1964.

Havighurst R.J., « Disengagement and patterns of aging », in Neugarten B.L., *Middle age and aging*, Chicago : University of Chicago Press, 1968.

Havighurst R.J., « Personality and patterns of aging », in Steinberg L.D., *The life cycle*, New York, Colombia University Press, 1981.

Hayflick L., « Theories of biological aging. *Experimental Gerontology* », vol. 20, 1985.

Horn J.-L., « Organization of data on life span development of human abilities », in Goulet L.R., Baltes P.B., *Life span developmental psychology, Research and theory*, New York, Academic Press, 1970.

Horn J.-L., « Theory of fluid and crystallized intelligence in relation to concepts of cognitive psychology and aging in adulthood », in Craik F., & associates, *Aging and cognitive processes*, New York, Plenum Press, 1982.

Horn J.-L., Cattell R.B., « Age differences in fluid and crystallized intelligence », *Acta Psychologica*, vol. 26, 1967.

Huguenin J., *Seniors : l'explosion*, Folio Actuel, 1999.

Jasmin C., *Longévité et qualité de vie – défis et enjeux*, Empêcheurs De Penser En Rond, 1999.

Karp D., « Professionals beyond midlife : some observations on work satisfaction in the fifty-to-sixty Decade », *Journal of Aging Studies*, vol. 1 (3), 1987.

Kissoun C., « Premier bilan d'une année de programme "nouveaux services-emplois jeunes" », *Premières synthèses*, DARES, n° 99, 2003.

Lacaze D., « La socialisation des nouveaux salaries dans l'entreprise : un apprentissage interactif », in *La gestion des carrières, enjeux et perspectives*, sous la direction de Guerrero S. et Al, Vuibert, 2004.

Laufer J., Paradeise C., « Pour une nouvelle stratégie d'analyse des carrières des cadres », *Sociologie du Travail,* vol. 4, 1982.

Laville A., « Vieillissement et Travail », *Le Travail Humain*, vol. 52 (1), 1989.

Lazear E.P., « Agency, Earnings Profiles, Productivity and Hours Restrictions », *American Economic Review*, vol. 71, n° 4, 1981.

Le Bigot J.-Y., Lott-Verner C., Porton-Deterne I., *Vive les 11-25 ans*, Eyrolles, 2004.

Legrand M., « Vieillesse et Vieillissement : évolutions des représentations », *Gérontologie et société*, n° 81, juin 1997.

Levinson D.J., « Growing up with the dream », *Psychology Today*, vol. 11 (8). 1978

Levinson D.J., *The season of a man's life*, New York : Knopf, 1978.

Levinson D.J., « Toward a conception, of the adult life course », in Smelser N., Erikson E. *Themes of work and love in adulthood*, Cambridge, Mass Harvard University Press, 1980.

Levinson D.J., « The career is in the life structure, the life structure is in the career : an adult development perspective », in Arthur M.B., Baylin L., Levinson D.J., Shepard H., *Working with careers*. New York : Graduate school of business, Columbia University, 1984.

Levinson D.J., « A conception of adult development », *American Psychologist,* vol. 41, 1986.

Levinson D.J., *The season of a woman's Life*. New York : Knopf, 1996.

Lowenthal M.F., « Psychosocial variations across the adult life course : frontiers for research and policy », *The Gerontologist,* vol. 15 (1), 1975.

Malthus T., *Essai sur le principe de population*, coll. « Bibliothèque Médiations », Éditions Gonthier, 1963.

Marbot E., « Le sentiment de fin de vie professionnelle chez les plus de 50 ans : définition, mesure et déterminants », sous la direction de J.-M. Peretti, ESSEC-IAE d'Aix en Provence, 2001.

Marchand O., « Âges et activité professionnelle en France », DARES, Ministère de l'emploi et de la solidarité, *Première rencontre Sauvy, Age, Générations, Activité : Vers un nouveau contrat social ?* 1998.

Millanvoye M., « Le vieillissement de l'organisme avant 60 ans », dans Marquié J.-C., Paumes D., Volkoff S., *Le travail au fil de l'âge*, Éditions Octares, 1995.

Minni C., Poulet-Coulibando P., « L'évolution récente des scolarités et de l'insertion professionnelle des jeunes (1998-2000) », *Premières synthèses*, DARES, juin 2001.

Molière E., « Passer d'emploi-jeune à emploi-vieux », *Socio-Anthropologie*, n° 6, 1999.

Nauze-Fichet E., Lerais F., Lhermitte S., « Les projections de la population active : 2003-2050 », *INSEE Résultats, Société*, n° 13, 2003.

Nelson D., « Organizational socialization : a stress perspective », *Journal of Occupational Behavior*, vol. 8, 1987.

Neugarten B., *Personality in middle and late life*. New York : Atherton, 1964.

Neugarten B., « Adult personality : a developmental view », *Human Development*, vol. 9, 1966.

Neugarten B., *Middle age and aging*, University of Chicago Press : Chicago, 1968.

Neugarten B., « Time, age and the life cycle », *American Journal of Psychiatry*, vol. 136 (7), 1979.

Neugarten B.L., « Dynamics of transition of middle age to old age : adapatation to life cycle », *Journal of Geriatrical Psychology*, vol. 4 (1), 1970.

Neugarten B.L., Hagestad G.O., « Age and adult course », in Binstock R.H., Shanas E., *Handbook of aging and the social sciences*, Van Nostrand Rinhold, New York, 1977.

OCDE, *Tables and Figures on Aging*, 2002.

Orgel L.E., « The maintenance of the accuracy of protein synthesis and its relevance to ageing », *Proceedings of the National Academy, Academy of Sciences of the United States of America*, vol. 49, 1963, p. 517-521.

Pennec S., « Les familles à quatre Générations », *Gérontologie et société*, n° 71, 1994.

Peretti J.-M., *Ressources humaines*, Vuibert, 2003, 8ᵉ édition.

Poitrenaud J., Barrère H., Darcet P., Driss F., « Vieillissement des fonctions cognitives : les résultats d'une étude longitudinale », *La presse médicale*, Édition Masson, vol. 48, 1983.

Porter M., *L'avantage concurrentiel des nations*, Dunod, 1990.

Préel B., *Le choc des générations*, Éditions La Découverte, 2000.

Pueyo-Venezia V., « Comment intégrer l'allongement de la vie professionnelle dans la gestion des ressources humaines », *Cahier de recherche de l'Anvie*, 26 novembre 2003.

Rey A., Tomi M., Horé T., Tanat C., *Dictionnaire historique de la langue française* sous la direction d'Alain Rey, Dictionnaires Le Robert, 1992-1998.

Riegel K.F., Riegel R.M., « Development, drop and death », *Developmental Psychology*, vol. 6, 1972.

Rochefort R., *Vive le papy-boom*, Éditions Odile Jacob.

Rosen B., Jerdee T., « The nature of job related age stereotypes », *Journal of Applied Psychology*, vol. 61, 1976.

Rosen B., Jerdee T., *Older employees : New roles for valued resources,* Dow Jones Irvin, 1985.

Rosen B., Jerdee T., « Retirement policies : evidence of the need for change », *Human Resource Management*, vol. 28 (1), 1989.

Rosenmayr L., Allerberck K., « Youth and Society », *Current Sociology*, vol. 27 (2-3), 1979.

Roy J., *Jeunesse/Compétences/Entreprise,* IAS, Arforghe, Tunis, mai 2001.

Saba T., Guérin G., Wils T., « Gérer l'étape de fin de carrière », *Gestion 2000*, janvier-février 1997.

Sainsaulieu R., *L'entreprise, une affaire de société*, Presses de Sciences Po, 1992.

Sauvy A., *Histoire économique de la France entre les deux guerres*, Éditions André Sauret, 1973.

Sauvy A., *La tragédie du pouvoir*, Calman Levy, 1978.

Schaie K., « The course of adult intellectual development », *American Psychologist*, vol. 49 (4), 1994.

Schaie K., Labouvie-Vief G., « Generational versus ontogenetic component of change in adult development behavior : a fourteen-year cross sequential study », *Developmental Psychology*, vol. (10) 4, 1987.

Schaie, K.W., « Le vieillissement s'accompagne-t-il nécessairement d'une baisse des fonctions cognitives ? » *Alzheimer Actualités*, vol. 39, p. 8-11, 1989.

Schein E.H., « The individual, the organization and the career : a conceptual scheme », *Journal of Applied Behavioral Science*, vol. 7, 1971.

Schein E.H., *Career dynamics : matching individual and organizational needs*, Addison-Wesley Publishing Company, 1978.

Schein E.H., « A critical look at current career development theory and research », in Hall D.T. et associates, *Career development in organizations*, San Francisco : Jossey-Bass, 1986.

Schein E.H., *Career Anchors : discovering your real values*, Pfeiffer and Company, San Diego : California 1990.

Sérieyx H., *Jeunes et entreprise : noces ambiguës*, Eyrolles, 2002.

Sire B., *Gestion stratégique des rémunérations*, Éditions Liaisons 1993.

Super D.E., *The psychology of careers*, New York, Harper Collins, 1957.

Super D.E., « A life span approach to career development », *Journal of Vocational Behavior,* vol. 26, p. 182-296, 1980.

Thévenet M., *Le plaisir de travailler. Favoriser l'implication des personnes*, Éditions d'Organisation, 2000.

Trincaz J., « Les fondements imaginaires de la vieillesse dans les pensées occidentales », *Revue du collège de France*, n° 147, 1998.

Tyler T.R., Scuddler R., « Aging and attitude change », *Journal of Personality and Social Psychology*, vol. 61 (5), 1991.

Volkoff S., « Le travail après cinquante ans : quelques chiffres et plusieurs inquiétudes », *Le travail humain,* n° 52, 1989.

Volkoff S., Molinié A.-F., Jolivet A., « Efficace à tout âge ? » Centre d'études de l'emploi, dossier 16, 2000.

Walker A., Taylor P. , « Combating Age Barriers in Employment. A European Portfolio of Good Practice », rapport de la Fondation de Dublin, 1998.

Welford A.T., *Vieillissements et aptitudes humaines,* PUF, 1964.

Zacks R., Hasher L., Doren B., Hamm V., Attig M.S., « Encoding and memory of explicit and implicit information », *Journal of Gerontology*, vol. 42 (4), 1987, p. 418-422.

Zebrowitz L.A., *Social Perception*, Pacific Grove, CA : Brooks-Cole, 1990.

Zetlin M., « Older and wiser : Tips to motivate the 50's crowd », *Management Review*, August 1992.

INDEX

A

Adultité 27

Âge(s) 57, 86-87, 95, 99, 101, 107, 114, 118, 121, 134, 146, 157, 196, 226

Autonomie 19, 163

C

Carrière(s) 99, 119, 126, 129-131, 145, 151, 196

Compétences 134, 169-170, 196, 211

Cycle(s) de vie 78, 97-98, 150, 162

D

Départ(s) anticipé(s) 168, 192, 195

Développement 78, 82, 97-98, 100, 102, 109, 150, 212

Dispositifs de départ 41

Dispositifs de sortie précoce 44

DRH 144-145, 167, 203

E

Entretien annuel d'évaluation 167

Entretien d'orientation 214

Ergonomie 166

Expérience(s) 79, 117, 124, 134, 171, 181, 208, 211

F

Fillon
    loi ~ 194, 228, 230
    réforme ~ 38

Flexibilité 95, 127, 129, 133

Formation 33, 45, 74, 76, 90, 117, 143, 171-172, 174, 181, 184, 204, 216
    droit individuel à la ~ 218

G

Génération(s) 50, 93, 101, 103, 106, 108, 146

Gestion des ressources humaines 129

Gestion du personnel 118

I

Individuation 79

Intégration 139, 181, 183-184, 186, 189, 197-198

J

Jeunes 31, 189

Jeunesse 19, 92, 117, 135

Jeunisme 31, 33, 64

Juniors 19, 68, 92, 103, 106, 138, 213

© Éditions d'Organisation

V

SITES INTERNET

www.agevillage.com

www.cyberpapy.com

www.inrac.org

www.objectif50.net

www.seniorplanete.fr

www.seniorscopie.fr

www.aarp.org

www.cereq.fr

www.cor-retraites.fr

www.emploi-solidarite.gouv.fr

www.oecd.org

www.ingramcontent.com/pod-product-compliance
Lightning Source LLC
Chambersburg PA
CBHW061242220326
41599CB00028B/5507